ARCHANGES

DU MÊME AUTEUR
CHEZ LE MÊME ÉDITEUR

Le Rendez-vous des héros
De passage
L'année où nous n'étions nulle part
Ernesto Guevara connu aussi comme le Che

PACO IGNACIO TAIBO II

ARCHANGES

Douze histoires de révolutionnaires sans révolution possible

Traduit de l'espagnol (Mexique)
par Caroline Lepage

Éditions Métailié
5, rue de Savoie, 75006 Paris
2001

Titre original : *Arcángeles - Doce historias de revolucionarios herejes del siglo XX*

www.editions-metailie.com
ISBN : 2-86424-396-2
ISSN : 0291-0154

Ancré dans ma mémoire tribale
ce livre est par conséquent dédié à
Ignacio Lavilla, Benito Taibo,
Adolfo Maojo et Marino Saiz, nos grands-parents,
patriarches de la tribu qui nous ont tout appris.
Je regrette qu'ils ne soient plus là.

Nous sortions du néant, et nous sommes entrés dans le règne de la volonté.

VICTOR SERGE

En fin de compte, une révolution se fait avec ce que l'on a à portée de main. De vieux hommes pour construire de jeunes sociétés. Si vous avez quelque chose de mieux que nous, prévenez-nous.

JESUS IBAÑEZ

NOTE DE L'AUTEUR

Il s'avère bien difficile de se colleter avec des personnages comme ceux de ce livre sans éprouver la peur intense que la littérature puisse les abîmer, les affaiblir, les ramollir dans le mythe. Aussi l'historien a-t-il raconté ces histoires avec une certaine timidité narrative, à peine agitée de temps en temps par l'audace chagrine de l'écrivain. Il y aura plus de temps qu'il n'en faut pour se repentir.

— L'unité entre les personnages rassemblés ici tient à bien plus qu'à leurs seules propositions idéologiques, même si tous évoluent dans le vaste champ de la gauche et sur le chemin sans retour de la révolution : Friedrich Adler était un social-démocrate qui en est venu au tyrannicide pour des raisons morales, Librado Rivera un anarchiste presque gandhien, un syndicaliste qui croyait au pouvoir de la parole écrite et aux vertus de l'intransigeance ; Larissa Reisner et Ioffe des marxistes bolcheviques formés au sein de la gauche sociale-démocrate du début du siècle ; Sebastián San Vicente, en revanche, était un fervent de Bakounine, dans la tradition de l'anarcho-syndicalisme le plus orthodoxe ; P'eng P'ai un marxiste chinois (avec ce que cela peut déjà comporter de différent) et un agrarien convaincu ; je n'ai jamais pu déterminer ce qu'était exactement Piero "Malaboca", excepté un internationaliste rouge fort en gueule ; mais Diego Rivera et David Alfaro Siquieros s'apparentaient à une espèce de communistes domestiques, parfois marxistes irrévérencieux, à d'autres moments orthodoxes, et cependant toujours peintres révolutionnaires ; Buenaventura Durruti et Francisco Ascaso étaient des anarchistes d'action à la forte inspiration ouvrière, et Juan R. Escudero un social-démocrate qui croyait fermement en la valeur du vote, en celle des formes juridiques, mais surtout en la morale et l'exemple ; Max Hölz un communiste révolutionnaire partisan de l'action directe, que les communistes appelaient anarchiste et que les anarchistes censuraient en le taxant de bolchevisme ; Raúl Díaz Argüelles était un guévariste dans la pleine tradition de la convulsion latino-américaine des années 1960. Par conséquent, il s'agit ici d'une histoire faite d'histoires, par-delà les sectes.

Tous ont recherché la révolution et sont plusieurs fois descendus en enfer pour la trouver. Ainsi rassemblés, ils font partie de l'unique gauche que je reconnais comme fondatrice : celle qui fait siens tous les projets populaires, toutes les propositions, toutes les défaites. Ils sont réunis par leur obstination, leur fidélité à l'effort de transformer radicalement la planète, leur merveilleux entêtement.

Tous sont passés par une étape d'ombre, après leur mort ou dans les épilogues de leurs grandes périodes de lutte : la gauche marxiste a effacé son passé anarchiste au Mexique, les muralistes sont devenus des héros culturels nationaux malgré encore une fois un passé inconfortable, Hölz n'a été l'homme de personne, Díaz Argüelles un personnage secret dans une histoire qu'on n'a pas fini de raconter, Adler un social-démocrate hétérodoxe, P'eng P'ai une entrave au moment de magnifier la biographie de Mao Tsé-Toung, Larissa une bolchevik censurée, etc. Dans ce livre de guerre, un gros travail a été mené contre le territoire des ombres.

Ce livre a été écrit sur quinze ans, de manière hésitante, sans que je sache clairement quelle histoire je voulais effectivement raconter, par-delà les histoires qui y sont concrètement racontées ; toute intention pédagogique en est exclue, de même que toute volonté doctrinaire ; tout au plus manifeste-t-il la vocation de rassembler des grands-pères oubliés.

Je dois remercier Miguel Bonasso pour avoir inspiré une partie de ce livre quand au cours d'une longue conversation nocturne il a suggéré : « Paco, il faut faire l'éloge de la défaite. »

Au fil de l'écriture, j'ai pris politiquement mes distances et je me suis fréquemment rapproché des personnages ; éloigné du jacobinisme de la terreur de P'eng ou de la méthode de Durruti qui attaquait les bureaux pour financer l'édition d'encyclopédies ; senti proche de l'électoralisme populaire des cannes à sucre d'Escudero, ou des récits de Larissa, mais au-delà des distances et des proximités temporelles, j'ai essayé de maintenir ces histoires dans leur temps et moi dans la position de l'héritier timide et neutre.

Il n'y a de meilleur hommage que le souvenir, il n'y a de vrai culte que la mémoire critique ; il n'y a d'autre amour que la complicité dans leurs obsessions. Tout est rêve et presque tout vire au cauchemar.

P. I. T. II
1983-1998

Il n'y a pas de rue Sebastián San Vicente

(un récit à la manière de Norman Mailer)

1.

L'histoire comme roman : en 1981, je réunis les maigres renseignements que j'avais pu récolter à propos d'un singulier militant espagnol qui avait pris part à la formation de la gauche mexicaine des années 1920. Un matériau très peu abondant, à peine suffisant pour une brève biographie de six pages. Que voici :

Le 15 février 1921, le congrès des syndicalistes rouges s'ouvrit dans une ambiance de fête à l'auditorium du musée d'Anthropologie de Mexico. Il allait donner naissance à la Confederación General de Trabajadores (CGT), une centrale ouvrière regroupant tous ceux qui ne croyaient ni à la conciliation ni au pardon, qui pensaient qu'entre des classes sociales opposées il ne pouvait y avoir que la guerre, et qui étaient persuadés que la révolution mexicaine – dont les derniers effets belliqueux s'étaient fait sentir quelques mois plus tôt lors du putsch des chefs militaires du Nord contre le président Carranza –, orpheline de tout programme social, était morte et enterrée.

Dans le musée, les délégués de petits groupes communistes, anarcho-syndicalistes et syndicalistes révolutionnaires s'étaient regroupés. Ils prétendaient créer une organisation de choc face au syndicalisme domestiqué, adopté par le nouveau gouvernement sous le sigle de CROM.

La révolution agraire touchait à sa fin mais le monde annonçait un autre type de révolution dont le programme maximaliste était : « Tout le pouvoir aux travailleurs. » On vivait l'ère de la Révolution soviétique, de l'insurrection allemande, des conseils d'ouvriers de Turin, de la guerre sociale espagnole. Tout semblait possible.

Parmi les délégués, un Espagnol aux sourcils épais et au nez proéminent se distinguait par sa laideur, sa force et sa naïveté. Bien qu'anarchiste déclaré, il représentait les communistes de Tampico. Ses interventions au congrès allaient de la pédagogie : « Dans la nature, toutes les choses sont soumises à l'irréfutable loi suivante : tout naît, grandit, se développe et meurt, mais la matière ne disparaît jamais », à la poétique de la violence sociale : « L'unique patrie, c'est le sol qu'on foule et les gens qui vous accueillent pour l'embraser. » San Vicente évoluait entre ces deux rhétoriques.

L'un des rares rapporteurs à avoir laissé un témoignage du congrès, José C. Valadés, le décrit en deux lignes : « La violence de son esprit le frappait lui-même, même si, dans le domaine des idées, il existait en lui une certaine tolérance. Il était anarchiste, mais composait avec les communistes. »

À la fin de la réunion, San Vicente fut élu sous-secrétaire de la CGT. Il rentra à Tampico pour rendre compte de ce qui s'était passé à ceux qu'il représentait, avant de rejoindre le comité de Mexico.

Reconstituer sa biographie jusqu'à cette date n'a pas été facile. À vingt-cinq ans, Sebastián San Vicente avait parcouru le monde d'une manière très particulière. Il semble qu'originaire de Guernica, dans le Pays basque espagnol, il ait été le fils d'une famille aisée, avec laquelle il rompit, en quelque sorte, pour devenir un vagabond anarchiste, semant des idées, poussant à la révolte, participant aux luttes de classes, où qu'elles fussent. Du peu qu'un jour il a raconté et à partir des documents de la police, bien souvent remplis d'exagérations, on peut reconstruire une partie de son histoire politique :

Au cours de sa jeunesse, après avoir été marin et chauffeur, il devint mécanicien de marine. Outre l'espagnol et le basque, il parlait l'anglais et le français. Il navigua sur la côte Est des États-Unis et vécut un temps à New York, où il milita dans les groupes anarchistes et au côté des Industrial Workers of the World (IWW). Il fut accusé d'avoir tenté de dynamiter le *Mayflower*, à bord duquel le président Wilson revenait d'Europe. À la lecture des archives du tout nouveau groupe mis en place par Edgar Hoover au State Department, qui deviendra ensuite le FBI, on peut en déduire que ces renseignements concernant San Vicente tiennent d'un mélange de paranoïa d'État et de montage visant à l'intoxication.

Lorsqu'on tenta de l'arrêter, il s'enfuit à Cuba, caché dans un bateau à vapeur. On sait bien peu de choses de son séjour dans l'île : il s'occupa de propagande et de coordonner un groupuscule clandestin connu sous le nom de Los Soviets, impliqué dans des actes de sabotage contre des cargos. Enfin, il évita un procès à Cárdenas après avoir échappé aux forces de l'ordre. Il reste de vagues traces selon lesquelles il fonda la filiale de l'IWW à Matanzas, qui aura une vie éphémère. Finalement, alors que le filet policier se refermait sur lui, il s'embarqua clandestinement sur un pétrolier et pénétra illégalement au Mexique, par Tampico, à la fin de 1920.

Ayant accompli sa tâche à Tampico, après son passage au congrès de la CGT, il revint donc à Mexico pour collaborer au rattachement de l'Internacional Sindical Roja avec des mouvements d'autres tendances, comme l'aile gauche de la CROM, la jeunesse communiste et les IWW. Ce fut une mission de courte durée car, malgré les louables efforts de ces militants, les différences entre les divers courants conduisirent à la rupture.

En tant que sous-secrétaire de la CGT, il s'attacha à soutenir l'organisation dans la région textile d'Atlixco. Les informations sur ses interventions personnelles sont moins nombreuses, tandis qu'elles abondent en ce qui concerne un mouvement où il combattit le chômage revolver au poing, prit des haciendas et affronta violemment les groupes de briseurs de grèves mis en place par le patronat et l'Église.

Ses activités ne durèrent pas longtemps. Sous un prétexte quelconque, le 17 mai, le gouvernement du général Obregón arrêta douze militants étrangers de la direction de la CGT, du PCM et des IWW avant d'annoncer leur expatriation.

San Vicente fut emprisonné avec le Nord-Américain Frank Seaman (représentant de l'Internationale communiste au Mexique). Grâce aux pressions de quelques syndicats, ils furent déportés vers l'Amérique du Sud, et non aux États-Unis, où tous deux étaient poursuivis par la justice : San Vicente pour la prétendue tentative d'attentat contre Wilson, Seaman pour avoir refusé de faire son service militaire.

Envoyés au Guatemala par la mer via Manzanillo, Seaman et San Vicente se mirent dès leur arrivée à militer. Ils participèrent à des réunions de syndicats de boulangers, encouragèrent des réseaux de distribution de presse et le rapprochement entre les groupes de gauche et les organisations mexicaines.

Deux mois plus tard, ils franchirent clandestinement la frontière à pied pour retourner à Mexico. C'est à partir de ce moment que San Vicente prit le nom de Pedro Sánchez "El Tampiqueño".

Sous ce pseudonyme, on peut supposer qu'il participa aux affrontements contre les policiers et les pompiers pendant la grève des ateliers d'un centre commercial, El Palacio de Hierro, et au cours du débrayage des traminots, en 1922. Mais aucune donnée concrète ne permet de le confirmer.

En août de la même année, la CGT accusait le parti communiste d'avoir informé la police de sa présence. Il semble qu'en plein conflit idéologique violent (qui s'acheva par la scission du syndicat boulanger et de la CGT), la presse communiste ait en effet révélé la participation de San Vicente au débat. Conclusion : il dut repasser dans la clandestinité.

En janvier et février 1923, la fédération des traminots de Mexico dirigea un mouvement de grève assez dur contre la compagnie de tramways. Gasca, gouverneur de la capitale et membre de la CROM, non content d'envoyer les forces de police et l'armée contre les conducteurs, décida aussi de l'intervention d'un groupe de jaunes. Les heurts se multiplièrent. Le 1er février, les autorités tentèrent de remettre les tramways dans la rue et lorsque l'un d'entre eux, conduit par un jaune sous escorte militaire, passa dans le quartier Uruguay où se trouvait le local de la CGT, les rouges bloquèrent la circulation et les tirs crépitèrent. Peu après, l'armée intervenait à grande échelle, les cégétistes (pour la plupart sans armes) élevaient des barricades et résistaient, repliés à l'intérieur du siège du syndicat. Après une heure de coups de feu contre deux cents soldats avec des fusils, les grévistes durent se rendre. Plusieurs centaines d'entre eux furent appréhendés.

Parmi les détenus, San Vicente ne fut pas identifié par la police : vêtu d'une salopette de traminot, il se cachait sous l'identité de Pedro Sánchez.

Grâce à la médiation du ministre des Finances, Adolfo de la Huerta, les prisonniers recouvrèrent leur liberté dès le lendemain.

Lorsque la police se rendit compte, après une délation, qu'elle avait eu San Vicente entre les mains, elle mit sur pied une véritable chasse à l'homme. Traque qui connut son moment le plus cocasse le 4 avril : quarante policiers firent irruption dans le local de la CGT pour l'arrêter et tandis que les ouvriers les affrontaient puis les désarmaient, San Vicente s'enfuyait par la fenêtre des toilettes.

Si l'on témoignait largement de ces deux fuites miraculeuses, une seule ligne perdue dans les journaux informa de ce que, finalement, San Vicente avait été capturé début juillet pour être conduit secrètement à Veracruz. Le 15, un groupe de travailleurs de la CGT du port apprit son incarcération. La mobilisation pour tenter de le libérer commença à se mettre en place, mais les autorités la devancèrent.

Le 16 juillet, Sebastián San Vicente fut expulsé du Mexique et jeté, menottes aux poignets, dans un vapeur en partance pour La Corogne, en Espagne.

La presse ouvrière mexicaine rendit hommage à son camarade extradé. On publia des protestations dans *Guillotina*, organe du port, et dans *Nuestra palabra*, de la fédération des traminots de Mexico.

En juillet 1924, l'anarchiste originaire de Puebla, Antonio Bruschetta, s'enquérait de San Vicente auprès de tous les membres des réseaux libertaires de la presse. Il expliquait qu'il n'avait plus de ses nouvelles depuis un an. La dernière chose qu'il avait sue, c'était qu'il était bien arrivé à La Corogne, d'où il lui avait envoyé une photo suivie d'une carte postée de Bordeaux.

Au Mexique, on ne reçut plus d'autre signe de vie de l'anarchiste basque. Bien des années plus tard, en 1938, la rumeur courut parmi ses vieilles connaissances qu'il était mort en Espagne, en combattant près de Bilbao comme milicien dans un bataillon de la CNT.

Voilà tout ce que celui qui écrit peut raconter. Je suppose que cela suffit à expliquer comment il se fait que Sebastián San Vicente n'ait pas de rue qui porte son nom et qu'il ne figure pas non plus dans les livres.

2.

Le roman comme histoire : pourquoi trouver particulièrement intéressant ce personnage dont on ne sait pratiquement rien ?

Ce sont toujours les mêmes histoires. Il s'agit de types qui ont l'air d'avoir avalé un ange et qui nourrissent leur dureté de cette fibre magique d'obstination et de droiture. Des personnages qui ne vacillent pas dans la tourmente, qui ne plient pas. Des hommes d'action qui opèrent sur le terrain où l'on envoie des messages réels, le terrain des symboles.

Il se peut que, lorsqu'il est question d'un phénomène de masse, « la révolution est une aventure du cœur », pour reprendre les mots de Ryszard Kapuscinski. Mais quand on transfère l'histoire sur un plan personnel et que l'atmosphère n'est pas aux grandes victoires sociales, la révolution, sans aucun doute, se transforme en une aventure de l'obsession...

À mesure que le temps passe, on se fabrique progressivement un tissu d'appuis idéologiques. C'est ce qui permet de s'éveiller en pensant que l'on est du bon côté de la barrière qui sépare le pouvoir de l'abus et la grande méchanceté du territoire des parias de la terre. Ça permet aussi de se coucher avec la bonne conscience d'avoir résisté au système un jour de plus. L'une des lianes de cette trame est formée par l'obstination, cette vertu irrationnelle que possèdent les adolescents. Elle empêche que la logique des adultes, que la logique du pouvoir ne les trompe ; qu'au nom du "rationnel et du possible, du sensé et du convenable", l'ennemi n'envahisse leur espace vital jusqu'à les en expulser.

C'est pour cela qu'on finira par écrire l'histoire de "l'ange noir", bien que ce soit une histoire d'ombres plus que de lumières, et qu'on y découvre trop de choses qui ne plaisent pas.

Mais, ah malédiction ! (comme on dirait dans l'un de ces romans de Salgari que San Vicente doit avoir lu en cachette), cette obstination, cette merveilleuse obstination, cette ténacité, cet antidote pour nos soirées de fragilité plantés devant un téléviseur – qui peut-être ne nous trompe plus, mais qui sans aucun doute alimente nos peurs –, cette obstination donc, se construit. Elle ne naît pas, elle devient.

Évidemment, personne ne sait d'où il sort. Comme tout bon personnage de roman, il apparaît brusquement, dans un psssschhh qui jaillit de l'air, il arrive doté d'alias et de pseudonymes, de faux passeports, de fausses histoires, de légendes et de mythomanies policières paranoïaques.

Autrement dit : au commencement, il n'était pas lui.

On voit quelque part qu'on l'appelait "l'ange noir exterminateur", ailleurs qu'il lisait Leopardi. On commence à travailler sur ces maigres données.

Qui était Leopardi ? D'où sort ce nom biblique et sonore d'ange noir exterminateur ?

Très mal connu au Mexique, le comte Giacomo Leopardi (1798-1837), poète de l'angoisse, de l'incertitude, du désespoir, de la désespérance, fut l'homme qui, dans une génération de poètes romantiques et patriotes, s'évertua à cultiver le pessimisme comme source d'inspiration et thème central de sa poésie, une défense qui en valait bien une autre. Le côté sordide de ses poèmes a probablement quelque chose à voir avec le fait que, d'une part, il était estropié et contrefait depuis sa plus tendre enfance et que, d'autre part (au cas où cela n'aurait pas suffi), c'était un noble misérable, un aristocrate désargenté.

Pour illustration, voici deux échantillons : « Dans cette immensité / je fais sombrer ma pensée / et ce naufrage m'est doux », ou « Ennui et amertume / c'est toute notre vie / et fange le monde. »

Curieuse inspiration pour un anarchiste... On se met à lire Leopardi dans une anthologie bilingue de l'Université de Guadalajara, rescapée de la bibliothèque contenant les volumes qu'on pensait ne jamais lire.

Si les poèmes de Leopardi, accompagnés d'une brève note biographique, apparaissent dans cette anthologie du pessimisme poétique, éditée cinquante ans après le passage de San Vicente au Mexique, ce doute sur "l'ange noir exterminateur" est dissipé par une bible protestante qu'un vendeur de porte-à-porte t'a fourguée il y a quelques années en te mettant le grappin dessus un jour que tu étais somnolent. Dans l'Apocalypse, 9, figure un personnage appelé Apollyon, également connu sous le nom d'Abaddôn (encore les alias et les pseudonymes), qui se trouve être un ange noir, venu de l'abîme, ange vaincu, resplendissant et luciférien. Sa mission, telle qu'elle est décrite par l'Apocalypse, consiste à conduire une armée de sauterelles qui tortureront le genre humain cinq jours durant. Ce récit avec ses insectes, si peu franciscain, te fascine.

Tu te retrouves avec les mythes du FBI, plus les tristesses de Leopardi, plus les délires ancien-testament de la bible protestante... Le personnage n'existe pas encore, ce n'est qu'une ombre.

Tu cherches la ville qui l'a connu, dont l'écho désastreux est aujourd'hui ta ville à toi, Mexico. Au début de 1921, on remplaçait lentement le cheval par la Packard et l'éclairage au gaz par la lumière électrique, on fumait du tabac de meilleure qualité et on buvait de l'eau-de-vie plus pure. Mais on vivait également les tensions de la réorganisation industrielle post-révolutionnaire, les règlements de comptes entre les généraux victorieux du Plan d'Agua Prieta qui avaient renversé Carranza, et un important progrès dans les luttes ouvrières : après le naufrage issu de ses interventions dans l'étape armée de la révolution mexicaine, le mouvement prolétaire sentait que son heure était enfin venue.

On s'intéresse au contexte politique et syndical. À côté des rouges de la CGT, il y avait les syndicalistes corrompus. Leur chef, Morones, est un personnage caricatural tout à fait passionnant, qui aurait mérité de figurer aux côtés d'Abaddôn et de Giacomo Leopardi dans cette chronique insensée, si la digression n'était pas un vice. Il finirait ministre de l'Industrie et recevrait, à cause de son obésité, les surnoms de La Truie et La Grosse Matilda. Il visiterait les bordels aussi souvent que s'ils avaient été son deuxième local syndical et porterait trois bagues en diamants à la main gauche. Mexicanité "pré-PRI", en somme.

On remonte la piste des lectures possibles de San Vicente grâce à un document fané qui évoque les livres de la bibliothèque du syndicat des boulangers, où le personnage avait coutume de dormir sur un banc. C'est ainsi qu'on comprend son anarchisme "principesque" (aux principes rigides, pas nécessairement ceux du prince Kropotkine), absolument pas collaborationniste, très enclin à faire feu de tout bois et assez primaire. Nourri de ce qu'il pouvait trouver dans l'édition en six volumes de *La Géographie universelle* de Reclus (Elisée) sur la géographie, l'humanité et l'histoire ; alimenté par le verbe incendiaire de Bakounine et le sentiment commun, voire romantique, de l'anarchisme de Malatesta ; ouvriériste, car Sebastián verrait le monde du côté de ceux qui travaillent de leurs mains.

Il pouvait avoir lu, il lisait sûrement *Les Douze Preuves de la non-existence de Dieu*, de Sébastien Faure, édité sous forme de brochure au prix de 10 centavos par le Grupo Cultura Racional de Aguascalientes. Il lisait les articles de Federico Urales publiés dans la *Revista blanca* de Barcelone, sur l'esclavage de la femme, l'hygiène sexuelle et la relation déprédatrice de l'homme à la nature. Il pouvait en effet l'emprunter au local du syndicat des traminots, qui y était abonné. Il lisait les romans de Victor Hugo, en particulier *Les Misérables,* que la presse libertaire avait mis à la mode. Il lisait d'horribles poèmes du colombien Moncaleano et *La Conquête du pain* du patriarche Kropotkine, mort en Russie l'année précédente.

Il lisait des articles isolés de Gori y Mella publiés en Catalogne dans des vieilles éditions de Soli, Fructidor ou El Productor. Il s'enthousiasmait pour l'histoire de Spartacus ou la géographie des Balkans. Il lisait les opuscules de Ferrer Guardia sur la pédagogie moderne et les vertus de l'école rationnelle. Il connaissait Flores Magón, alors que la fièvre éditoriale magoniste, qui contribua à l'éducation politique de la CGT pendant les années qui suivirent, ne s'était pas encore déclarée. Lorsque vous avez fini de consulter tout ce que San Vicente pouvait avoir lu – si l'on excepte la mauvaise poésie –, votre éducation sentimentale a progressé.

Lui, il lisait aussi *El Demócrata*, *El Heraldo de México*, et même *El Universal*, pour se rendre compte que la presse bourgeoise donnait la CGT pour morte, après la première grande série de scissions, de déportations et de représailles. Mais l'ennemi se trompait et Bakounine, depuis sa tombe de Berne, avait raison lorsqu'il assurait que la force des anarchistes était "d'organiser la passion". Parce que la passion redonnait corps à une organisation désarticulée faute de coordination.

Et Sebastián San Vicente existait parce que son personnage laissait des traces et des échos en d'autres. Des échos avec lesquels on fait difficilement l'histoire, mais qui permettent de deviner ou d'inventer (ce qui est une manière de deviner) ses pas.

Vous trouvez des récits à propos des soviets de Puebla au moment où San Vicente était le principal coordinateur de la région. Ils parlent de travailleurs qui organisent des grèves, de patrons qui ferment des usines, d'ouvriers armés qui, pour se venger, envahissent les propriétés de leurs employeurs et les prennent au cri de : « Vive Lénine ! Vive la vierge de Guadalupe ! » Vous lisez des chroniques merveilleuses qui racontent qu'on tira un piano dans la cour d'une hacienda et que quelqu'un joua du Chopin pour ces ouvriers, pieds nus, armés de machettes...

San Vicente se dessine. Vous tombez sur une brève allusion à sa tendresse pour les putes et à sa lutte pour leur rendre leur dignité sans les faire changer de profession.

Le personnage se précise.

On découvre qu'une personne n'est pas une personne, mais les échos de cette personne. Que la seule manière de la capturer, c'est de fixer les dizaines d'échos qu'elle laisse derrière elle.

On mêle les histoires, la sienne et celle d'autres. On construit des personnages secondaires qui, par leur force, permettent de donner de la puissance à l'écho de ce héros.

On se met à écrire un roman avec la certitude que la littérature réussit ce que l'histoire ne réussirait pas : reconstruire l'histoire, le sens de l'histoire. On écrit, heureux de penser que si l'histoire nie un personnage en le plongeant dans le brouillard, la littérature le sauve grâce aux vertus de ce même brouillard utilisé comme matière première...

On épluche l'annuaire téléphonique de Mexico à la recherche d'éventuels San Vicente. Expérience amusante que celle consistant à expliquer aux fils d'un entrepreneur de pompes funèbres qu'on suit la trace, vieille d'un demi-siècle, d'un anarchiste espagnol. On ne trouvera évidemment rien, mais cette tentative apparaît dans le roman.

On revient aux archives de la police politique nord-américaine et de la police mexicaine, non plus à la recherche d'informations, mais plutôt pour saisir le style narratif de ces rejetons de la loi et de l'ordre. Découvertes passionnantes dans le domaine du langage bureaucratique : l'explication que donnent les gardiens de la paix sur la façon dont "il se trouve qu'ils en vinrent" à arrêter San Vicente et dont les ouvriers les arrêtèrent à leur tour et les désarmèrent.

Angles, plans, chansons, palmeraies à Tampico, noms de médicaments contre la gonorrhée, tramways tirés par des mules à Mexico.

Exercices d'imagination : à quoi ressemblait la carte postale que San Vicente envoya de La Corogne ? Et le chapeau qu'il portait à Atlixco, à Puebla, les jours de soleil ? À quoi ressemblaient les jours de pluie tropicale pour un Basque qui adorait le flic-floc du crachin de la mer Cantabrique ? Quel médicament utilisaient ses amies les putes contre la syphilis ? Qui était le médecin qui les soignait ?

Exercices d'invention : raconter, c'est réinventer, recréer, remettre sur pied ce qui n'existe plus. Et qui se préoccupe de réalité, bordel ? Le plus intéressant, c'est la sensation de réalité.

Le roman s'intitula *De passage* et fut publié en 1987[1]. Il se terminait ou aurait dû se terminer ou je crois qu'à un certain moment j'ai dû le terminer en plaçant la phrase de l'essai qui me semblait la plus juste épitaphe pour ce personnage :

« Sebastián San Vicente n'a pas de rue qui porte son nom et ne figure pas dans les livres. »

3.

La vie comme roman de l'histoire : en 1996, je suis allé à Saint-Sébastien, en Espagne, pour donner une conférence à la demande de Pedro, l'unique lecteur que je connaisse qui non seulement ait lu tous mes livres, mais corrige également mes inexactitudes.

Il pleuvait sur Saint-Sébastien et j'avais froid. Mais le public apporta beaucoup de chaleur à cette conférence et je cessai de n'être qu'un conférencier pour redevenir une personne.

À la fin de la discussion, Pedro m'a présenté une jeune fille, Socorro (Soko en basque), qui dirigeait le musée de la Marine. Nous étions dans un parc, marchant vers l'un des nombreux petits bars où l'on boit du vin en mangeant des *tapas*, participant à cette ronde interminable et assez infernale que les Basques aiment tant. La jeune fille me tendit une photo.

– Voici le *San Vicente*, dit-elle.

J'ai contemplé l'image d'un bateau de pêche de quelque dix mètres de long avec une chaudière rudimentaire au milieu. Il portait comme unique identification le numéro d'immatriculation SSF 898 ; pour la photo, deux marins tristes fixaient l'objectif, assis dans l'embarcation qui se trouvait certainement au port. Une note au bas de la photo précise que nous sommes en 1940.

1. Pour l'édition française, Paris : Métailié, 1995 (NdT).

— Et alors ?

— Nous l'avons récupéré pour le musée ; il n'avait pas de nom, alors, mes collègues et moi, comme nous avions lu ton roman, nous avons décidé de le baptiser *San Vicente*. Il ne donnera son nom ni à une rue ni à une place, mais dans un musée basque, un bateau se nomme *San Vicente*. »

Et la jeune femme eut un large sourire.

Il faut croire qu'elle aussi, elle a foi en ces façons littéraires de rendre la justice.

CE QUE TU RACONTES, LARISSA REISNER, ET CE QUE J'AIMERAIS RACONTER

Regarde autour de toi, lequel d'entre nous n'est-il pas fait de méfiances et de réserves nébuleuses ?
Boris Pasternak
(dans un poème dédié à Larissa)

Notre but n'est certes pas de nier l'importance de l'aspect personnel dans la mécanique du processus historique ni l'influence du facteur contingent dans ce qui relève de la personne
Leon Trotski

1.

La version que j'aurais aimé écrire dirait qu'en tant que fille d'un professeur – d'un universitaire social-démocrate – l'enfant naquit un 1er mai, empêchant ses parents d'assister aux manifestations de rues qui finissaient immanquablement par la charge de la cavalerie cosaque contre les ouvriers. C'était à Lublin, en Pologne russe, en 1892. Mais à cette époque Mikhaïl Reisner, avocat d'origine germano-balte, enseignant à l'Académie d'agriculture de Pulawy, n'était pas encore social-démocrate. Bien au contraire, non seulement c'était un conservateur bon teint, mais monarchiste par-dessus le marché.

J'aurais aimé raconter qu'elle fut fille d'exils, de valises et de malles, de changements géographiques, d'interminables réunions nocturnes avec café, thé et fumée... qu'elle fut éduquée dans différents établissements, au milieu des discussions passionnées qui occupaient la fin de ce siècle où tout devait changer. Mais la version la plus proche de la réalité, c'est que les voyages, pour être réels et nombreux, la conduisant tout enfant à travers l'Allemagne et la France, obéissaient en fait à des déplacements professionnels de son père.

À quel moment le professeur Reisner reçut-il le choc de la lumière ? Quand abandonna-t-il ses convictions monarchistes pour devenir républicain ? Quand son conservatisme se transforma-t-il en socialisme ?

Le fait est que les petits pères rouges de toute cette génération de socialistes qui pensaient que le XXe siècle serait celui des lumières et du progrès firent irruption dans la vie de l'enfant. Elle fit la connaissance de Karl Liebknicht et du petit père Bebel, un ami de Marx. C'est ainsi qu'elle put voir s'achever le siècle dans les chants prolétaires, les feux de Bengale, les appels fougueux à mettre le monde sens dessus-dessous – ceux qui ne sont rien aujourd'hui, demain seront tout – mais aussi dans les chants de Noël et les gâteaux, entre le zoo de Berlin et l'université de Heidelberg, tout en faisant ses études à Zehlendorf parmi les fils d'ouvriers.

Cette nouvelle vie de réunions nocturnes, de voyages, de chuchotements et de conspirations passionnées la mena à Paris, avec ses parents. Larissa y découvrit les trois cent vingt merveilleux mètres de ce prodigieux meccano pour adultes, de cet hommage à l'acier et à ses spectateurs qu'est la Tour Eiffel.

Puis, le retour en Russie où la réalité dépassait les rêves de l'exilée, où l'on parlait de gouvernement constitutionnel, où l'insurrection éclatait, où soufflaient des vents favorables, où naissaient la grève générale et le mot *soviet.* C'était le début du bref intervalle révolutionnaire de 1905.

J'aurais aimé raconter comment Larissa, qui ne savait pas encore lire, faisait déjà passer de la propagande dissimulée entre les draps et les couvertures de son landau. Conter aussi comment elle ouvrit par erreur du courrier adressé à son père, des lettres évoquant l'ascension révolutionnaire d'un certain N. Lénine. Enfin, qu'elle entendit parler de Marx comme du "vieux Karl" avant même de tomber amoureuse pour la première fois. Ces dernières assertions sont certaines, car ces lettres de Lénine ont effectivement existé, la famille les exhiba avec fierté des années plus tard. La première, celle de la propagande dans sa voiture d'enfant, est difficilement vérifiable : au moment de la révolution de 1905, Larissa a treize ans et ses parents quittent leur exil pour revenir à Saint-Pétersbourg.

Reisner entre alors à l'université : dans le meilleur des cas, c'est un avocat marxiste qui évolue sur le territoire de libéraux complaisants. Puis le bruit commence à circuler qu'il a travaillé pour les services secrets tsaristes. Quelques intellectuels de gauche, tels Plekhanov et Bourtsev, se font l'écho de cette rumeur. Soudain, les réunions amicales se dissolvent, les camarades disparaissent, le professeur avance dans le couloir, le regard perdu. La calomnie a-t-elle quelque fondement ? Comment lutte-t-on contre un ennemi qui surgit parmi ses amis et n'a pas de visage ? Qui peut démontrer que ce qui n'a jamais été vrai est faux ? Nier avec véhémence n'équivaut-il pas à éveiller de nouveaux soupçons ?

Le monde de la conspiration politique est marqué par la paranoïa. Dans la Russie tsariste, on ne survit qu'en se méfiant ; mais même malgré cela, les provocateurs et les mouchards s'infiltrent, progressent dans l'organisation. Brusquement, ils vendent des cellules entières, jettent en prison et soumettent à la torture leurs meilleurs amis. La paranoïa est-elle pour autant nécessaire ? La force du venin est terrible. Un socialiste ne dispose pour se défendre que de son honnêteté, de sa réputation et de ses idées.

Karl Radek dira des années plus tard : « L'amertume et le désespoir s'emparent du foyer. » Reisner s'éloigne de la politique. Larissa comprend la gravité de ce qui arrive, même si elle ne parvient pas à se l'expliquer. Elle ressent le manque de chaleur à la maison, les silences qui dominent, l'éloignement des amis, la profonde tristesse de son père.

Le compagnon des derniers jours de sa vie racontera que son passage par le lycée s'apparenta à "une véritable agonie". Qu'est-ce qui se passe dans l'esprit de cette jeune fille particulièrement sensible et irritable ? Où se cache le journal intime de cette adolescente qui semblait avoir déjà appris que l'écriture, c'est la vie ? Qu'on écrit non seulement pour rendre compte, mais aussi pour comprendre ; que raconter, d'une certaine manière, cela revient à remettre de l'ordre dans l'injustice extérieure, à solder ses comptes, à purifier.

En 1909, à dix-sept ans, Larissa compose une pièce de théâtre en forme d'essai, – ou un essai déguisé en pièce de théâtre – intitulée *Atlantide*. Ceux qui la lurent parlèrent de "métaphore sociale". Selon Radek, un homme y offre sa vie pour sauver l'humanité.

J'aimerais raconter que dans une vie comme la sienne, les papiers ont la fâcheuse habitude de se perdre, avec une fréquence absolue et un immense manque de respect, et que c'est précisément ce qui est arrivé au manuscrit d'*Atlantide*. Raconter aussi que la jeune femme ne pleura pas sur sa première œuvre, parce qu'on ne pleure pas sur les expériences que l'on fait et que la vie est longue. Que de toutes façons, on allait écrire tant de choses sur elle, qu'elle laisserait tant de feuillets couverts d'une écriture nerveuse, – la tension doit transparaître sur le papier – tracée avec une petite plume fine... ou que, comme l'Atlantide, ce continent perdu que Platon inventa par jeu, la pièce n'existe pas. Mais les archéologues et les bibliothécaires pourraient me démentir. Shipovik publia cette œuvre en 1913. Avec un peu de patience et des amis russes, on doit pouvoir la retrouver...

2.

En 1914, la guerre éclate. Tout risque de brûler dans cet holocauste, même la bonne volonté de la social-démocratie, sa volonté de changements progressifs. En plus d'un sens, la guerre engendre la mort et le retour ou la domination de la barbarie, déjà portée par le tsarisme.

Son père quitte l'ostracisme de la calomnie : l'engagement moral est trop important pour se borner à l'abstention. Il s'aligne sur les positions de la gauche sociale-démocrate, avec ceux qui n'ont pas succombé au patriotisme belliqueux, ceux qui croient que la guerre impériale n'a d'autres dieux que le pouvoir, les marchés et le contrôle du monde.

Et Larissa Mikhaïlovna s'attelle à la tâche avec ardeur. Elle fonde et édite avec son père une revue, *Roudine*, qui exprime les positions du socialisme pacifiste. Pour y parvenir, la famille glisse dans une spirale de difficultés financières qui, rapidement, se transforment en dettes. Larissa se comporte comme la plus fidèle des secrétaires de rédaction, elle compose des poèmes, des articles, répond au courrier, entre dans des débats avec des sociaux-démocrates séduits par le patriotisme guerrier, s'occupe de la comptabilité, porte les paquets à la poste, anime, agite. Le périodique est d'abord toléré par la police, avec certaines réserves. Étant donné l'isolement politique des Reisner, on ne s'inquiète pas vraiment. Par la suite, le journal sera censuré. Après plusieurs passages par le mont-de-piété, le père et la fille se voient contraints de mettre un terme à leur aventure éditoriale.

Mais attention, l'image est incomplète. Le compte-rendu des heures passées sur la revue, sur des articles de plus en plus nombreux dénonçant le retour à la barbarie ne suffit pas... Il faut également observer soigneusement cette jeune femme de vingt-deux ans, très pâle, le nez fin, coiffée d'un chignon qui retient sa belle chevelure et évite qu'elle ne la gêne, vêtue de l'ample blouse des paysans sur des jupes très larges de couleurs pastel, fumant déjà, qui s'échappe parfois des interminables journées à la rédaction et disparaît.

Chklovski la trouve en train de patiner, traçant des figures sur la piste de glace, se laissant contempler et aimer par les soldats blessés.

Pendant qu'elle dessine des motifs qui n'existent que dans sa tête, elle crée l'illusion de l'innocence. Mais l'illusion de l'innocence est absurde, il n'y a plus d'innocence, il n'y a plus d'innocents. L'illusion de l'innocence est dangereuse. Larissa commence à travailler dans les groupes ouvriers des organisations de la gauche sociale-démocrate. À bord d'un tramway, elle traverse Saint-Pétersbourg – "Peter" pour les républicains et les athées – pour se rendre dans les quartiers noirs et sales.

Cette petite jeune femme entourée de papiers et de lettres, de personnages portés au sommet de la société parce qu'ils étaient poètes et que leurs paroles réchauffaient les cœurs dans des braseros, est également une organisatrice courageuse, dont le regard direct impose le respect.

Le monde de la social-démocratie est le monde de la parole

écrite, de l'obsession du journal clandestin, des petits cercles d'étude du marxisme, de l'agit-prop. Larissa évolue dans ce milieu comme dans une grande maison. Elle passe de l'expérience manquée de *Roudine* à la collaboration à *Novaya Zhin*, dirigé par Maxime Gorki.

Soudain, au cours des célébrations de la Journée internationale de la femme, encouragées par la social-démocratie, les grèves débutent. Est-ce cela la révolution ? Non, il ne s'agit que d'un petit mouvement né le 23 février 1917 dans les faubourgs de Viborg, à Saint-Pétersbourg. J'aimerais pouvoir dire que la jeune Larissa a l'intuition qu'au-delà de ces grèves se profile l'amorce de la secousse sociale la plus puissante du début du XXe siècle... Mais je ne connais aucun de ses articles. Le plus probable reste qu'elle ait vu dans ces premiers conflits sociaux la même chose que le reste de la social-démocratie radicale : l'expression du ras-le-bol croissant de la société confrontée aux pénuries de la guerre. Mais les drapeaux rouges sont bien là, dans les marches ouvrières et les demandes réitérées : « Du pain, la paix, la liberté. »

Le 24, alors que tous s'attendaient à ce qu'il s'éteigne, le mouvement prend de l'ampleur sans être réprimé par les cosaques. Le 25, deux cent cinquante mille ouvriers sont déjà en grève, auxquels les étudiants viennent s'ajouter pendant la journée. Des heurts avec la police éclatent ; des membres des forces de l'ordre déposent les armes. Le gouvernement réagit en ordonnant un coup de filet parmi les militants des partis ouvriers. Des arrestations surviennent pendant la nuit, des rumeurs circulent : un régiment se serait mutiné en refusant de tirer sur les manifestants. Le dimanche 26, l'armée envahit la rue, semant le doute parmi les grévistes. Le 27, les assemblées ratifient la grève, au grand étonnement des partis de gauche. Les ouvriers marchent sur les casernes, les insurrections militaires commencent, on libère les prisonniers.

Où se trouvait Larissa pendant ces journées historiques ? J'épluche des dizaines de récits sur la révolution de Février sans jamais rencontrer son nom. Finalement, je tombe sur une petite phrase de Viktor Chklovski : « Larissa faisait partie de ceux qui prirent la forteresse de Saint-Pierre-et-Saint-Paul. Ce ne fut pas un assaut difficile, mais il fallait être là, s'approcher de la forteresse, être certain que les portes s'ouvriraient. » Fait-il référence aux événements de février ou parle-t-il de la même action, répétée ensuite au mois d'octobre ?

Les coups de feu résonnent dans tout Saint-Pétersbourg. La forteresse tsariste tombe. La dictature s'effondre. Des pouvoirs parallèles, la Douma libérale et bourgeoise d'un côté, et les soviets d'ouvriers et de soldats de l'autre, voient le jour.

Est-ce cela la révolution ? Ces groupes d'hommes armés qui vacillent d'épuisement et s'endorment en plein milieu d'une phrase ? Ces personnages sortis du néant qui deviennent populaires soudain, dès qu'on révèle que derrière leurs pseudonymes se cachent les mythes souterrains jusque-là connus seulement de l'Okhrana et des initiés : l'un est membre du comité central des sociaux-démocrates mencheviks depuis 1908, cet autre appartient en fait à la direction du soviet de 1905, ou ce dernier, celui-là même qui a soulevé les ouvriers du légendaire quartier de Viborg ?

Larissa retrouve alors le pouvoir de la parole. Elle écrit sur les clubs ouvriers et leurs débats, sur la culture manufacturière, sur les maladroites tentatives de construction de théâtres dans les usines, sur les forces que la révolution a libérées...

Elle collabore à la revue *Letopis* de Gorki, mais rompt ensuite avec lui à cause d'un violent article contre Kerenski. Elle se lie avec ce que la gauche armée a de plus dur et de plus âpre : les groupes des marins de Kronstadt. Elle crée parmi eux un cercle de réflexion.

Elle découvre les bolcheviks et s'en rapproche. Ses amis de la social-démocratie modérée et cultivée la regardent avec surprise : « Que fais-tu avec ces gens-là ? C'est une secte. Des aventuriers ! »

En cette fin de millénaire, alors que j'écris à propos de cette jeune fille, de ce personnage à l'idéal d'acier, la révolution russe n'a plus rien d'enchanteur. En termes de mythe, elle a été dévorée par son autoritarisme, détruite par le monstre du stalinisme dont les échos ressemblent justement à de l'anthropophagie, à des balles tirées dans une nuque au fond de caves glacées, à des camps de concentration sibériens et à des abus sous le règne du double langage des apparences égalitaires et des réalités autocratiques. Son triste destin (être vomie en un acte définitif par une bureaucratie eltsinienne déguisée) n'aide pas beaucoup. Il faudra du temps à l'histoire pour redevenir l'Histoire. Il n'y a plus de magie mais plutôt l'ombre d'un doute à l'évocation de l'obstiné N. Lénine et du brillant Léon Trotski. Mais Larissa poursuit son chemin ; avec ses petits cahiers défraîchis et ses feuillets, elle avance dans la perspective Nevski vers le tramway qui la conduira à la base navale, pour travailler avec les marins, avec les soutiers, et découvrir la méthode infaillible pour penser la révolution.

Larissa n'écrivit pas sa propre version de la révolution d'Octobre. Elle ne raconta malheureusement pas ces deux semaines et son livre inexistant ne figure pas dans ma bibliothèque auprès de Reed, Trotski, Voline, au-dessus des manuels de l'Académie des sciences de l'URSS...

Des années plus tard, une image figée apparaîtrait dans certaines chroniques de Larissa : la façon qu'ont les cloches du carillon de la cathédrale Saint-Pierre-et-Saint-Paul de sonner. Cloches qui retentissent en elle pour lui révéler l'une des clés de la révolution bolchevique.

3.

Larissa travaille au service des biens culturels, où elle organise la protection des musées, répertorie les trésors nationaux, récupère le patrimoine artistique qu'on tente de faire sortir de Russie, défend les œuvres d'art de l'ancien régime contre la négligence, la violence et la barbarie.

Lev Sosnovski raconte :

> Dans l'entourage de notre parti, qui avait quitté la clandestinité à demi détruit, déchiré et peu versé dans les conventions élémentaires de la vie civilisée, cette figure parfaitement belle, raffinée des pieds à la tête dans l'apparence, les mots comme les gestes, semblait étrange. Ceux de qui nous nous étions rapprochés nous avaient si souvent déçus qu'il nous était difficile de nous risquer à une nouvelle déception. De sorte qu'on entama avec Larissa Reisner un procès silencieux et inlassablement répété, qui alla en se transformant curieusement lui-

même. J'ai aujourd'hui encore bien des raisons d'évoquer cela, étant donné qu'en de nombreuses occasions je me suis surpris moi-même à la mettre à l'épreuve.

Les occasions dont parle Sosnovski se situent au début de la guerre civile, lorsque Larissa, qui a adhéré depuis peu au parti bolchevique, travaille au sein du bureau de propagande avec Radek et Sosnovski, qu'elle finit par fasciner.

Mais tout cela paraît bien insuffisant à Larissa et en 1918, elle entre dans l'armée rouge.

Elle épouse l'homme qui sera son compagnon d'armes, Feodor Raskolnikov. C'est un personnage singulier, d'à peine quelques mois son aîné, un étudiant pauvre né dans les environs de Saint-Pétersbourg, formé dans des internats sinistres, farouche adversaire des popes qui le châtiaient, luttant contre la faim, à la charge d'une mère veuve. Naturellement rebelle, très tôt lié à la social-démocratie russe, amateur de romans et peu enclin aux textes théoriques, il est passé par les prisons tsaristes et la clandestinité. Pendant la révolution de Février, il a été l'organisateur du soviet des marins de Kronstadt. Au début de la guerre civile, Raskolnikov a affronté les armées de la contre-révolution à Poulkovo et plus tard, il a été nommé commissaire de l'état-major général de la marine.

L'armée rouge se bat sur une demi-douzaine de fronts. Le front interne, issu de la rupture avec les sociaux-révolutionnaires à propos de la paix de Brest-Litovsk, n'est pas le moins inquiétant. Les alliés ont débarqué dans le port nordique d'Arkhangelsk et à Mourmansk, les Japonais ont pris Vladivostok, les Allemands occupent la Crimée, l'Ukraine, l'Estonie, la Lituanie et la Courlande. L'arrière-garde menace les troupes du monarchiste Kappel et les bandes de blancs qui battent tout le territoire de cet immense pays se constitueront ensuite en de véritables armées.

Mais curieusement, le plus grave danger qui affecte la République rouge vient de la légion tchèque, un corps étranger intégré à l'armée tsariste qui s'est révoltée, pendant sa retraite vers la Sibérie – d'où elle serait à nouveau envoyée en Europe pour combattre l'Empire austro-hongrois. Vingt-deux mille soldats bien organisés contrôlent le chemin de fer vers la Sibérie et coupent la Russie en deux dès la fin du mois de mai. En août, ils prennent Kazan et progressent vers l'ouest.

4.

J'aimerais reconstituer ce qui s'est passé à Sviansk avec les mots de Larissa, mais je ne connais que quelques fragments de *Sur le front*, le petit livre de récits de guerre qu'elle écrira plus tard, parmi lesquels on peut trouver de brèves informations sur ce qui s'est produit entre le 8 août et le 10 septembre 1918, dans la petite gare ferroviaire à quelques kilomètres de Kazan.

Cette histoire, qui participe du mythe révolutionnaire, raconte comment, dans la nuit du 7 au 8 août, on prépare à Moscou un singulier train à deux locomotives. Entre autres adaptations réalisées en toute hâte, on le dote d'une petite bibliothèque, d'un garage et de wagons transportant une demi-douzaine d'autos, d'une salle où l'on monte une petite imprimerie, d'une puissante station de radiotélégraphie et d'une autre de télégraphie électrique, avec la capacité et les matériaux pour réparer les lignes. Dans la nuit du 8, le président du conseil militaire révolutionnaire de la République soviétique, Léon Trotski, accompagné d'Ivan Smirnov, d'Arkadi Rosengolz et des membres d'un tribunal révolutionnaire chapeauté par Gusiev, montent dans ce train. Larissa Reisner et quarante jeunes sélectionnés dans le parti les suivent.

Lorsque le convoi s'ébranle pour Kazan, alors aux mains des Tchécoslovaques, la situation est tragique : l'armée de l'Oural s'effondre. Trotski note : « La seule chose sur laquelle tous s'accordaient était le désir de battre en retraite ». Seule la division des tireurs lettons, des bolcheviks de l'ancienne armée commandée par Vazetis se maintient. Le même jour, alors que les chaudières des machines rougissent et que les premiers fils de vapeur blanche s'échappent de la locomotive, la création de camps de concentration pour les militaires conservateurs est décrétée. Trotski se justifie ainsi : « La situation terrible de notre pays nous contraint à prendre des mesures draconiennes. »

Le train s'arrête à Sviansk. À partir de là, la reconstruction du front commence. Trotski continue à faire usage de ces redoutables mesures. L'ordre du jour du 15 août précise : « Tous ceux qui collaborent avec le pouvoir tchécoslovaque et les gardes blancs pendant leur occupation seront fusillés. » Parallèlement, on commence à faire paraître un journal, les activistes se déplacent dans les rangs des troupes rouges afin de leur redonner courage. On ne reculera pas : le train est là pour le démontrer.

Le 17, la flotte des torpilleurs de la Volga les rejoint à travers un réseau de canaux ; ce sont quatre navires portant encore sur les flancs leurs noms tsaristes, accompagnés de quelques barges fluviales armées de mitrailleuses.

Le 18, on passe en revue la flotte qui se révèle être dans un état désastreux. En revanche, le moral des hommes de Raskolnikov est au plus haut. Cette nuit-là, Trotski participe à une incursion vers Kazan. Larissa se tient sur le pont de l'un des torpilleurs. Les rouges remportent leur première victoire au cours d'une bataille fluviale. Trotski racontera dans l'une des meilleures pages de ses mémoires ce combat nocturne contre la flottille des blancs.

Larissa travaille d'abord dans la section d'espionnage de la 5e armée avant de rejoindre définitivement les navires en tant que commissaire politique. De ces premières fonctions on peut retenir une courte anecdote :

> Vêtue en villageoise, elle infiltra les rangs ennemis pour les espionner. Mais il y avait dans son aspect quelque chose d'extraordinaire qui la trahit. Un officier japonais du contre-espionnage l'interrogea. Profitant d'un instant d'inattention, elle se précipita vers la porte qui était mal gardée et disparut.

Plus tard, Larissa consignera dans *Sur le front* quelques-unes de ces petites aventures, mais pas celles qui la mettent en scène. Elle ne décrira pas ses incursions derrière les lignes ennemies pour faire le lien entre la flotte de la Volga et le train de Trotski, ni les missions de reconnaissance qui la font parcourir, sans s'arrêter, quatre-vingt verstes à cheval. Elle ne dira pas qu'elle a été une véritable combattante parmi les autres, une combattante qui a tiré, vécu la guerre dans les tranchées, avec juste un morceau de pain sale pour tout aliment quotidien et près d'elle un camarade se vidant de son sang... Mais nous pouvons lire le narrateur à travers ce qu'il raconte, ce qu'il voit et la manière dont ses yeux le voient, ce qu'il découvre, enregistre, choisit, ce qui l'intéresse ou ce qu'il laisse de côté, par la nuance que la première personne du chroniqueur fait passer dans le texte, par ses marques d'admiration, ses adjectifs. Nous pouvons lire le narrateur dans le récit, et c'est bien autre chose de lire entre les lignes celui qui raconte et non ce qu'il raconte. Dans les combats armés, Larissa ne laisse pas de côté les paysages, mais elle tâche de sous-tendre ses histoires de personnages secondaires, par exemple de ces marins qui ont avalé des milliers de milles nautiques, mais presque pas de nourriture. Dans son récit, le cœur de l'intrigue devient la façon qu'a un matelot d'ôter la housse de son canon avec des gestes routiniers, en une mécanique qui, pour être habituelle, n'en est pas moins chargée de tension.

À ce moment-là, Larissa vit des scènes qu'elle décrira plus tard :

> Ce tableau présente-t-il ou non de la beauté, lorsqu'une batterie embusquée à deux pas, sur la rive, ouvre le feu sur le bateau et que le commandant impose à grands cris l'ordre à ses hommes, pris d'une panique sauvage, de tous décoller leurs corps du pont, pour, d'un saut, se jeter sur les canons ?

Sur le front, son futur livre, contient également une bataille avec le langage. Larissa la mène courageusement avant de se moquer d'elle-même : « Aujourd'hui, qui oserait mettre dans sa propre bouche des mots aussi maniérés et surannés qu'*héroïsme, fraternité des peuples, sacrifice admirable, mourir les armes à la main* ? »

Et pourtant, comment raconter autrement des histoires aussi merveilleuses et terribles ? En un résumé très concentré des péripéties que connut la flotte de Kronstadt, elle écrira :

> Imaginez-vous une poignée de bateaux, environ une douzaine de remorqueurs et de vapeurs blindés, avec quelque deux mille

marins des divisions de Kronstadt et de la mer Noire formant leur équipage. Imaginez-vous, trois ans d'affilée, marchant le fusil à la main sur des milliers de kilomètres depuis la Baltique jusqu'à la frontière perse, mangeant du pain pétri de paille, pourrissant dans une cabine sale, brûlant dans des lazarets pleins de poux. Imaginez-vous victorieux, triomphant finalement contre un ennemi trois fois plus puissant et mieux armé, après avoir lutté au moyen de canons éventrés et de vieux aéroplanes hors d'usage (il ne se passait pas un jour sans qu'ils explosent à cause de la mauvaise qualité du carburant). Imaginez-vous recevant sans cesse des lettres couvertes des plaintes irritées et affamées de ceux qui sont demeurés au foyer... Comment s'expliquer tout cela ? Par force, il faut inventer des mots qui l'emportent sur la lâcheté innée, inévitable, de la chair.

Larissa s'attachera à relater les conflits armés dans toute leur brutalité, à faire le récit de la guerre révolutionnaire comme elle l'a vue depuis son poste de combat. Pleine d'admiration pour des personnages qui dépassent les peurs parce qu'ils sont en train de construire quelque chose qui ne tient même pas dans l'imagination, un monde si extraordinairement différent de tous les mondes connus qu'à cette seule pensée elle tremble, le doigt sur la détente de sa mitrailleuse. Elle est soulagée par la merveilleuse nouvelle du salut des quatre cent vingt prisonniers des blancs, au moment même où ils allaient être massacrés. Elle reconstruit l'histoire des frères K., passés au fil de la baïonnette, elle rapporte les exploits de héros populaires qui ne peuvent rester dans l'oubli.

L'édition de *Sur le front* que j'ai eue entre les mains est une version expurgée par le stalinisme. Les évocations de I. N. Smirnov, le chef de la 5e armée, un personnage que Larissa admirait profondément, ont disparu. Les chapitres qui avaient Trotski pour protagoniste sont coupés. Dans cette édition, on omet le prologue original dans lequel Larissa s'efforce de résumer ces terribles années de guerre :

> La révolution maltraite ses serviteurs de bien cruelle façon. C'est une maîtresse inflexible avec laquelle il ne faut pas parler de journée de huit heures, de protection maternelle ou d'augmentation des salaires. Cette dictatrice accapare tout : le cerveau et

la volonté, les nerfs et la vie. Elle blesse, épuise, suce le sang de générations entières pour ensuite les jeter au fumier et en lever de nouvelles, pleines de vigueur et d'enthousiasme, prises dans les inépuisables réserves que lui offrent les masses populaires.

Le texte est désinfecté, le papier brûle dans le tourbillon censeur de la contre-révolution soviétique. Les bureaucrates craignent la métaphore, l'allusion qui n'existe pas, le manque de respect. Ils adorent des phrases inexistantes qui font de la révolution un rituel de prières qui a perdu tout contenu depuis bien longtemps. Celui qui vit l'histoire, qui a gagné le droit de se moquer, peut s'autoriser l'irrévérence mais elle ne fleurit pas sur le bureau du censeur, là où s'établissent les histoires officielles. C'est la raison pour laquelle l'épisode de Sviansk disparaît du passé soviétique...

Mais tout cela, ce sera pour plus tard. Pour le moment, Larissa est furieuse contre l'Europe qui ignore la barbarie de la guerre civile et les massacres de travailleurs sur le territoire oriental contrôlé par les blancs, contre cette Europe soumise au matraquage des agences de renseignement du grand capital. Sur sa rétine se gravent les événements qu'un jour elle racontera. Dans sa mémoire s'impose l'idée éternelle qu'il est triste de mourir, qu'ici on n'a pas le temps de mourir : on a à peine celui de s'en aller « sans dieu ni diable, tous deux épouvantés par la révolution, et de dire : *tu peux garder mes bottes.* »

Cette première campagne est effroyable mais simultanément, aux yeux de Larissa, elle possède la beauté de l'impossible. La chute de Kazan élimine la menace de la légion tchèque et permet à la République bolchevique de concentrer ses efforts sur d'autres fronts.

J.-J. Marie, un historien français pourtant sérieux, ne peut échapper à cette image tout en regardant Raskolnikov et Larissa avec les yeux de l'histoire : « Ils formaient un couple de cinéma. » Un contemporain laisse la description suivante de Raskolnikov : « Beau, les yeux bleus, rasé de près, il avait plus l'air d'un étudiant anglais que d'un bolchevik russe ». Les photographies montrent que, cette année-là, Larissa porte les cheveux très longs et s'efforce de les cacher, comme si sa longue chevelure entravait sa position de chroniqueuse, de témoin qui doit passer inaperçu afin de ne pas être un personnage de l'histoire que d'autres font et qu'elle raconte. Elle camoufle donc ses cheveux en chignon, qui surmonte le regard merveilleux d'yeux rapprochés et un nez fin sur des lèvres légèrement proéminentes. Petit à petit, elle a troqué la blouse paysanne russe contre la blouse blanche prolétaire, les pantalons amples aux jambes larges et la vareuse de marin. Trotski, dont la plume peut se révéler si blessante, ne sera pas avare d'éloges pour la jeune Larissa dans ses mémoires : "femme merveilleuse", "figure de déesse olympienne", "fine intelligence à l'ironie aiguë et au courage de guerrier". C'est d'ailleurs ainsi qu'elle dut être vue par les deux mille marins de la flotte qui l'adoraient.

5.

L'hiver fait se replier la flotte sur sa base de Nijni-Novgorod. Larissa continue à travailler avec Raskolnikov et les commissaires politiques des forces navales jusqu'au 18 décembre 1918. Au cours d'une expédition à bord du *Spartak* parti de Kronstadt, Feodor Raskolnikov tombe sur une escadre de cinq croiseurs légers anglais. Dans sa fuite, l'hélice du torpilleur heurte des récifs et se brise. Les Britanniques le capturent en face de Revel.

Désespérée, convaincue qu'ils vont le fusiller, Larissa tente avec Chklovski de monter un coup de force pour le libérer en utilisant des chars blindés. Les Britanniques le font finalement disparaître. Par la suite, elle apprendra qu'il a été emmené en Angleterre. Larissa a vingt-six ans, elle a vécu le début d'une guerre qui semble interminable et se retrouve sans son compagnon. À quoi ressemblent ces mois de nouvelles angoisses et d'insomnies ? Comment vit-elle, persuadée que l'on va exécuter l'homme qu'elle aime ? Les commissaires politiques pleurent-ils, dans la solitude de la nuit ?

Raskolnikov passera cinq mois au pénitencier de Brickstone, à Londres, avant d'être échangé contre des prisonniers anglais en mai 1919. Larissa travaille au commissariat de la marine de guerre. On lui confie la tâche délicate de composer avec les anciens amiraux tsaristes qui ont accepté de collaborer avec l'armée rouge.

À sa sortie de prison, Raskolnikov prend en charge la flotte de la Volga et entreprend immédiatement la seconde campagne contre Denikine. Larissa remonte sur le pont des canonniers. Ils voyagent en se battant dans les rangs de la marine depuis l'Astrakan jusqu'à la libération d'Enzeli.

6.

À la fin de la guerre civile, le "couple de cinéma" est envoyé en Afghanistan pour accomplir une mission diplomatique complexe. Une guerre souterraine s'y livre entre les soviets et l'Empire britannique. Ce conflit a déjà entraîné trois guerres en territoire afghan pour le contrôle des tribus. Et les Anglais surveillent avec méfiance un émir aux velléités anti-impérialistes qui flirte avec les Russes.

Que conservent les archives du Foreign Office anglais du passage de Larissa et de Raskolnikov à Kaboul ? Quel mélange de rapports de domestiques et de diplomates qui vendirent leur âme, de ragots de palais et de rumeurs peuvent bien renfermer leurs dossiers confidentiels ?

Larissa dira, sur un ton où sourd la plaisanterie, que l'une de ses tâches consistait à exercer son influence sur les épouses de l'émir. Elle se met à écrire. D'abord une série de chroniques colorées qui seront réunies dans un petit volume intitulé *Afghanistan*. Il s'agit de vignettes, de reportages, de parodies et de quelques articles pittoresques sur les us et coutumes locaux. Dans ce livre, on entendra une double voix : celle de la narratrice, juxtaposée à celle de la narratrice qui se révèle à travers ce qu'elle narre. Dans une page vive consacrée à une usine appelée la "maison des machines", elle décrit les pénuries et les misères du retard industriel, le capitalisme mêlé à la barbarie, « pour moitié féodal et pour moitié européen ». Elle peint une surprenante image de « l'Orient, qui est tout cela, une terre muette [...] fuyant et changeant, mais immobile dans ce mouvement, oui, calme comme la mort. » De quoi parle Larissa ? Du pays, du paysage, de son état d'âme ?

Dans une autre chronique, elle avoue : « J'en avais assez de tout ces fonctionnaires afghans et de tant d'étrangers courtois et aimables, de ces Anglais si corrects au sempiternel sourire de commande » et se moque des « nuages d'espions [qui] passent, vrombissant en tous sens... », dénigre encore l'émir dont le vice des paris pourrait le conduire à miser sur le moment de la chute d'un verre, sur le nombre de cyclistes présents dans telle ou telle assemblée... Larissa est lasse : on ne passe pas facilement des situations limites de la guerre civile au monde lent de l'espionnage et de la diplomatie, de surcroît dans un pays rivé au passé. L'histoire se fait ailleurs, avec d'autres hommes. Mais les danses guerrières la fascinent. Sans doute est-ce le seul sujet qui amène un peu de chaleur dans ses articles. Lorsqu'elle rapporte les danses guerrières des tribus, comment ils dansent avec le feu, combattant des ombres, luttant contre les fantômes des Anglais morts pendant les trois guerres afghanes, Larissa vibre avec eux. C'est à cette époque de calme apparent que Larissa trouve le temps nécessaire pour passer en revue son expérience des combats. Elle travaille non seulement aux notes pour *Afghanistan*, mais aussi à ses souvenirs de guerre au sein de la flotte de la Volga, qu'elle réunira dans *Sur le front*.

Sa vie avec Raskolnikov est un désastre. Un bolchevik anonyme remarquera dans son journal : « Ses amours avec un prince afghan, rendues publiques dans le monde entier, avaient placé l'ambassadeur soviétique en Afghanistan dans une position embarrassante. » Même son amie Elizabeth K. Poretski se fait écho de l'anecdote : « La rumeur courait que lors de son séjour à Poukhara [à Kaboul], elle avait eu de nombreuses aventures avec des officiers britanniques, qu'elle allait retrouver dans leurs quartiers, nue sous un manteau de fourrure. »

Même une société aussi libérale que la nouvelle société soviétique, où la recherche de voies brisant les vieux modèles de vie s'étendait librement au monde de la sexualité et évidemment du mariage, n'était pas exempte de puritanisme ni, inévitablement, d'affection pour les ragots. Les racontars les plus fantastiques vont poursuivre Larissa jusqu'en URSS. La calomnie se tient une nouvelle fois au centre de sa vie, comme au temps où son père était accusé de collaborer avec la police.

Larissa expliquera ensuite à ses camarades que « l'auteur de ces rumeurs n'était autre que Raskolnikov lui-même, dont la jalousie atteignait une violence sans limite. Elle me montra une cicatrice qu'elle avait dans le dos, vestige d'un coup de fouet qu'il lui avait donné. »

Les deux versions peuvent contenir des éléments véridiques (et je suis désolé, Larissa, mais la distance et la désinformation ne sont pas de bons camarades pour la précision narrative. En outre, le fait que tu aies pu mettre dans ton lit tous les princes afghans et les cavaliers britanniques que tu aurais croisé au long de ta vie ne me dérange pas), quoi qu'il en soit, ces histoires vont s'attacher à elle comme son ombre. J'aurais aimé qu'elle les ait consignées, qu'elle ait raconté comment la chaleur et la poussière peuvent dévaster un "couple de cinéma" et combien l'ennui détruit l'amour... Mais il faudra bien se contenter de bruits, de démentis et de calomnies, suivant le point de vue des puritains ou des licencieux. Le fait est qu'elle rompt avec Raskolnikov et rentre en URSS, accompagnée de rumeurs selon lesquelles elle serait partie sous la menace d'une expulsion diplomatique.

7.

On publie ses livres. Larissa y expose sa propre vision, qui n'a rien d'hagiographique, de la révolution et de ses meneurs. Lénine lui-même, dans l'une des parodies qu'elle fait de ses contacts avec un financier nord-américain, est traité comme un égal parmi les égaux : « Le gnome se moquant des chimères des hommes. » On décèle de la tendresse, mais aussi une certaine irrévérence lorsqu'elle le décrit, « Les yeux tartares et un peu obliques. »

Dès son retour en URSS, elle ressent des changements qu'elle ne comprend pas clairement. On a abandonné le communisme de guerre pour instaurer la nouvelle politique économique, qui protège la moyenne paysannerie. Elle découvre des manifestations d'intransigeance, de corruption et d'abus de pouvoir. Radek raconte : « Pendant tout l'été, elle est inquiète et regarde autour d'elle avec une secrète appréhension », puis il se demande en son nom : « La gangrène atteindra-t-elle le corps du parti ? »

Son père a des problèmes : ancien rédacteur de la Constitution soviétique, il a publié des articles sur les dangers de la concentration du pouvoir au sein d'un parti unique. Les anciennes calomnies prétendant qu'il avait été collaborateur de l'Okhrana tsariste remontent à la surface. Ses textes ont provoqué un malaise et il est sanctionné pour "conduite indigne d'un membre du parti".

En septembre 1923, Larissa rencontre Karl Radek et lui demande de l'envoyer en Allemagne, car à cette époque, c'est là que bat le cœur de la révolution mondiale. À Moscou, les cancans racontent que Radek est tombé follement amoureux d'elle et qu'il lui fait une cour assidue. Un nouveau ragot alimente les chaudières de la rumeur dans une ville qui, pour être révolutionnaire, n'en demeure pas moins petitement provinciale.

Karl Radek a trente-huit ans lorsqu'ils se rencontrent. C'est un personnage qui accumule toutes les contradictions : juif polonais formé dans le catholicisme et le nationalisme, il est l'un des précurseurs de l'internationalisme. Pacifiste zimmerwaldien, organisateur du mouvement ouvrier depuis l'adolescence, il est lié aux partis communistes polonais, allemand et russe. Un homme de chocs et de contrastes, appartenant à la gauche radicale mais versé dans la négociation des principes, ambivalent. Direct dans ses propos il n'est pas avare d'exemples prosaïques, il possède une culture encyclopédique. Une description de l'époque précise : « On aurait dit le résultat d'un étrange croisement entre un professeur et un bandit. » Laid, affublé d'une grosse tête, la barbe rousse, les dents jaunies par les cigares et la pipe qu'il fume sans cesse, il porte en général un costume de toile marron et des guêtres qui vont devenir son uniforme. En 1923, il dirige l'Internationale communiste et peut être tenu pour responsable, dans une large mesure, de sectarismes, d'aventures, de virages politiques, de délires insurrectionnels et de désespoirs raisonnables.

8.

J'ignore si la liaison entre Larissa et Radek, ce personnage extraordinaire qui mérite bien un roman, commence à Moscou ou en Allemagne. Toujours est-il qu'au cours des années à venir, ils vivront en couple. Dans les mois qui suivent, ils se trouvent tous deux à Berlin. Radek y encourage un processus insurrectionnel dont Larissa découvre à Dresde les premières actions. Elle y arrive le 21 octobre 1923, juste au moment où les troupes des corps francs, vestiges du militarisme, commandés par Müller, brisent la grève générale en Saxe.

Lorsque le 24 octobre, l'insurrection de Hambourg débute, Larissa veut s'y rendre immédiatement. Radek l'en empêche car non seulement elle est étrangère, mais surtout soviétique, et que sa présence dans le pays est déjà illégale. À Berlin, Larissa mène une vie clandestine, elle se déplace dans les rues un peu plus que Radek, contraint à la réclusion, mais elle est obligée d'éviter l'organisation communiste alors secrète. Elle se promène, observe, visite le Reichstag, se moque des parlementaires conservateurs, brosse un portrait désespéré de la misère urbaine, de l'inflation brutale, des gens qui meurent de faim, du chômage. Elle assiste à des meetings et à des manifestations, elle raconte même la vie de la fille de quelque ouvrier aisé et sa promenade au zoo.

Ce mois verra la naissance de quatre reportages qui prendront plus tard la forme d'un livret : *Berlin, octobre 1923*. Sa prose s'y affine, elle combine une analyse politique très proche de la manière de Trotski, avec l'aisance de la description naturaliste de Zola, le sens de l'humour, la création de micro-personnages, le rendu d'atmosphères... Et elle est dure, durement orthodoxe : la social-démocratie conciliatrice constitue l'obstacle principal à la révolution allemande. La révolution socialiste représente la seule porte de sortie pour un pays détruit par le coût de l'après-guerre et la crise économique.

Finalement, Larissa ne peut résister et part pour Hambourg, à la recherche du mythe de la récente révolution de soixante heures qui donna aux ouvriers communistes le contrôle de la ville.

Elle flâne dans les rues, observe le monde industriel, rend visite aux ouvriers cachés, assiste aux procès, rencontre les épouses des détenus. Au début, elle a du mal à entrer en contact avec ces gens mais, dès que la méfiance s'émousse, elle accède à des conversations et à des informations. Elle remplit des cahiers de réflexions, s'enflamme, reconstitue, prend parti. Elle retourne en Union soviétique où elle rencontre Hans Kippenberger, l'un des chefs de la révolution, qui a réussi à s'enfuir. Elle compare ses notes avec les souvenirs du militant, rajuste, écrit.

Hambourg sur les barricades paraît et deviendra son livre le plus important. C'est le récit de l'insurrection, qui ne néglige pas un long prologue dans lequel les cicatrices sur les bâtiments hanséatiques, les gigantesques grues des chantiers navals, les rues à putes, les quartiers ouvriers, les bars, les tramways, les horaires, les femmes, les phrases en dialecte, construisent progressivement le cadre de l'aventure du parti communiste, avec une classe ouvrière de plus en plus irritée, agressive et rageuse.

Larissa s'éprend non seulement des hommes de l'insurrection et de l'insurrection elle-même, malgré son échec, mais aussi du monde industriel, de l'atmosphère portuaire, de l'odeur de hareng et de fromage. Elle se sent chez elle au milieu de cette histoire-là et des ouvriers qui en ont été les protagonistes. Et comme toujours, raconter revient à fixer dans la mémoire, à construire ce que l'on nie, ce que l'on oublie :

> Deux, trois jours ou deux, trois semaines plus tard, le bref souvenir des batailles de rue, des avenues retournées et des arbres jetés tels des ponts en travers des rues comme des rivières et des ruelles comme des ruisseaux, se dilue avec les journaux en lambeaux et les affiches en loques, arrachées à la pointe de la baïonnette ou délavées par des jets de pluie sale. Les portes de la prison se referment derrière les condamnés, en même temps que d'autres camarades de lutte, renvoyés des usines, se découvrent contraints de rechercher du travail dans une autre ville

ou dans une région éloignée. Ceux qui sont au chômage après la défaite se réfugient dans les cachettes les plus lointaines et anonymes, les femmes se taisent et les enfants, prudents sous le feu des questions enjôleuses de la police secrète, nient tout en bloc. C'est ainsi que la légende des journées du soulèvement s'évanouit.

Ce travail est édité de manière fragmentaire dans des revues, puis finalement paraît sous la forme d'un livre en 1924.

9.

De retour en Union soviétique, elle travaille avec Trotski au sein de la commission pour l'amélioration des produits industriels. Mais en elle le sang chaud du reporter domine, et elle a besoin de repartir sur les routes.

Où se prépare la révolution ? Où sont les changements ? Dans le monde industriel, dans les usines et dans les mines, loin de la bureaucratie de Petrograd et de Moscou. Des mois durant, elle voyage dans l'Oural, passant par le bassin houiller du Donetz, les mines de platine de Kytlym, les fonderies, les usines textiles d'Ivanovo. Elle dort dans les trains, les mines, les locaux syndicaux. Les reportages issus de ces pérégrinations prendront ensuite corps dans *Charbon, fer et êtres humains*.

C'est une vision surprenante, loin de cette propagande dont ne sont pas exemptes les légendes populaires, les vieilles histoires, les critiques brutales sur la manière de vivre des travailleurs ou sur la négligence dans les incendies de forêts. Elle raconte les épidémies, les erreurs bureaucratiques, les exploits presque irréalisables. Elle décrit un monde en apparence aride, mais qui sous sa plume se révèle passionnant. Elle parle des fondeurs avec des nostalgies agraires que le parti communiste déteste, évoque des cadres du parti punis par erreur qui restent en première ligne. Elle construit des personnages secondaires inoubliables, des hommes impossibles qui jouent avec le feu, se plaignent amèrement qu'entre le soviet et la mine ils ont fini leur vie à cinquante-trois ans, mais qui demeurent au centre du tourbillon par un sentiment du devoir difficile à expliquer. Elle parle de réussites industrielles mais aussi d'échecs et revient à sa fascination pour le monde industriel. Elle compose des pages merveilleuses dans lesquelles le fer est un protagoniste du récit, où elle jouit de la description des marteaux géants, des laminoirs...

Sa plume ne tremble pas lorsqu'elle critique la politique de l'avancée à grands bonds qui néglige les conditions de vie des travailleurs. Elle raconte de l'intérieur, sans hésiter à prendre parti, mais elle sait que l'adulation et la propagande sont de mauvais substituts de la vérité du reportage.

Ce livre sera écrit à Leningrad où elle vit avec Radek, exclu de la direction de l'Internationale communiste et rendu responsable de l'échec de la révolution allemande.

10.

En 1924, elle repart pour Moscou, avant de retourner en Allemagne où elle écrit *Au pays de Hindenburg*, un rapport coloré sur le capitalisme, dans une perspective apocalyptique, parfois traversée de surréalisme. Elle commence par décrire les monopoles de la presse puis analyse le monde industriel à travers l'histoire des junkers protestants et de leurs entreprises guerrières.

Larissa ne peut dissimuler sa fascination pour la technique, son amour pour les machines, même guerrières. Et son ton moqueur se teinte parfois d'enchantement dans la description. Mais ces notes sont avant tout du matériel de propagande et elle reprend son souffle pour maudire, dans sa meilleure prose, le capitalisme sauvage de la renaissance allemande.

Au pays de Hindenburg paraît en 1925, d'abord dans des revues puis sous forme d'opuscule. À peine a-t-elle terminé cette tâche qu'elle entreprend un livre sur les décembristes et une série de conférences sur la révolution de 1905. Elle travaille aussi à des portraits de Thomas More, Babeuf, Munzer et Blanqui.

En 1926 elle attrape le typhus, elle n'est pas en bonne condition physique. Elle est rongée par les vieilles fièvres de la malaria qu'elle avait contractée en Afghanistan. Sa maladie intervient au moment de l'ascension de l'aile droite du PC. Staline et Boukharine commencent à construire l'appareil bureaucratique qui se transformera peu après en instrument de répression contre leur propre parti. La République des soviets et des bolcheviks, qui a exclu ces dernières années les mencheviks, les sociaux-révolutionnaires de droite, de gauche, les anarchistes, est en marche vers la dictature personnelle de Staline. Larissa est prisonnière de la maladie et du pire de tous les exils, l'exil intérieur. L'affection semble lâcher prise, elle commence à se remettre. Mais les fièvres reprennent. Radek raconte : « Elle fit le serment de lutter jusqu'au bout. Elle n'abandonna que lorsque, finalement, elle sombra dans l'inconscience. » Elle meurt à l'hôpital du Kremlin le 9 novembre 1926, à l'âge de trente-quatre ans.

Sosnovski résume à l'heure de sa mort ce que ses contemporains voyaient en elle : « Une passion sauvage pour la vie. »

Mais peut-être sa sortie de la scène politique a-t-elle été une bénédiction. Ses amis et ses personnages, ses maris et ses camarades s'éteignent dans les années qui suivent, happés par le tourbillon staliniste : Trotski sera assassiné pendant son exil au Mexique et Lev Sosnovski disparaîtra dans les camps de concentration. L'année de la mort de Larissa, Raskolnikov est écarté de ses fonctions au sein de l'Internationale communiste. Bien qu'il se soit aligné sur Staline dans les luttes internes, en 1937 ses livres figurent sur la liste des interdits. Il se trouve en France et ne rentre pas en Russie ; il adresse une lettre ouverte à Staline, l'accusant d'avoir trahi la révolution espagnole. Il meurt à Nice en 1939 d'une manière très étrange.

Ainsi que le rappelle Richard Chappel dans ses notes sur *Hambourg sur les barricades*, les six hommes qui portèrent le cercueil de Larissa tomberont, d'une manière ou d'une autre, victimes des purges : Radek sera assassiné après les procès de 1937, Lashevitch mourra dans un accident en Sibérie après avoir été expulsé du parti, I. N. Smirnov sera fusillé après les procès de Moscou, Enukidze sera fusillé après un procès secret en 1937, Boris Voline et Boris Piliniak ne connaîtront pas de meilleur sort.

Remmele, le dirigeant du parti communiste allemand décrit dans *Berlin, octobre 1923* et Karajan, le diplomate qui est la figure centrale de l'article « Krupp et Essen », sont également victimes de la tuerie stalinienne. Hans Kippenberger, le chef de la révolution de Hambourg, est arrêté en 1936 à sa descente d'un train à Moscou, puis exécuté.

Larissa n'était plus là pour le raconter et partager le destin de ses amis et camarades.

LA RÉVOLUTION SUR LES MURS

Remarques sur la brève expérience du syndicat des peintres mexicains (1922-1925)

LA CREATION ET LES "DIEGUITOS"

« Cela fait dix ans que je rêve de peindre ce "mural" », déclare Diego Rivera à un reporter. Il a devant lui quatre-vingt-dix mètres carrés de mur dans la salle de concerts de l'École nationale préparatoire, "El generalito", où commencent à apparaître les premières figures monumentales de quatre mètres de haut qui feront partie de *La Création.*

Rivera dira plus tard : « Malgré mes efforts pour exprimer chez ces personnages la beauté mexicaine authentique, on ressent encore de trop puissantes influences européennes, dans leur exécution comme dans leur sens interne. »

Mais les figures grandissent sur le mur, et ce qu'il peut y avoir de manqué dans cette première tentative est compensé par ce qu'elle comprend de réussite. Rivera a convaincu le gouvernement issu du coup d'État d'Agua Prieta en 1920 (qui allait être le dernier affrontement militaire d'une révolution longue de dix ans) de donner ses murs aux jeunes peintres. José Vasconcelos, secrétaire d'État à l'Éducation publique depuis octobre 1921, est l'intermédiaire entre le pouvoir et l'artiste.

Diego Rivera a trente-six ans. Il y a à peine un an qu'il est rentré au Mexique, après avoir passé la plus grande partie de la période révolutionnaire en Europe (depuis juillet 1911), où il a travaillé, cohabité et débattu avec les courants les plus novateurs de la littérature et de la peinture mondiales : Modigliani, Ilya Ehrenburg, Juan Gris, Picasso, Léger, Jean Cocteau, Ramón Gómez de la Serna, Georges Braque. C'est là qu'il a vécu le désespoir de la guerre et les nouveaux espoirs de la révolution.

La peinture commencée en mars 1922 progresse rapidement. Rivera, comme s'il y mettait sa vie – et il est certainement en train de la jouer – peint entre douze et quinze heures par jour, jusqu'à l'épuisement total. Un groupe de jeunes peintres collabore à cette première expérience : Xavier Guerrero, originaire de l'état de Coahuila, âgé de vingt-six ans, qui a acquis l'expérience de la fresque dans les églises ; Jean Charlot, un Français de vingt-cinq ans, arrivé au Mexique en 1921 après avoir été officier dans l'artillerie pendant la première guerre mondiale, qui a été engagé comme assistant contre le misérable salaire de 8 pesos quotidiens ; et enfin, le Guatémaltèque Carlos Mérida.

La Création sera un mélange de christianisme et de paganisme, au symbolisme confus, essentiellement sauvé par l'étonnante puissance des dix-huit femmes métisses et mexicaines qui dominent un ange inutile.

Et ce n'est que le premier pas. Peu après, Rivera se voit confier un contrat monumental. Le 4 juillet, Vasconcelos lui offre six cent soixante-quatorze mètres carrés dans le bâtiment du secrétariat d'État à l'Éducation publique (SEP), qui devait être inauguré cinq jours plus tard. La thématique, selon ce que Vasconcelos indique à la presse – car ce sont les ministres qui racontent les fresques et non les peintres – sera la suivante : « Des panneaux avec des femmes vêtues à l'indigène, et pour l'escalier [...] une frise ascendante qui part du niveau de la mer, avec sa végétation tropicale, pour évoluer ensuite en paysage de haut-plateau et se terminer avec des volcans. »

La décision de confier à Diego un chantier de cette dimension s'accompagnera de contrats moins importants pour le groupe de peintres qui avait été réuni autour de *La Création*. Au Français Charlot, on donne un mur où il se propose de réaliser un tableau de la conquête espagnole anéantissant les Aztèques, *Le Massacre au temple majeur*. Ramón Alva de la Canal en obtient également un, sur lequel il souhaite peindre une composition qui s'intitulera *Érection de la croix au Nouveau Monde* et montrera l'implantation de la religion catholique en Amérique comme une tragédie. Fermín Revueltas, un jeune homme de dix-neuf ans venu de Durango, qui a étudié les beaux-arts à Chicago, membre d'une puissante famille d'écrivains, de musiciens et d'actrices, en peindra un autre, ainsi qu'Emilio García Cabero. Enfin, Fernando Leal, un étudiant de vingt et un ans né à Mexico, travaillera sur un "mural" représentant les danseurs de Chalma dans un escalier de l'École préparatoire.

Les cinq jeunes artistes, que le public baptisera les "dieguitos", affrontent leurs murs monumentaux avec un mélange de peur et d'avidité. On leur a offert 400 pesos pour chaque "mural" et ils sont prêts à aller plus loin que Diego dans l'approche nationaliste de leur peinture. Ce qui conduit Revueltas, bien qu'athée, à choisir comme thème un *Hommage à la vierge de Guadalupe*, qu'il voit indigène et brune, entourée de prostituées, habillée de tons pastel résolument mexicains, et les autres à travailler sur des sujets indiscutablement nationaux.

Tandis que Rivera avance dans *La Création*, les "dieguitos" entament leurs chantiers entre juin et octobre 1922. Ils doivent peindre à l'air libre. C'est ainsi que se met en place une relation tourmentée entre les muralistes et les étudiants, assez conservateurs et hypocrites, qui durera deux ans. Michel, un critique nord-américain, rapporte :

> Le nouveau mouvement commença son travail, harcelé par la moquerie et les sifflets, le sarcasme et le mépris. Les projectiles fusèrent. Des boulettes de papier mâché, du chewing-gum et des crachats frappèrent les décors muraux tandis que, depuis les échafaudages, les injures pleuvaient et que les pinceaux char-

gés de peinture tournoyaient, menaçants. On assista à des actes de vandalisme. Des intrus se lançaient dans des attaques soudaines, grimpant à l'assaut des fresques pour barbouiller des nez grotesques et des yeux comiques dans les cercles qui indiquaient l'emplacement où il était prévu de peindre les visages. Les malheureux assiégés dressèrent de solides barricades, qui se révélèrent inutiles pour arrêter les agresseurs. Les peintres fortifièrent les rampes et les escaliers avec des planches et des clous, et c'est derrière ces panneaux qu'ils poursuivirent leurs grandes décorations.

Le sculpteur Ignacio Asúnsolo, qui a combattu pendant la Révolution, décide de s'impliquer dans l'affaire et un beau jour, il pénètre dans l'École préparatoire flanqué d'un groupe de paysans armés. Ils poursuivent à coups de fusil les étudiants qui voulaient lyncher les muralistes.

Images : les pyramides

— Tu appelles cela de l'art, toi ? demande un étudiant à son camarade alors qu'ils se tiennent tous les deux debout, à contempler Diego, sur son échafaudage, qui peint sa première peinture murale dans l'École préparatoire. Regarde cette femme nue ! poursuit-il en se référant au personnage de la partie inférieure gauche. Tu aimerais épouser une femme comme celle-là ?

— Jeune homme, intervient Diego inopinément depuis son perchoir en jetant un coup d'œil vers le bas par-dessus son épaule, personne n'exigerait de vous que vous épousiez une pyramide... mais une pyramide, c'est aussi de l'art.

Et il se remet tranquillement à la tâche.

Nouvelles recrues, lune avec faucille et marteau

En septembre 1922, de nouvelles recrues viennent rejoindre le groupe des muralistes. David Alfaro Siqueiros débarque de la troisième classe d'un bateau à Veracruz. Originaire du

Chihuahua, il a vingt-six ans, a étudié la peinture à San Carlos et a appartenu à l'armée constitutionnaliste. Il vivait en Europe depuis 1919, combinant une charge diplomatique et une bourse d'études que lui avait obtenue Vasconcelos, et qu'on a cessé de lui envoyer en août pour qu'il revienne peindre au Mexique. Il est ami de Rivera, avec qui il a souvent discuté de l'éventualité d'obtenir un mur à Mexico. La possibilité se présente aujourd'hui, pour un salaire de 3,30 pesos par jour. C'est le huitième maître engagé par Vasconcelos pour les travaux de l'École préparatoire. Son premier projet : une œuvre monumentale, un « véritable mur », sur lequel il représentera *L'Esprit de l'Occident*.

Amado de la Cueva, le peintre du Jalisco, arrive ce même automne à Mexico. À trente et un ans, il revient lui aussi d'Europe pour intégrer l'équipe des assistants de Rivera.

Bien des années plus tard, leurs noms appartiendront à un mythe qui fera le tour de la planète.

Le groupe fusionne, non seulement parce qu'ils sont salariés (assurément mal payés) du secrétariat d'État à l'Éducation publique et font un usage commun des murs de l'École préparatoire, mais également grâce à leurs conversations ininterrompues sur les techniques de l'art mural et le contenu nationaliste de leur œuvre. À la fin de 1922, un nouvel élément unit encore davantage les peintres : l'action politique, dans un pays qui, après une sanglante révolution, redémarre avec l'impression que tout a été fait à moitié, que quelque chose a été escamoté.

Au cours des premiers mois de 1922, Rivera s'était lié à un collectif d'intellectuels mené par Vicente Lombardo Toledano, le directeur de l'École nationale préparatoire. Sous le nom de Groupe solidaire du mouvement ouvrier, ils entretenaient des relations étroites avec la CROM, la centrale syndicale modérée des années 1920. En septembre, l'artiste assiste, comme délégué, à la quatrième convention nationale de la CROM.

Déçu par les récents compromis du syndicat avec le gouvernement autant que par le conservatisme de ses dirigeants, Rivera cherche une option politique plus à gauche. Or, la CROM initie en novembre 1922 la révolte de l'eau dans le but de faire tomber le conseil municipal de Mexico. Tout cela se termine par un affrontement entre manifestants et soldats qui provoque plusieurs morts et blessés. La mairie se trouvant à quelques pas de l'École préparatoire où tous trois travaillent, Rivera, Siqueiros et Revueltas participent à ces événements, et c'est probablement ce qui a achevé de convaincre les peintres de la nécessité de rechercher une voie plus radicale en matière politique. Ils vont rapidement y parvenir.

Un texte de Diego datant de cette période dévoile la nature de sa découverte politique :

> Sur le tableau noir du ciel du Mexique, une grande étoile à l'éclat rouge présente cinq branches. Comme sur les traits du visage de la lune, on peut deviner un marteau et une faucille. Et des émissaires sont venus, disant que c'est un présage de la naissance d'un nouvel ordre et d'une nouvelle loi.

Il s'agit bien du communisme, couronné de l'auréole de la révolution soviétique. Diego adhère alors au PC mexicain. Sa carte porte le numéro 992. Après le grand échec de la grève des loyers qu'il conduisit à Mexico en 1922 et le départ d'une importante fraction de ses dirigeants, le PCM traverse à l'époque une mauvaise passe. Avec l'exil forcé des cadres de l'Internationale communiste qui le guidaient, il se voit réduit à une poignée de militants et plongé dans une profonde crise politique. Mais Diego demande peu au parti. Concentré sur ses fresques, consacrant quinze ou seize heures quotidiennes à sa tâche sur l'échafaudage de l'École préparatoire, il ne perçoit que bien peu de choses de cette crise, et ses actes de militantisme, pendant cette période, ne s'exprimeront guère que dans le milieu de son activité professionnelle, à savoir dans le cercle des muralistes. Mais là, ses idées et celles de Siqueiros feront germer un projet : le "syndicat".

Peintres et "corporations assimilées"

Né entre les derniers jours de novembre et la fin du mois de décembre 1922, le syndicat est le fruit de conversations qu'ils entretiennent tout en peignant, dans la rue et dans des réunions chez Diego Rivera. Ses fondateurs sont les neuf muralistes sous contrat à l'École préparatoire (Diego, Siqueiros, Charlot, Revueltas, Alva de la Canal, Emilio García Cabero, Carlos Mérida, Xavier Guerrero, Fernando Leal) ainsi que quelques-uns de leurs assistants : Máximo Pacheco (qui travaillait avec Revueltas) et Roberto Reyes Pérez (qui secondait Siqueiros). José Clemente Orozco, peintre originaire de l'État du Jalisco et de retour des États-Unis où il avait rencontré Siqueiros, se joint aussi au groupe. Il a trente-neuf ans, a fait ses études à l'académie de San Carlos puis travaillé comme illustrateur dans diverses revues ; auteur de caricatures mordantes, un peu nihiliste et sceptique, Orozco, solitaire et très abrupt dans les relations humaines, n'accorde pas beaucoup d'intérêt ni de temps au mouvement, même s'il s'est senti obligé de s'associer à l'initiative.

La réunion qui fonde cette organisation a lieu chez Diego Rivera. On se met d'accord pour la nommer Union révolutionnaire des ouvriers, techniciens, peintres, sculpteurs et corporations assimilées, même si plus tard on adoptera définitivement le nom de syndicat des ouvriers, techniciens, peintres et sculpteurs, sous lequel tous ses documents et communiqués seront signés.

La toute nouvelle union produit une déclaration de principe qui ne sera jamais publiée, mais dont la rédaction exige plusieurs jours de discussions. Grâce aux témoignages de Siqueiros, Charlot, Orozco et Rivera, on peut obtenir une assez bonne idée des grandes lignes du texte, qui dépasse largement la simple proposition corporatiste :

a) Une définition anti-impérialiste et révolutionnaire.

b) L'adhésion à la IIIe Internationale et à ses principes : abolition du capitalisme et dictature du prolétariat.

c) Une conception du travail artistique comme production artisanale réalisée par des travailleurs de l'échafaudage et du pinceau, “des ouvriers de l'art”.

d) Une conception du travail artistique comme reflet de la société dans laquelle on vit et une prise de position vis-à-vis d'elle.

e) La proposition d'un développement de l'art selon une

voie sociale, nationaliste et “intimement liée aux courants internationaux de l’art moderne”.

f) L’établissement du sens de l’“utilité” de ces peintures pour les classes défavorisées. Les associer à la lutte des classes. “Socialisation de l’art”.

g) La priorité du travail mural sur la peinture de chevalet. “Œuvres monumentales du domaine public”.

h) L’apprentissage dans le processus du travail.

i) La promotion du travail collectif. “Destruction de l’égocentrisme, remplacé par le travail discipliné de groupe”.

j) La création de la Coopérative Francisco Tresguerras, pour rechercher de nouveaux chantiers et en administrer financièrement le produit.

Cette déclaration de principe résulte moins de l’évolution politique du groupe que des propositions les plus radicales de quelques membres. Les positions de Rivera, de David Alfaro Siqueiros (formé politiquement dans les milieux agités des anarchistes et des communistes de l’Espagne et de la France de l’après-guerre), le radicalisme de Fermín Revueltas et d’Amado de la Cueva ainsi que le gauchisme catholique de Charlot se sont imposés par rapport à l’apathie de certains ou au conservatisme d’autres. La jeunesse du groupe entre aussi en ligne de compte, tout comme son adhésion à une certaine idée de la peinture murale, l’intuition qu’ils se trouvent devant une révolution qui les mènera vers un art pictural appréciable par les grandes masses, et enfin leurs conditions de travail : ils œuvrent en moyenne largement plus de dix heures par jour, juchés sur des échafaudages, au contact du plâtre, du pinceau, du couteau, pour des salaires de misère, en étroite harmonie avec les maçons dont l’efficacité commande la réussite de la fresque. Voilà les points d’appui de l’organisation naissante. Et voici ses pires ennemis : l’individualité du travail de création et les manies d’un conglomérat de caractères passionnés. Et tout cela au milieu d’un intéressant cocktail idéologique associant des définitions formellement radicales à un indigénisme précurseur. Siqueiros résumera plus tard : « Je mêlais mes rêves politiques à des idées cosmogoniques et à des théories purement cérébrales à propos des équivalences plastiques de la géographie et de l’ethnographie. »

Le premier comité se forme autour de Siqueiros, le secrétaire général, de Diego Rivera et Xavier Guerrero, premier et second porte-parole. Fermín Revueltas, Ramón Alva, Orozco, Carlos Mérida et Germán Cueto en font également partie. Quelques témoins font figurer Fernando Leal aux fonctions de trésorier.

L'une des tâches du syndicat consiste à s'entretenir avec Vasconcelos afin qu'il accorde un mur à José Clemente Orozco. Mais le secrétaire d'État, qui n'aime pas les caricatures de l'artiste du Jalisco ni ses dessins croquant le monde de la marginalité, refuse catégoriquement. Orozco réagit en déclarant : « Je vous avais bien dit que ce syndicat, c'était une connerie ! »

Ce ne fut pas le seul conflit opposant les peintres à leur employeur qui, même mesquin, demeura cependant leur premier mécène. Dans ses mémoires, Vasconcelos rapporte – de manière fort douteuse – une entrevue qu'il aurait eue avec Siqueiros au moment de la fondation du syndicat. Il a refusé de traiter collectivement avec le groupe d'une augmentation de salaire, licenciant les représentants pour les réintégrer immédiatement après « leur avoir donné une leçon ». Reyes Pérez se souvient que le ministre suspendit le paiement du salaire de Fermín Revueltas parce que, un jour, passant près du "mural" sur lequel il était censé peindre, il avait trouvé l'assistant en plein travail, alors que le maître était absent. Vasconcelos décida de retirer à Revueltas son salaire et de le reverser entièrement à Máximo Pacheco. L'histoire se compliqua encore lorsque Vasconcelos découvrit que Pacheco avait touché l'argent mais avait rendu sa part à Revueltas, qui continuait à peindre son énorme vierge de Guadalupe. Le ministre annula alors leur salaire à tous deux. Le principe d'autorité attaquait la vierge de Guadalupe dans sa mante lilas et rouge vif.

Images. Fermín en solitaire

Siqueiros raconte :

> En arrivant un jour à l'École nationale préparatoire, du côté qui donne sur San Idelfonso, je tombai sur une énorme foule

d'élèves et de maîtres de l'école [...]. Que se passait-il ? Qui avait ordonné que toutes les portes de l'établissement soient fermées ? Qui avait ordonné qu'on place ce drapeau rouge sur le haut de l'édifice ? [...] Vasconcelos me faisait appeler de toute urgence. Je le trouvai dans un état d'indignation indescriptible : « Ce que vous, votre fameux syndicat de peintres, êtes en train de faire est véritablement incroyable et moi, je ne le tolérerai pas plus longtemps [...]. Cette espèce de dément de Revueltas est arrivé ce matin très tôt à l'école, dans un état d'ébriété avancé, armé de ses pistolets. Il s'en est servi pour menacer le préfet des études et tous les jeunes gens, qu'il a fait sortir, et s'est enfermé à l'intérieur en affirmant qu'il n'ouvrirait pas tant qu'on ne lui réglerait pas ce qu'on lui doit [...]. La grève d'un seul homme contre tous les autres. Dans un premier temps, j'ai voulu appeler la police ou les soldats de la garnison d'en face pour le faire sortir de force, tout en sachant que ce garçon est un sanguin et qu'il est bien capable de se défendre à coups de pistolet [...]. En votre qualité de secrétaire général du syndicat, que croyez-vous que nous devrions faire ? »
Sans me départir d'un sourire ironique, je lui répondis : « Monsieur le ministre, personnellement, il me semble que la solution est très simple : ordonnez qu'on le paye ! »
Fendant la foule, je criais à Revueltas d'en bas : « Fermín ! Fermín ! Ça y est, on a gagné ! » en lui montrant la bourse de la victoire. « Quoi ? Quoi ? » me disait-il d'en haut, avec ses yeux mobiles d'ivrogne, d'immenses yeux noirs plus affolés que jamais à ce moment précis. Mes paroles soulevèrent un véritable enthousiasme dans la foule, qui commença à nous acclamer, lui et moi. Alors, je demandai à Revueltas de descendre et avec beaucoup de précautions, le pistolet encore à la main, il entrouvrit la porte et ne se décida à me laisser entrer qu'après avoir touché l'argent.

LES COURS DU SECRÉTARIAT D'ÉTAT À L'ÉDUCATION PUBLIQUE ET *LAS MUCHACHAS DE LA LERDO*

Rivera met la dernière touche à *La Création* en janvier 1923 et entreprend alors de planifier la réalisation du contrat qui le lie à Vasconcelos pour la décoration du secrétariat d'État à l'Éducation publique (SEP). Il est accompagné de Guerrero, d'Amado de la Cueva et de Charlot, qui a terminé son *Massa-*

cre au temple majeur : un "mural" passionnant dans sa représentation de la conquête de Mexico, qui montre les cavaliers espagnols l'emportant grâce au fer et au cheval.

Le 20 mars, les peintres organisent une soirée dans l'atelier de la coopérative Tresguerras pour célébrer la fin du premier "mural" de Rivera. Ils y convient Vasconcelos et Lombardo Toledano. Sur le carton d'invitation, on demande aux participants, même à ceux que l'on fête, d'apporter chacun 5 pesos pour payer le repas.

Trois jours plus tard, fébrilement, Rivera se lance dans le chantier des cent vingt-quatre murs du secrétariat d'État.

Au cours des derniers mois, Diego a modifié le projet initial pour le SEP, qu'il avait discuté avec Vasconcelos. Une nouvelle idée a pris forme dans son esprit. Tandis que son biographe B. Wolfe interprète *La Création* comme un faux départ et considère que ce sont ses grands nus, violemment mexicains, qui lui ont indiqué le chemin à suivre, Jean Charlot attribue l'évolution de Diego Rivera à l'influence des jeunes peintres qui ont travaillé avec lui à l'École préparatoire : la vierge aux couleurs audacieuses de Revueltas, les pèlerins de Chalma de Leal, ou encore les cavaliers, robots cuirassés de Charlot lui-même.

Que ce soit pour l'une ou l'autre raison, voire pour les deux ensemble, non seulement Rivera "mexicanise" complètement ses thèmes (comme il l'avait indiqué dans la proposition rapportée par Vasconcelos en juillet de l'année précédente), mais de surcroît il les politise, suivant ainsi les principes du manifeste du syndicat.

Pendant qu'il laisse travailler ses camarades Charlot et Amado dans un préau qu'il baptise Cour des Fêtes, où l'on devait recueillir le folklore populaire, la couleur et les paysages humains mexicains, il se plonge dans la Cour du Travail. Peignant aussi longtemps que la luminosité le lui permet, jusqu'à l'épuisement absolu, Rivera, secondé par Xavier Guerrero, entreprend de reporter sur ces murs des ouvriers et des paysans, des épisodes de luttes et de labeurs. Il commence là, conscient et obsédé, dément et insatiable, l'une des histoires immortelles du Mexique, l'un de ces récits parallèles à l'histoire officielle dans lequel, bien des années plus tard, nous, Mexicains, nous nous reconnaissons encore...

C'est à ce moment-là que Bertram Wolfe fait sa connaissance. Il s'agit d'un brillant journaliste communiste nord-américain tout juste arrivé à Mexico, qui travaille comme professeur d'anglais au secrétariat d'État à l'Éducation. Le portrait suivant est issu de cette première rencontre :

> Un homme au visage de grenouille, aux énormes proportions, génial, avec des mouvements lents, vêtu d'une blouse élimée, d'un grand chapeau Stetson, portant une cartouchière et un grand pistolet à la ceinture, d'immenses chaussures tachées de peinture et de plâtre. Tout en lui semblait lourd, lent, gauche, sauf son intelligence vive et brillante, l'habileté de ses gestes, et ses petites mains grassouillettes, sensibles, agiles, étonnamment menues pour cet homme monumental et qui se terminaient, malgré leur grosseur, par des doigts presque sveltes.

Dans les premiers jours d'avril, Diego se permet une pause dans son travail. Il va assister au deuxième congrès du PCM en tant que délégué du syndicat des peintres. Le parti s'efforce de réorganiser ses forces diminuées et de reconstruire son comité exécutif national, intégrant Diego Rivera à l'équipe dirigée par Manuel Díaz Ramírez et Rosendo Gómez Lorenzo. Grâce au syndicat des peintres, pour la première fois de son histoire le PCM rencontre un certain écho auprès des intellectuels, ce qui n'est sans doute pas sans avoir influencé cette décision...

Après ce bref intervalle, le peintre retourne à ses murs. Il exécute, en une rapide séquence, un "mural" montrant une usine textile, pénètre le monde des mineurs, raconte graphiquement l'intérieur d'une fonderie, où le rythme du travail est marqué par un lourd ballet. Il se rend dans les champs pour faire le récit de la récolte de la canne à sucre. Et enfin, dans *La Sortie de la mine,* où l'on voit un mineur fouillé par les contremaîtres, il peint quelques vers de son ami Carlos Gutiérrez Cruz pour en rendre le message plus explicite :

Camarade mineur,
courbé sous le poids de la terre, ta main fait erreur

lorsqu'elle extrait le métal pour de l'argent. De tous ces métaux
façonne des poignards, c'est ainsi
que tu verras les métaux devenir tiens.

Le ministre Pani s'en plaint au président Obregón, lequel se retourne vers Vasconcelos. La presse, toujours attentive aux provocations des muralistes et soudainement hostile, s'attaque à Diego.

Vasconcelos fait pression sur Rivera afin qu'il efface le poème. Les membres du syndicat se réunissent d'urgence, et c'est l'occasion de vives discussions. Finalement on décide de céder. Mais pour cette fois seulement, hein ? Et cela pour sauver les "murals" au détriment des vers. Rivera accepte donc de les effacer. En échange, il peint un autre tableau : *L'Accolade*, où un ouvrier et un paysan s'étreignent et y inscrit un autre poème de Gutiérrez Cruz, moins explicite. Les protestations se font de nouveau entendre, mais Rivera ne cède pas. Les médias non plus.

La campagne de presse redouble et atteint son point culminant en juin 1923. *El Heraldo* accuse Vasconcelos de dilapider des fortunes. Il parle de "prix fabuleux, de gains prodigieux, en un vaste gaspillage". Le syndicat répond deux jours plus tard par un tract, dans lequel il invite à rendre publics les contrats, où il apparaît clairement que les muralistes ne gagnent pas plus que des peintres en bâtiment. L'organisation traite ses détracteurs de "rétrogrades ignares" et de "ratés envieux des artistes qui travaillent en accord avec la manière de sentir du peuple".

Mais les choses n'en restent pas là. La presse s'attache à créer un climat délétère autour du muralisme mexicain naissant. La bataille politique se transforme en bataille esthétique. À moins que cela ne revienne au même ? Au théâtre Lírico, un théâtre de variétés et de comédie, les chansonniers reprennent :

Les filles de la Lerdo
prennent des douches
pour ne pas ressembler
aux singes de Diego Rivera.

El Universal écrit : « Dans certains ministères, les femmes qui tapent à la machine s'habillent à la Toutankhamon, avec une jupe fendue sur le côté et sur la jambe une guirlande ou une nouvelle décoration mi-égyptienne mi-moderne, comme dans une fresque de Charlot ou de Rivera. »

Et *El Demócrata* ajoute, à propos des "murals" : « La majorité les considère comme une plaisanterie de mauvais goût, voire comme le fruit d'une aberration esthétique. »

S'ils se moquent pas mal de ce débat esthétique, considérant leurs détracteurs comme des analphabètes en matière d'arts plastiques, les muralistes s'inquiètent en revanche de la campagne sur "le gaspillage" que représentent leurs murs. Bertram Wolfe répond pour Diego dans *The Nation* : « Alors que Manuel Lourdes, un peintre bourgeois, touche 8 000 pesos pour un portrait d'Horacio Casasús, Diego gagne 12 pesos par jour en travaillant douze à quatorze heures d'affilée. »

Comparant son salaire à celui d'un ouvrier, pour recentrer la polémique, Diego déclare avec grandeur : « Il travaille plus dur que moi. Lui n'aime pas son travail. Moi, j'aime le mien. Il devrait être mieux payé que moi. »

Adeptes de la marijuana

Un jour, pendant l'une des multiples assemblées du syndicat, Rivera lance l'audacieuse hypothèse suivante : « La dimension exceptionnelle de la création artistique préhispanique provient de ce qu'elle est réalisée sous l'emprise de la *cannabis indica*, la marijuana. »

Le sujet est discuté et emporte l'unanimité. Même le complexe Orozco signifie son accord par une note : « Par principe, toute proposition de Rivera le bluffeur devrait être repoussée, mais dans le cas présent, comme cela se produit avec l'adhésion à une religion qui garantit la possibilité du paradis dans l'au-delà si l'on pratique la confession *pre-mortem*, dans le doute, j'adhère à cette expérience. »

Rivera trouve un initiateur au nom énigmatique de Chema. Au cours de la première séance, le personnage déclare : « Là, dans cette valise, il y a de l'art, il y a de la science, il y a de la politique. Il y a tout ce dont nous avons besoin non seulement pour que vous accomplissiez cet art gigantesque que vous voulez construire, mais aussi pour le salut de toute notre patrie. »

L'expérience se déroule sur plusieurs jours, jusqu'à ce que Siqueiros et son assistant Reyes Pérez tombent d'un échafaudage de sept mètres de haut en se passant un joint et manquent de peu de s'électrocuter.

Finalement, les membres du syndicat parviennent à la conclusion qu'ils sont déjà, par nature, des adeptes de la marijuana. La consommation de cette drogue ne les rend donc pas plus intelligents mais plus lents ; c'est ainsi qu'ils décident d'abandonner l'expérience...

Orozco peint, Rivera se bat et une rébellion éclate.

L'obstination du syndicat finit par produire un effet sur Vasconcelos : José Clemente Orozco est engagé pour peindre dans l'École préparatoire. Le 7 juillet, après deux mois de préparation, il commence à tracer son "mural" : *Les Présents de la nature de l'homme*.

Comme ses compagnons, Orozco s'est d'abord colleté avec une recherche formelle dont le classicisme renvoie à la Renaissance (*Maternité*), puis avec ses démons intérieurs que, peu à peu, il a laissés s'échapper (comme dans *Le Père éternel*, un "mural" au pochoir dominé par un dieu crétin, autoritaire et arbitraire, avec à sa droite des diablotins martyrisant le peuple et une bourgeoisie d'êtres hybrides, entre élite dirigeante et enfants farceurs). Mais l'essentiel, ce qui a prédominé, c'est l'apprentissage de cette technique picturale sous forme d'histoire. Pour Orozco, cela ne va pas sans un certain *tremendismo* parfois nuancé par ses qualités de caricaturiste.

Son travail est rapidement combattu par une presse hostile. Un jeune poète maniéré, Salvador Novo, qualifie ses personnages de "repoussants". Orozco le lui fera payer dans une cruelle caricature qui fait allusion à l'homosexualité de Novo et de certains membres de son cercle de jeunes intellectuels.

Les personnages y sont montrés en train de se toucher les fesses, moulées dans des pantalons féminins et très ajustés.

Bien au-delà des critiques, confronté en réalité à ses propres démons, Orozco progresse dans son projet. Il mêle la peinture d'une vierge italianisante à l'apparition de corps déformés et agressifs, mais pour le thème, il respecte la ligne obscure qui caractérise tout le travail initial des muralistes : *Le Christ détruisant sa croix*, *Maternité* et *Homme luttant contre un gorille* en sont les premiers exemples, passionnants, dotés d'une capacité narrative étrange, pleins d'allégories inquiétantes. Orozco et ses "murals" cantonnés à des angles sombres et un peu lugubres de l'école, maintiennent Vasconcelos à distance. Ce dernier se rappelle : « Je me présentais rarement au bâtiment principal de l'École préparatoire. Orozco me faisait grise mine chaque fois que je me montrais pour voir ses œuvres. »

Siqueiros, qui peint à un autre endroit (dans la petite cour), se trouve dans le même état d'esprit quant à la thématique explorée. On voit surgir de ses pinceaux la force de personnages ailés qui se détachent du plafond, des propositions étranges, d'une puissance et d'une beauté immenses.

Ce sont sans nul doute les heurts entre le gouvernement et Rivera à la suite de l'apparition des vers de Gutiérrez Cruz sur *La Sortie de la mine* qui ont invité les créateurs à une nouvelle réflexion : un thème inédit surgit sur les murs, illustré par Siqueiros et Orozco. Le premier peint *La Révolution déchaînée*, puis à la fin de 1923 *L'Enterrement de l'ouvrier*, où le cercueil montre clairement un marteau et une faucille. Au même moment, Orozco commence à travailler à la *Trinité révolutionnaire*.

Il semble que les membres du syndicat dans leur ensemble cherchent à durcir de façon explicite, socialement et politiquement, les thèmes développés sur les murs, tout en consolidant chacun son propre style. Les coups unissent les créateurs. Mais en juin 1923, la première fissure apparaît.

Alors que Diego termine la Cour du Travail au secrétariat d'État à l'Éducation publique, Charlot et Amado de la Cueva ont achevé cinq "murals" dans la Cour des Fêtes. Rivera, prêt à prendre les choses en main, va regarder le travail de ses camarades. Les deux peintres étaient supposés avoir réalisé vingt-quatre panneaux et Vasconcelos, poussé par l'opinion publique, faisait pression sur eux. Que ce soit pour cette raison, ou parce qu'il se sent responsable de l'ensemble de l'œuvre et qu'il veut à ce titre intervenir dans sa réalisation, dont il n'est pas très satisfait, Diego se fâche avec Charlot et Amado. Il décide de continuer le travail seul, assisté de Guerrero, et d'effacer l'un des trois murs de Charlot. En tant que secrétaire général du syndicat, Siqueiros intervient, soutenu par Fermín Revueltas : Diego accepte de reprendre les deux artistes, à condition qu'ils travaillent sous ses ordres. Leurs rapports ainsi viciés, la rupture ne tarde pas à se produire. Le 10 août, Charlot abandonne le SEP pour aller assister Siqueiros à l'École préparatoire. Deux mois plus tard, le 16 octobre, Amado de la Cueva renonce à son tour et part pour Guadalajara.

À l'École préparatoire de même, les choses ne se passent plus très bien entre les peintres : Revueltas se retrouve sans travail personnel et se borne à aider les autres. Fernando Leal s'est disputé avec Charlot et Siqueiros pour un mélange de jalousie, de positions politiques (Leal est sans nul doute le plus conservateur du groupe) et de questions personnelles. Orozco ne veut rien savoir de personne et peint en solitaire.

Un événement extérieur vient à point pour rétablir l'unité du syndicat et lui donner une place importante au sein de la gauche et du parti communiste en particulier.

En 1923, le parti avait erré comme un bateau à la dérive, à la recherche d'un espace qui lui soit propre dans le mouvement populaire. Cerné par les membres de la CROM à sa droite et par les anarcho-syndicalistes de la CGT à sa gauche, il se trouvait totalement déconnecté des organisations ouvrières. Ses expériences dans la grève des loyers de 1922 s'étaient soldées par des échecs. Il avait décidé de délaisser l'abstentionnisme pour promouvoir l'intervention électorale, mais sans avoir la force de développer une telle stratégie. Le travail entamé par les sections de Morelia et de Veracruz dans les classes paysannes ne représentait encore qu'un tout petit point lumineux sur son horizon. En juillet, le comité national avait été réorganisé. La participation formelle de Rivera au bureau était maintenue, bien qu'il n'assistât pas aux réunions. Mais en décembre, une partie des généraux de la faction révolutionnaire victorieuse prit les armes pour s'opposer à la volonté du président Álvaro Obregón d'imposer Plutarco Elías Calles comme son successeur à la présidence. Cette révolte ouvrit un espace dans lequel les communistes allaient s'efforcer de se ménager une place.

Le 7 décembre, le syndicat des peintres se déclare contre la rébellion, la qualifiant de fasciste. Le 9, il publie un tract contre le coup de force militaire. Les plus militants du groupe, Revueltas, Siqueiros, Rivera et Guerrero se rendent sur le front des combats, bien qu'ils n'aillent pas jusqu'à participer aux affrontements (Siqueiros va à Puebla et Diego à Guanajuato).

La position du parti, rendue publique quelques jours plus tard sous la pression de B. Wolfe et sous l'impulsion du syndicat des peintres, reste très superficielle. Si parmi les insurgés on trouve certains des généraux les plus réactionnaires, ceux-là mêmes qui ont longuement affronté le mouvement ouvrier et l'agrarisme, on peut observer le même genre de personnage dans les rangs des forces gouvernementales. Se démarquer du soulèvement delahuertiste (ainsi appelé parce que le candidat des insurgés se nommait Adolfo de la Huerta), c'est passer à une solidarité a-critique avec le bloc gouvernemental. Un an plus tard, le rapport du troisième congrès du PCM accusera le comité national et particulièrement Díaz Ramírez et Rivera, bien que sans mentionner leurs noms, d'avoir conduit le parti à un « *callesisme* rien moins que grossier et anticommuniste. »

Le soulèvement, qui se termine par la défaite militaire complète des insurgés, connaît un épilogue très dangereux pour les peintres. À la suite de l'assassinat du sénateur de l'opposition Field Jurado, commandité par la CROM, Vasconcelos présente sa démission. Même si elle est refusée par Obregón, qui souligne que le gouvernement n'est pas solidaire de cet assassinat, la position du ministre s'en trouve affaiblie, ce dont les étudiants conservateurs de l'École préparatoire, éternels ennemis des muralistes, profitent pour harceler les peintres. En janvier et février 1924, les heurts se multiplient, principalement dirigés contre Orozco et Siqueiros. Ce sont des insultes, des attaques dans la presse, mais aussi des agressions, des critiques sournoises de fonctionnaires, du mépris, des dénégations. En mars, Rivera doit publiquement prendre la défense d'Orozco en affirmant cette grande vérité : « José Clemente n'est pas né pour être un peintre du goût des bureaucrates. »

IMAGES : GUERRES ESTHÉTIQUES

Siqueiros raconte :

> La situation s'aggrava tant que nous dûmes, nous les peintres, nous défendre les armes à la main contre les tirs des étudiants souvent sans aucun doute plus dirigés contre nos œuvres que contre nos personnes [...]. Ils utilisaient le bruit, donnant des coups incessants contre les palissades en bois que nous avions installées pour protéger nos travaux en cours [...]. Le choc le plus grave se produisit de la manière suivante : les élèves de l'École préparatoire se mirent à provoquer le plus sensible à la provocation, c'est-à-dire moi. Pour cela, ils se munirent de sarbacanes avec lesquelles ils projetaient sur la peinture [...] une pluie continue de boulettes de papier mâché. Je répliquai sur un ton familier et très direct, après quoi l'un d'entre eux brandit un pistolet de petit calibre [...]. Je répondis par l'horrible détonation de mon .44. En formation serrée, ils firent alors mine de s'emparer de mon arme justicière. Heureusement, les coups de feu de cette arquebuse, ou peu s'en faut, parvinrent jusqu'au premier étage. C'est ainsi que tous nos brillants muralistes se précipitèrent à mon secours. Tous ensemble, avec en plus nos assistants, nous approchions la trentaine [...]. Jusque-là, aussi bien nos propres tirs que ceux des étudiants s'étaient cantonnés à un but plus psychologique que réel, mais les choses commençaient à prendre une tournure extrêmement préoccupante. L'une de nos balles, en ricochant, atteignit un étudiant au visage, et la plupart d'entre eux pensèrent qu'il avait reçu un coup direct. Ils se mirent à viser ce qu'ils voyaient de nos têtes. Le tintamarre prenait des proportions de plus en plus grandes qui en faisaient parvenir les échos jusqu'au bâtiment anciennement occupé par l'école de droit, mais à ce moment-là investi par un bataillon de Yaquis. Je crois que l'un de nous [...] s'y rendit pour expliquer aux soldats indiens la finalité de notre peinture "étroitement liée à la révolution", et de fait, à eux qui

en avaient été les artisans. La troupe indigène comprit exactement les mots de notre agitateur sauvage et ils accoururent pour imposer l'ordre avec une belle énergie. Ensuite, ils restèrent pour voir ce qu'ils avaient défendu et il me semble qu'ils ne furent pas tout à fait certains d'avoir procédé de la bonne manière...

El Machete : « POUR RABAISSER L'ARROGANCE DES RICHES IMPIES »

La rébellion delahuertiste laisse le PCM encore plus faible qu'avant. Commandés par le général Sánchez au service des propriétaires fonciers, les rebelles tuent à Veracruz plusieurs militants du parti. Au Michoacán, les agrariens communistes se retrouvent coincés entre les deux clans qui à l'échelle locale avaient pactisé avec les caciques et les gardes blancs. Son appui au gouvernement d'Obregón, bien que nuancé en seconde instance par le tract "*Vers un gouvernement ouvrier et paysan*", est désavoué dans les milieux apolitiques du radicalisme syndical, et le comité national échoue dans sa tentative de maintenir la cohésion entre les organisations locales. Au début du mois de mars 1924, le parti ne compte plus "que quelques petites centaines d'adhérents dans tout le pays".

Paradoxalement, la réponse des peintres au soulèvement les a politiquement renforcés et leur position, erronée mais cohérente, est la seule à être clairement définie parmi les différentes tendances de la direction nationale du PCM. Ce qui influence indubitablement le fait que le syndicat prenne l'initiative de réaliser un journal, à un moment où la presse du parti est pratiquement morte au Mexique (son dernier organe, *Frente Único,* a cessé de paraître en juin 1923 à Veracruz).

El Machete, sous la direction collective de Rivera, Siqueiros et Xavier Guerrero, paraît début mars 1924. Il est financé par le syndicat, principalement par Diego, qui a le salaire le plus élevé. La femme de Siqueiros, Graciela Amador, est la trésorière du groupe. Elle compose un vers destiné aux souscripteurs : « Qui veut son rouge céleste se déleste. » C'est également à elle qu'on doit la version finale du quatrain figurant sur la couverture du journal, qui justifie son titre (brillante nationalisation des incontournables faucille et marteau) ainsi : « La machette coupe la canne à sucre, ouvre le passage au plus profond des forêts obscures, décapite le serpent, tranche la discorde et rabaisse l'arrogance des riches impies. »

L'éditorial signé par Xavier Guerrero s'attaque, avec une identique conviction, aux intellectuels européanisants et réactionnaires, à la bourgeoisie nationale et à l'impérialisme. Le journal affiche très clairement sa volonté d'allier la propagande idéologique et l'expression du syndicat des peintres à la diffusion du travail et du programme du PCM.

Curieusement, le premier numéro ne compte guère que quelques illustrations (parmi lesquelles la couverture conçue par Guerrero) et ne comporte pas encore les études graphiques qui le rendront célèbre. En plus des personnes citées, on trouve dans l'équipe des collaborateurs d'*El Machete* Bertram Wolfe, alors membre de la direction du parti à Mexico, l'universitaire marxiste Alfonso Goldschmidt et deux journalistes : Rosendo Gómez Lorenzo, le Canarien qui dirige le PCM, et le jeune Jorge Piñó Sandoval.

Rivera ne dessinera pas dans *El Machete*. En revanche, il écrit invariablement son article dans les trois premiers numéros, de même que Siqueiros et Guerrero. La partie graphique des dix premières éditions du bimensuel demeure l'affaire de Guerrero, secondé par Siqueiros.

Malgré la constance de la publication et l'amélioration de sa présentation, les numéros de mars, avril et mai mettent en évidence une faiblesse : la distance du syndicat des peintres et de ses animateurs avec les luttes ouvrières et paysannes, comblée par l'abondance d'éditoriaux et de matériaux théoriques en provenance du PCM, dans leur énorme majorité issus des plumes de Wolfe, Goldschmidt et Rafael Mallén.

IMAGES : TÂCHE ACCOMPLIE

Xavier Guerrero raconte :

> Nous écrivions les articles, nous dessinions les illustrations, nous concevions la maquette. Nous imprimions et nous pliions le

journal, nous le distribuions et nous en supportions le coût. Le gouvernement était contre nous et nous travaillions en secret. À 4 heures du matin, les lumières de la rue s'éteignaient et il ne restait qu'un bref moment avant le lever du jour. C'est alors que nous nous mettions à l'œuvre, Siqueiros et moi, chargés de papiers, de pinceaux et d'un pot de colle. Dans l'obscurité, nous nous hâtions d'afficher *El Machete* sur les murs stratégiques pour nous retirer avant l'aube.
Nous avons souffert collectivement à cause du journal. Siqueiros vit son salaire du SEP retenu en raison d'un de mes dessins, très dur, contre l'impérialisme. Et moi, je fus renvoyé de mon emploi au ministère de l'Agriculture pour une caricature d'Orozco représentant le président Obregón...

Pressions contre les *macheteros*. Offensive finale contre les "murals"

En avril 1924, le PCM charge Diego Rivera de rencontrer le candidat à la présidence Plutarco Elías Calles, afin de lui proposer le soutien conditionnel du parti. Rivera croit possible une alliance avec le groupe au pouvoir ; il remplit donc cette mission. Cependant, sa position au sein du PCM s'affaiblit. Lors de la conférence du 25 avril, comme il s'oppose à une ligne plus radicale, il est démis de ses fonctions au comité exécutif, en même temps que Díaz Ramírez.

Parallèlement, les peintres associés à *El Machete* subissent des pressions en raison de leurs interventions dans le bimensuel et reçoivent des mises en garde du gouvernement par la voix de Vasconcelos. En juin, les étudiants conservateurs de l'École préparatoire, éternels ennemis des muralistes, passent à l'attaque aux côtés de la presse.

Tout commence par une campagne d'*El Heraldo* contre les camarades de Diego, qui reprend l'argument des sommes exorbitantes touchées par les peintres. Le syndicat répond le 22 juin en faisant remarquer que le peintre qui a le plus gros salaire ne gagne pas plus qu'un artisan qui peint les murs au mètre carré. Le public peut le vérifier en voyant les contrats.

Malgré les pressions, Vasconcelos prolonge l'engagement

de Diego le 23 juin, cette fois pour décorer l'escalier du SEP, à hauteur de 6 pesos par mètre carré.

Le 24, les étudiants dégradent les "murals" d'Orozco et de Siqueiros dans l'École préparatoire à coups de couteau, de bâton, de jets de pierres, d'éraflures...

La fresque d'Orozco *Le Riche dévastant le visage du pauvre* est complètement détruite, de même que *Monarchie et démocratie* de Siqueiros. Les peintres sont jetés à la rue. Le lendemain, en pleine grève étudiante, Vasconcelos accepte de suspendre les travaux dans l'École, à la demande des élèves.

Le 2 juillet, le syndicat réplique violemment en prévenant les étudiants et les professeurs réactionnaires que dans cette affaire, ils pratiqueront la loi du talion : « Œil pour œil, dent pour dent ! »

Le jour suivant, Vasconcelos présente sa démission définitive, car il va faire campagne pour être gouverneur de Oaxaca. Le 4, les peintres le remercient pour son soutien, car il leur a permis de travailler "malgré les imbéciles qui nous entouraient". Ils se réunissent. Une partie du syndicat propose qu'on réponde aux agressions par le boycott des fresques du SEP sur lesquelles travaillent à ce moment-là Rivera assisté de Guerrero. Rivera se déclare contre. Il faut continuer à peindre autant que possible. Le syndicat vote le boycott. Rivera refuse de s'y soumettre et se fait expulser.

Les dégradations se poursuivent, réduisant certains des "murals" à de vulgaires fragments ; le syndicat, impuissant, proteste par des tracts.

Bernardo Gastélum est nommé à la tête du SEP et le 15 juillet, il renvoie Siqueiros et Orozco. Rivera rend public son départ du syndicat en expliquant qu'il s'oppose au boycott préconisé par l'organisation. Quoi qu'il en soit, son geste s'avère inutile : le décret présidentiel 1200 daté du 23 juillet 1924 annule, à la demande du secrétaire d'État à l'Éducation, tous les contrats en cours qui lient Diego au SEP et suspend en outre les futurs engagements concernant les "murals" qui devaient décorer le Stade national et l'école Gabriela Mistral.

Rivera continue de peindre, bien que son salaire ait été supprimé. C'est durant cette période qu'il réalise *L'Affûtage de la machette*, où un indigène accroupi aiguise son coupe-coupe, entouré de quelques vers tirés du journal. On risque la mort, mais les muralistes sont prêts à périr au pied de leur échafaudage.

Rivera et les membres du syndicat ayant été renvoyés, Graciela Amador prend en charge l'administration du périodique. Gómez Lorenzo remplace Diego à la direction collective et la collaboration d'Orozco commence par une série de dessins d'une extrême violence, illustrant la saine colère qu'il nourrit vis-à-vis de l'État mexicain.

Dans le numéro spécial du 10 août, les muralistes au chômage déclarent, par la bouche de leur secrétaire général, David Alfaro Siqueiros :

> Personne ne peut se dissimuler la force du dessin satirique ou simplement de la plastique comme arme sociale. Nous, membres du syndicat des peintres et des sculpteurs, qui avons été licenciés par les réactionnaires de l'administration publique avec ceux que leurs intrigues jésuitiques continueront à renvoyer, nous collaborerons à *El Machete*. Nous transformerons les murs des bâtiments publics en colonnes de ce journal révolutionnaire.

Le 3 septembre 1924, l'un des "murals" de Rivera au SEP est dégradé par une main anonyme. Le syndicat proteste en rappelant que Rivera n'appartient plus à ses rangs depuis le mois de juillet.

La dernière possibilité serait qu'en prenant le pouvoir le 1er décembre, Calles reconsidère l'attitude de Gastélum et de l'administration d'Obregón. En attendant, Guerrero et Siqueiros sont intégrés au comité exécutif national du PCM par cooptation le 16 septembre. Le journal devient l'axe de la politique du parti, faisant de plus en plus de place à l'information concernant les luttes populaires, syndicales et agraires.

Épilogue au syndicat

L'expérience muraliste touche à la fin de sa première étape. Lorsque le 24 novembre, Edward Weston prend la fameuse photographie de Diego Rivera, que le peintre utilisera pour son autoportrait, on décèle sur son visage et dans son attitude une terrible fatigue, un désespoir absolu au regard de l'avenir qui attend son œuvre, une fois tombée entre les mains des futurs fonctionnaires. Des rumeurs se multiplient, selon lesquelles ses peintures seront supprimées. Nombre de bureaucrates qui formeront l'équipe de Calles se vantent à qui veut les entendre que la première mesure de Puig Casauranc, le ministre de l'Éducation, sera "d'effacer les horribles monstres de ce Rivera".

Si l'un des premiers actes de Calles consiste à renoncer par décret présidentiel au remboursement des 101 pesos et 29 centavos que Siqueiros a touchés en guise d'avance pour les fresques dans l'École préparatoire, cela n'est pas d'une grande consolation.

La politique initiale du nouveau ministre de l'Éducation se reflète bien dans le contenu de l'entrevue qu'il a avec Máximo Pacheco, le plus jeune des muralistes, à qui il commande un "mural" montrant un enfant riche et un autre pauvre, main dans la main, sur le chemin de l'école.

Rivera s'en va peindre à Chapingo. Lors du troisième congrès du PCM, il demande qu'on le laisse démissionner et qu'on ne le considère plus que comme un simple sympathisant. Cela lui est accordé un mois plus tard. Siqueiros finit à Jalisco, peignant et organisant des syndicats de mineurs. Guerrero demeure à la direction du PCM et réalise des dizaines d'illustrations pour *El Machete*. Orozco subsiste en dessinant des illustrations de livres. Revueltas part également en province. En avril 1925, les actes du troisième congrès du PCM entérinent la disparition du syndicat des peintres et des sculpteurs.

L'expérience a duré trente-deux mois. Des centaines de mètres de mur, qui émerveilleront le monde, subsistent à l'état de traces, d'échos, de propositions, de magie, de talent et de description de ce que le Mexique a de meilleur.

Peu de temps après, Orozco revient à l'École préparatoire pour remplacer les "murals" abîmés, plus radicaux dans leur thématique comme dans leur expression graphique (*La Tranchée*, peinte en 1926, constitue probablement la fresque la plus brutale et la plus puissante de toute son œuvre ; sur des masses qui ressemblent vaguement à des restes industriels, une singulière crucifixion s'opère : trois Indiens sans visage, torses et pieds nus, ont été immolés). Rivera regagne les cours du SEP pour achever son travail. Mais c'est déjà une autre histoire...

Une autre histoire aussi : celle de l'auteur de ce texte, qui avait seize ans en 1965, lorsqu'il est arrivé à l'École préparatoire nationale pour passer son bac, tomber amoureux, organiser son premier groupe politique clandestin, jouer aux échecs, lire un livre par jour, étudier l'histoire et les mathématiques et déambuler parmi ces "murals". Avec les étudiants de ma génération, nous avons éprouvé une profonde fierté de pouvoir travailler au milieu de cette vision du Mexique, dans les échos de mots dépassés comme *patrie*, *passion*, *orgueil*. Je remercie encore, du plus lointain recoin de mon âme d'athée, Diego, Orozco, Revueltas, Siqueiros, Charlot, Guerrero, Pacheco et Leal de cette expérience unique : avoir grandi entre leurs murs.

J'y suis souvent retourné.

UN GESTE DE FOLIE ?

La métamorphose de Friedrich Adler

LE JEUNE ADLER

Il était le fils chéri de la social-démocratie européenne, dont il résumait effectivement les meilleures vertus et les plus saines passions. Né en 1879, il avait trente-cinq ans au moment où le premier conflit mondial allait éclater. Il combinait vivacité, capacité de raisonnement, vocation à aider son prochain, dévouement, cohérence dans le discours et belle plume. Tout le monde l'aimait. Fils de Victor Adler, le plus important dirigeant du socialisme autrichien, Frédéric, Friedrich, Fritz apparaissait à double titre comme l'héritier naturel de cette social-démocratie vigoureuse qui parvenait progressivement à imposer le parlementarisme dans une Europe autocrate et donnait une réalité palpable à des projets sociaux novateurs : des maisons pour les travailleurs, la réduction du temps de travail, des lois pour la liberté d'opinion, la lutte contre la misère, une législation s'attaquant au problème de l'insalubrité et du travail des enfants. Le progrès, tel un cheval bonhomme et joyeux, avançait lentement mais sans frein. La bataille pour le suffrage universel avait été menée et remportée. L'Autriche comptait un certain nombre de syndicats, des grands partis, manifestait de surprenantes avancées en matière électorale et paraissait avoir la capacité d'intégrer – par-delà tout nationalisme étroit – la grande mosaïque de nationalités de l'Empire austro-hongrois.

Outre l'un des journalistes préférés des lecteurs de gauche, Friedrich était un physicien reconnu que l'on invitait fréquemment dans des universités étrangères pour enseigner, un excellent coordinateur et un brillant orateur. Conscient de ses qualités, le parti l'avait nommé secrétaire général, fonction qui, étant donnée la structure de la social-démocratie autrichienne, consistait plus en tâches d'organisation qu'en responsabilités liées à la direction politique.

Lors des conférences internationales, à l'époque où il était professeur à Zurich, il avait représenté les socialistes autrichiens et suisses. Marié à une émigrée russe également sociale-démocrate, c'était, pour autant qu'une chronique superficielle puisse l'affirmer, un père de famille relativement heureux.

Puis il y eut l'attentat de Sarajevo et l'Autriche déclara la guerre à la Serbie. C'était le prétexte que les logiques impérialistes attendaient, la petite impulsion capable de secouer l'inertie ambiante : dans toute l'Europe, chacun se mit belliqueusement à fourbir ses armes. Au cours de la conférence socialiste de Bruxelles, les sociaux-démocrates firent une dernière tentative pour enrayer la guerre. Les Adler père et fils y assistèrent. Mais pour la première fois, ils représentaient des tendances différentes. Tandis que Victor se montrait extraordinairement pessimiste, Friedrich adoptait la position de principe qui, depuis ses origines, avait toujours été celle de la social-démocratie : non à toute guerre impériale ou coloniale, non aux conquêtes, non à l'expansion des marchés et au contrôle territorial établi par la boucherie.

La vision d'Adler père, partagée par la plupart des délégués, était teintée de probabilisme et de fatalisme. On disait : « Nous ne pourrons pas éviter la guerre. Elle est populaire dans l'opinion publique. Au mieux et avec un peu de chance, nous la limiterons en empêchant l'intervention de la Russie tsariste. » Les pantomimes se mettaient en mouvement, les justifications idéologiques, le bal des masques : le tsarisme demeurant en définitive le grand bastion autoritaire de l'Europe, on pourrait probablement circonscrire le conflit. Personne, dans la majorité de l'assistance, ne se souvint des principes. C'était une matière négociable. En faisant un grand pas vers le progrès, la social-démocratie avait fini par faire partie du système. Elle avait vendu son âme au diable.

La voix de la raison conseillait : « Il ne faut pas trancher et nous placer dans une illégalité qui serait antipopulaire. Essayons au moins de limiter le conflit. » Le compte-rendu appelait à intensifier la campagne contre la guerre. La minorité, dont faisaient partie Friedrich et les futurs zimmerwaldiens, proposait des actions plus radicales. Elle ne reçut pas d'écho. L'heure était exclusivement à la prudence et à la peur de perdre l'espace conquis.

Ils se regardaient les uns les autres, un peu honteux, et acquiesçaient néanmoins. Le pragmatisme dévorait les principes. Au parlement autrichien, Victor Adler vota les crédits de guerre. Friedrich déclara à son père qu'il considérait cela comme "une trahison".

Tandis que dans les tranchées la boucherie commençait, le monde de Friedrich Adler s'effondra. En tant que secrétaire du parti, il refusa de se rendre en Suisse où on l'invitait à venir travailler pour un journal dont le projet était de continuer à prêcher les principes de l'Internationale et du socialisme. Il retourna à Vienne pour essayer de faire avancer son point de vue pacifiste. Des épouses venaient le voir pour lui faire part de rumeurs ramenées par leurs maris blessés et pour lui apporter des lettres évoquant le massacre sur les champs de bataille. Il recevait des informations concernant des arrestations policières, des femmes et des hommes pendus pour trahison, de gens internés dans des camps... Tout cela sous une censure brutale. Friedrich écrivait dans les journaux socialistes des articles qui étaient mutilés par le crayon rouge du censeur. Ainsi l'anecdote de ce soldat socialiste qui, accusé de trahison parce qu'il avait écrit un poème contre la guerre, fut condamné à la pendaison. Malgré tous les obstacles, Adler se démena tant et si bien qu'il parvint à obtenir que la peine du soldat soit commuée en seulement cinq années de travaux forcés.

Mais l'efficace machinerie socialiste qu'il avait connue à son apogée s'avérait n'être plus qu'un monstre bossu et faible, pris au piège d'un filet de conciliations et de censures.

L'ATTENTAT

Au cours des deux années qui suivirent, Friedrich Adler survécut à l'intérieur du parti en menant une lutte permanente contre la tendance majoritaire. Mais il était convaincu que la politique de "paix sans annexions" qu'il proposait était condamnée : le plus grand nombre n'était pas disposé à affronter l'État directement. Il savait que l'autopréservation de la social-démocratie était supérieure, en terme d'inertie, à la fermeté de ses principes.

Pendant cette période, il envisagea plusieurs possibilités : il existait toujours la solution d'émigrer en Suisse et d'organiser, de l'extérieur, la campagne contre la guerre. Mais il jugeait que cela revenait à abandonner le terrain du combat.

Au milieu de l'année 1916, l'état de désespoir dans lequel il se trouvait était tel que la nécessité de briser l'inertie générale par un acte symbolique s'imposa graduellement dans son esprit.

Il possédait un pistolet, acheté en 1915. Il se mit à réfléchir à un attentat. Un social-démocrate passé à l'anarchisme ? Il croyait en l'action collective. Que représentent les actes individuels dans le tourbillon de lave de l'Histoire ? Oui ? Non ? Non ? Oui !

C'est un homme amaigri, à la barbe longue, au regard transparent... Un homme en proie à des démons intérieurs déchaînés ; il souffre du cœur et est devenu extrêmement nerveux. La tension de la guerre a accentué ces caractéristiques chez lui.

Il dresse une liste des hommes responsables de la boucherie guerrière :

— Le docteur Mager, procureur : un homme de moindre importance.

— Le ministre de la Justice, Hochenburger : un traître, un ex-démocrate reconverti en absolutiste. Il le méprise.

— Le comte Berchtoldt, ministre des Affaires étrangères. Il se tient depuis quelque temps en dehors des circuits officiels.

— Le comte Risza, chef du gouvernement hongrois.

Et la liste s'achève immanquablement sur le même personnage : le comte Stürghk.

> Il était d'une importance bien plus grande que ceux qui figuraient sur cette liste. Ce n'était pas une canaille, mais un homme avec une ambition définie et une volonté indestructible : rétablir l'absolutisme en Autriche. Un personnage qui inspirait le respect.

Le 18 octobre 1916, au cours d'une réunion de la direction du parti social-démocrate, le père et le fils eurent une violente altercation. Victor finit par dire à Friedrich : « Tu es un provocateur, on dirait que ton plus cher désir est d'être exclu du parti ! »

Comment fonctionne l'esprit ? Comment prend forme la complexité des relations entre la volonté et les doutes ? Le 22, Friedrich s'engagea à donner une conférence dans un club ouvrier de Vienne. Il acheta des billets pour se rendre le même jour à l'opéra avec sa femme Katia : ils devaient voir *Ariane à Naxos,* de Richard Strauss.

Le 20 octobre, un décret avait rendu illégale l'évocation dans la presse du rétablissement du régime parlementaire. On avait également interdit, intervention de la police à l'appui, que l'université organise un innocent débat sur le régime constitutionnel. La censure empêchait par ailleurs le journal du parti, le *Arbeiter Zeitung*, de rendre compte de ces informations.

Le 21 octobre 1916, Friedrich Adler se leva une heure plus tôt qu'à l'accoutumée. Il n'y eut aucun symptôme visible permettant de penser qu'il avait décidé de tuer un homme. Il prit congé de Katia, de ses enfants et se rendit aux locaux du parti social-démocrate de l'Empire austro-hongrois. La veille, il avait brûlé quelques documents dans son bureau ; mais cela non plus n'était pas inhabituel. Voici probablement le seul signe extérieur de ce que la routine allait voler en éclats : malgré une nature peu soignée, il se vêtit ce jour-là avec élégance.

Dans son porte-documents, il transportait un pistolet. Il l'avait pris dans sa bibliothèque où il était d'ordinaire rangé au milieu des livres.

À 13 heures, contrairement à ses habitudes, il sort pour déjeuner, prend un tramway et se dirige vers le restaurant de l'hôtel Meisel und Schadn, où Stürghk a coutume d'aller déjeuner.

En arrivant à la porte, il a un moment de panique : il se peut que le comte ait décidé de manger ailleurs, ou alors que ses gardes du corps et la police l'empêchent d'approcher...

L'homme se trouve bien là. Friedrich le voit. Il est assis. Entre eux se trouve une femme assise à une table. Friedrich hésite ; se méfiant de ses qualités de tireur, il craint de la blesser. Il passe sa commande presque sans consulter le menu.

Lorsque les serveurs se retirent, il s'avance vers la table du comte, sort le pistolet de son porte-documents et, visant la tête, tire à trois reprises. Il veut crier. Il avait prévu de crier : « À bas l'absolutisme, nous voulons la paix ! » Il ne se rappelle pas s'il a pu le faire. Il ne se le rappellera pas. Sa gorge se serre. Il l'a probablement murmuré...

Il est 14h45. Friedrich Adler reste immobile près du corps du comte Stürghk, attendant qu'on vienne l'arrêter. Il demande : « Est-il mort ? » On le lui confirme.

Le parti / le père

Victor Adler avait consacré sa matinée à une réunion parlementaire. Il avait déjeuné chez lui et s'était retiré dans son bureau pour faire la sieste. Afin que son sommeil ne soit pas troublé, son épouse Emma avait emporté le téléphone dans le salon. C'est là que la mère de Friedrich reçut l'appel suivant :

— Il paraît que votre fils vient de tuer le comte Stürghk !

Sous le choc, elle ne voulut pas y croire. Friedrich n'aurait jamais fait de mal à une mouche. Il était pacifiste. Elle n'osa pas aller rapporter la nouvelle à Victor et joignit donc quelques amis, des dirigeants du parti – parmi lesquels Austerlitz. L'information se répandait comme une traînée de poudre.

Victor l'apprit en se réveillant et déclara, d'une voix digne de ses pires cauchemars :

— Ce n'est pas possible.

La direction se réunit... Les cadres de la social-démocratie autrichienne décidèrent finalement que le parti se dégageait de toute responsabilité. Dans l'après-midi, Adler se rendit au journal pour rendre publique la ligne politique officielle : « Le parti refuse le terrorisme, Friedrich était mentalement perturbé. »

Les réactions

Au cours d'une conversation avec Angelica Balabanov, qui avait connu Friedrich Adler longtemps auparavant, Vladimir Lénine voulut savoir quelle sorte de femme était l'épouse russe d'Adler. Lorsqu'il apprit qu'il s'agissait d'une sociale-démocrate, il s'étonna et déclara :

> Sociale-démocrate ? J'aurais pensé qu'elle était socialiste, révolutionnaire, terroriste, et qu'elle avait exercé une influence sur son mari. Mais pourquoi a-t-il tiré sur Stürghk ? Adler n'était-il pas secrétaire du PSD autrichien, ne disposait-il pas par conséquent des noms et des adresses de tous les membres du mouvement ? En faisant imprimer un appel et en l'envoyant clandestinement à des centaines ou à des milliers de personnes, il aurait fait preuve de plus d'intelligence.

Lénine ne comprenait rien. Il vivait dans le fétichisme de la parole écrite et ne saisissait pas le langage des signes d'un pacifiste devenu fou. Leo Lania, alors jeune soldat autrichien, remarquait en apprenant l'attentat d'Adler : « N'a-t-il pas démontré plus de courage que les soldats qui se laissent tuer en obéissant à des ordres absurdes ? Peut-être mon rôle n'est-il pas de combattre au front ? L'action d'Adler a illuminé la nuit de la guerre d'un éclat scintillant. »

La folie

Après une douzaine d'interrogatoires et une fois mis au courant des premières nouvelles en provenance de l'extérieur, le professeur de physique Friedrich Adler savait que la position adoptée par son père, fondée sur la théorie de la folie passagère, de l'insanité, de la démence, pouvait lui sauver la vie. Il n'ignorait pas non plus que s'accrocher à une telle ligne de défense revenait pour lui à se condamner à l'enfer en ôtant tout sens à son geste.

> Je luttai avec véhémence au cours de l'enquête pour établir que mon acte était le résultat d'une décision prise par un homme en pleine possession de ses facultés mentales. Je protestai contre les tentatives de mon avocat qui, bien qu'animé des meilleures intentions et guidé par sa conscience, s'efforça de fonder sa défense sur la folie. Peut-être était-ce son devoir que de prendre soin de mon corps, mais le mien était de défendre mes convictions ; lesquelles l'emportent effectivement sur le fait qu'au plus fort de cette guerre, on pende un homme de plus ou de moins en Autriche.

Une bataille plus importante que celle livrée entre l'État, qui voulait le pendre, et Friedrich Adler, qui voulait qu'on le pende afin de payer la faute de l'assassinat pour lui rendre sa pureté symbolique, eut ainsi lieu entre Friedrich et ses défenseurs (les docteurs Gustav et Segismund Popper). Poussés par son père, les avocats s'en tinrent à la thèse de la "folie passagère". Friedrich, lui, s'obstina à affirmer qu'il avait toute sa tête et fit appel à toutes les instances possibles pour le démontrer.

À Vienne, la ville des aliénistes et des psychiatres, une légion d'hommes des sciences de l'esprit se penchèrent sur son cas. Friedrich fut examiné des dizaines de fois.

Victor et ses amis ne manquèrent pas de rappeler la terrible histoire de la famille : la folie de sa sœur et les fréquentes dépressions d'Emma, sa mère.

Un psychiatre estima que Friedrich était un fanatique et que cela expliquait ses actes. Un groupe de médecins fit remarquer que, dans l'histoire de l'humanité, un état de perturbation de ce genre avait permis à certaines personnes de créer de grandes œuvres d'art.

Le résultat définitif consista en un rapport de soixante pages produit par des universitaires qui concluait à son parfait état de santé mentale. Friedrich avait gagné la bataille.

Le procès

Si l'attentat demeura sans écho immédiat dans l'Empire austro-hongrois – l'étincelle que Friedrich espérait provoquer ne mettant effectivement pas le feu aux poudres –, le procès qui devait se tenir des mois plus tard, en mai 1917, trouverait une atmosphère sociale toute différente. Adler n'était plus un fou, c'était un héros. La Russie avait connu la révolution de Février. La guerre avait perdu tout clinquant de gloire, elle s'était révélée n'être que le reflet d'un impérialisme imbécile, un crime organisé, des tranchées pleines de cadavres en décomposition, des bandages sales, des surdités provoquées par les coups de canons...

Le gouvernement décida alors que le procès se déroulerait le plus rapidement possible. Il eut donc lieu les 18 et 19 mai. La situation politique instable avait influencé l'esprit des six juges et celui du procureur spécial Heidt. Ce dernier négocia avec Adler et l'autorisa finalement à prononcer un discours, de la longueur qu'il voudrait, dans lequel il pourrait critiquer la guerre et le système gouvernemental. Il ne lui demanda qu'une chose : ne pas faire retomber sur l'Autriche la responsabilité d'avoir été à l'amorce du conflit.

Friedrich opta alors pour une déclaration politique contre la guerre en assumant pleinement son geste, conscient qu'on allait le déclarer coupable et réclamer pour lui la peine capitale.

Son intervention montrait d'ailleurs clairement que la mort l'attendait au bout du chemin : « Je parle ici pour la dernière fois. »

Durant quatre heures il expliqua sa répulsion envers la guerre, qu'il considérait comme un non-sens absolu et comme un acte d'État s'apparentant au crime organisé ; il insista sur le fait que dans les états d'exception on ne pouvait que voir disparaître les mécanismes démocratiques défensifs de la société ; il parla de sa propre impuissance, de la responsabilité du comte Stürghk dans la création d'un État autoritaire, et enfin de la nécessité qu'il y avait à lancer un appel désespéré au bon sens à travers ce qui ressemblait à un acte de folie. Il plaida en faveur de sa santé mentale, de sa responsabilité, de son droit à mourir pour ce qu'il avait fait. Il s'efforça également de bien marquer la différence entre les assassins anarchistes et lui : « Je ne crois pas aux actes de terrorisme individuel, je crois au pouvoir des masses. Je ne suis pas un anarchiste, je persiste à insister sur le fait que l'action des peuples est décisive. Je voulais établir les conditions psychologiques favorables à de futures actions collectives. » Enfin, dans un style purement rationnel, froidement et « convaincu que vous allez me pendre », il expliqua son geste.

Le discours d'Adler circula partout, clandestinement, recopié à la main, dans la presse suisse qui entrait en Autriche, dans tous les bulletins sociaux-démocrates influencés par la gauche de Zimmerwald. La première partie parut intégralement dans le propre organe de presse de la social-démocratie autrichienne, alors qu'elle avait subi des coupures partielles dans d'autres journaux.

Le lendemain, au vu de l'effet causé par les paroles d'Adler dans la société, le gouvernement censura vingt paragraphes de la deuxième partie.

Friedrich Adler fut condamné à mort mais, étant donné le climat politique qui régnait et prévoyant une énorme réaction sociale, les autorités ne se risquèrent pas à le fusiller ; sa peine fut commuée en emprisonnement à perpétuité.

Ce qui n'empêcha pas la social-démocratie et ses avocats

de critiquer la décision des juges en faisant remarquer que, s'étant déroulé sans la présence d'un jury, le procès était anticonstitutionnel.

La prison

Encore surpris d'en avoir réchappé, Adler fut conduit à la prison de Strafaustalt Stein un der Donau.

Les journées étaient longues et les communications avec l'extérieur assez rares. Il se mit à étudier les travaux du savant Ernst Mach – mort en 1916 – qui doutait de la réalité de la matière et affirmait qu'une loi scientifique n'est précisément pas scientifique puisqu'elle se réduit à une manière de se rapprocher, sur la base d'une connaissance limitée, de la solution d'un problème. Fruit de cette période, il écrirait pendant son incarcération *La Conquête du matérialisme mécanique d'E. Mach*, publié en 1918.

Tandis que sa mère se refusait à croire au geste de son fils, dans sa cellule Friedrich notait : « Vivre sérieux et mourir joyeux, voilà tout ce que l'homme peut désirer. »

Épilogue

En janvier 1918, alors qu'à Brest-Litovsk on négociait les accords de paix, une vague de grèves s'abattit sur toute l'Autriche-Hongrie. Elle débuta à Nestadt et s'étendit sur tout l'empire : les usines de munitions étaient paralysées, on créait des mouvements qui brandissaient des banderoles réclamant du pain et la paix, on organisait des grèves de la faim contre la réduction des rations... Quarante bateaux se mutinèrent dans la baie de Cattaro ; les pavillons rouges étaient hissés sur les navires. On assista à des arrestations d'officiers et à la naissance de conseils de marins. Menacés par des batteries côtières et des sous-marins allemands, les insurgés se rendirent. La répression fut brutale. La social-démocratie menaça de lancer une grève générale en apprenant qu'on prévoyait de passer les marins par les armes. Le 12 novembre, la république fut proclamée. On vit alors éclore à Vienne les premiers conseils d'ouvriers.

Adler fut libéré au moment où l'empire s'effondrait. L'assemblée de la nouvelle république le nomma vice-président du parti social-démocrate. Pendant les années 1920 et 1930, il allait être secrétaire du Bureau de la IIe Internationale. Il essaya d'empêcher l'isolement de la révolution russe en échange de la garantie qu'elle autoriserait le multipartisme. Promoteur d'une sortie de la crise européenne, d'un socialisme progressiste et évolutif, il resterait pris dans la période la plus terrible de l'histoire de l'Europe centrale. Au début de la guerre d'Espagne, à cinquante-sept ans, il s'implique activement et devient secrétaire de la IIe Internationale, chargé des relations et de l'appui solidaire des partis socialistes à la république agressée. L'annexion de l'Autriche par Hitler marque la fin d'une histoire et la fin de la sienne propre. Il vivra la deuxième guerre mondiale en exil aux États-Unis et mourra en Suisse à l'âge de quatre-vingt un ans.

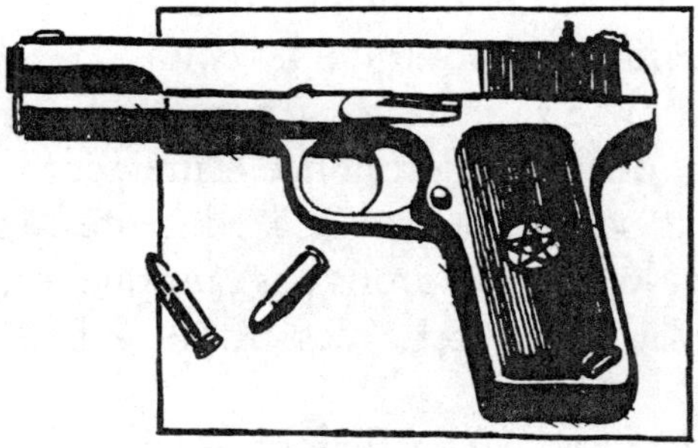

« MIEUX VAUT PARTIR TROP TÔT QUE TROP TARD »

Images pour une émission de télévision qui n'a jamais été réalisée sur le suicide d'Adolf Abramovitch Ioffe

1. Tout est d'un blanc intense et violent. La neige recouvre la rue. Elle est sale. Les hommes frappent le sol de leurs bottes pour se réchauffer. Nous pénétrons dans le bâtiment du commissariat aux Affaires étrangères. Nous nous frayons un passage à travers une petite foule qui encombre les escaliers, les couloirs. Quelques visages rappelleraient vaguement quelque chose à celui qui aurait déjà vu les photos des personnages clés de la révolution soviétique, mais ces traits ne seraient enregistrés qu'au passage : ils sont tendus, fermés. Quelques-uns parlent peut-être entre eux ; d'autres fument, seuls : il y aurait là Trotski, Radek, Rakovski, Victor Serge, Smirnov, Sapronov.

Notre regard et les leurs se croisent parfois. Affront, abstraction, de petites bestioles leur rongent les entrailles. Quelques rumeurs nous parviennent. Au bout d'un long couloir également saturé d'individus, on aperçoit un cercueil noir posé sur une grande table.

Il s'agit d'un personnage embarrassant de plus de l'histoire, et même du cœur de l'histoire. Voilà pourquoi les coups d'œil vont et viennent vers cette bière solitaire.

Au milieu du brouhaha, quelqu'un prononce clairement : « Le comité central a fixé la sortie du cortège à 14 heures. » Une voix aigre réplique : « Nous ne partirons pas tant que les travailleurs ne seront pas là, et la sortie des usines a lieu beaucoup plus tard. »

Une lumière moribonde filtre par la fenêtre, éclairant à peine le cercueil. Il faudrait dire que nous sommes en novembre 1927. Comme je ne trouve pas de manière indirecte pour introduire cette information, je me verrai obligé de superposer une incrustation à l'image de la bière solitaire sur laquelle on pourra lire : *18 novembre 1927.*

Un homme jette un mégot par terre et l'écrase. Un nouveau groupe s'approche de ceux qui discutent autour du cercueil ; ils apportent des nouvelles.

2. Un coup de feu claque. La tête d'Adolf Abramovitch Ioffe retombe lentement, très lentement, sur l'oreiller. Défiguré par la mort, ses lunettes glissent, le sang jaillit de sa blessure à la tempe. Un sang qui tache progressivement l'oreiller. Sur l'image, nouveau recours à l'incrustation : *16 novembre 1927*, qui nous permet de mettre en rapport cette mort, survenue deux jours plus tôt, avec l'évocation du cercueil.

3. L'homme regarde vers nous, il n'a pas l'air pressé, on dirait qu'il attend un signe qui n'arrive pas. Nous l'avons vu mourir il y a quelques secondes, il louche et porte une barbe frisée épaisse. Finalement, il se met à nous parler d'une voix un peu monotone, presque en continu. Il se tient face à une caméra installée sur un pied. Le plan est fixe, ne montre aucun contexte, juste le visage et les mots : comme ils sont prononcés en russe, il faut des sous-titres pour la traduction. Pas de musique ni d'idioties, rien qui

puisse distraire ou rendre emphatique cette histoire sans fioritures :

> Je m'appelle Adolf. Je suis né le 10 octobre 1883 à Simferopol (Crimée), dans une famille de riches marchands. J'étais encore à l'école lorsque, pendant les dernières années du siècle, le mouvement ouvrier se développa en Russie, se manifestant notamment à travers l'organisation de grèves, avec lesquelles commencèrent les fameuses persécutions d'étudiants. Je m'engageai alors dans le mouvement révolutionnaire et adhérai au parti ouvrier social-démocrate russe. De sorte qu'en 1903, à la sortie du lycée, j'étais déjà considéré comme politiquement suspect, et ne pouvais plus entrer dans aucune université du pays. Je partis pour Berlin...

4. Extérieur du commissariat aux Affaires étrangères. Sur la neige, envahissant la chaussée, un attroupement commence à se former. Beaucoup d'hommes et de femmes sortent du bâtiment. Ils sont plus nombreux encore à s'approcher et à se rassembler au milieu de la rue. Un homme extrait un drapeau rouge de la doublure de son manteau. Un autre attache les rubans de la bannière à un grand bâton. Trotski devient le centre de l'attention ; il relève le col de son mince pardessus noir. Il porte également un bonnet en cuir. Le cercueil quitte le ministère sur les épaules de quatre personnes. Au moins deux milliers d'hommes et de femmes se sont massés dans la rue. Dans la lumière grisâtre et la blancheur de la neige, le cercueil s'ouvre un passage dans la foule, comme s'il flottait.

Dans les premiers rangs de la colonne qui s'ébranle, Khristian Rakovski, chauve, les traits très marqués révèlent sa nervosité ; près de lui, en contraste, maigre, blond, dégingandé, Ivan Nikitovitch Smirnov. Ils sont encadrés d'un groupe de militants géorgiens vêtus de manteaux bleus. Le cercueil passe devant eux. Visages graves trahissant une certaine tension, malaise, froid, rage contenue.

Rakovski nous regarde droit dans les yeux. Il a cinquante-quatre ans. Une main anonyme lui tend un micro. Il nous parle :

> Je suis Khristian Rakovski. Il y a deux jours, les camarades Trotski et Zinoviev ont été expulsés du parti. Kamenev, Smilga,

moi-même et plusieurs autres l'avons été du comité central. Des centaines d'autres militants l'ont été de leurs organisations de base. Le suicide de Ioffe est une forme de protestation contre la manière dont on piétine la démocratie bolchevique... Certaines fonctions auparavant exercées par le parti dans son ensemble, par notre classe dans son ensemble, sont devenues aujourd'hui des attributions du pouvoir, c'est-à-dire d'un petit nombre seulement de membres de ce parti et de cette classe... Nous nous trouvons face aux *dangers professionnels du pouvoir*... Je n'exagère pas en disant que le militant de 1917 se reconnaîtrait difficilement dans le militant de 1927. Il s'est produit un changement profond dans l'anatomie et la physionomie de la classe ouvrière.

5. La caméra tourne rapidement. Elle va se perdre vers un sapin enneigé, revient sur le visage contrit de Victor Serge qui dit : « Il avait un visage d'Assyrien barbu, aux lèvres charnues, au regard déconcertant en raison d'un méchant strabisme. »

6. Ioffe est assis devant un bureau. Il est en pyjama et porte une écharpe, il se déplace avec difficulté ; il écrit. La pièce est meublée d'une grande table avec un portrait de Lénine, de bibliothèques, d'un lit dans un coin, près de la fenêtre.

Une main anonyme lui tend un micro. Il nous regarde avec surprise, puis nous lit la lettre qu'il était en train d'écrire. On perçoit une certaine mélancolie dans le ton de sa voix :

J'ai toujours cru que le moment venu, un homme politique devait savoir partir, comme l'acteur quitte la scène, et que mieux vaut le faire trop tôt que trop tard...

Il s'interrompt, allume une cigarette ; sa main tremble.

Cela fait plus de trente ans que j'ai adhéré à la théorie selon laquelle la vie humaine n'a de sens que dans la mesure où on la vit au service d'un absolu. Pour nous, l'humanité est un absolu... En cela, et seulement en cela, j'ai vu le sens de la vie...

> Je crois pouvoir affirmer que pas un seul jour de ma vie n'a manqué de sens... Mais à présent, il semble que le moment où mon existence perd toute sa valeur est arrivé. Par conséquent, je me sens obligé de l'abandonner, d'y mettre un terme... L'année dernière, comme vous le savez, le politburo m'a entièrement retiré toute responsabilité politique, en prétextant mon statut d'opposant. Ma santé a continué à se dégrader...

Ioffe se lève. Il se déplace en titubant, comme s'il n'avait plus la maîtrise de ses mouvements. Il porte les mains à ses tempes qui semblent douloureuses. Il se dirige vers la fenêtre, un lampadaire fend doucement l'obscurité. En suivant ses pas de la sorte, nous n'avons pu manquer de remarquer l'arme posée sur la table où il écrivait. C'est un petit revolver Browning à six coups.

7. Il est 16 heures. Le cortège avance sur la neige. Il doit y avoir quelque trois mille personnes. Des drapeaux rouges ont été déployés. L'assistance descend le long du Grand Théâtre et prend par la rue Kropotkine. Des travailleurs se joignent à elle. Gravement, les hommes en tête de la colonne entonnent *L'Internationale*.

Serge nous en fait la description tout en marchant, d'une certaine façon, il répète ce qu'on vient de voir :

« C'est un cortège gris et pauvre, sans apparat, mais son âme est tendue et ses chants résonnent comme un défi. »

La foule s'évanouit grâce à un effet photographique, nous restons sur les échos de *L'Internationale*.

8. Ioffe poursuit le récit de sa biographie. Plan américain. Il bouge à peine. Il fume seulement :

> En 1904, à la demande du comité central du parti ouvrier social-démocrate russe, je suis parti pour Bakou afin de mener un travail de propagande. J'ai emporté avec moi les publications illégales du parti. À Bakou, j'ai milité au sein de l'organisation bolchevique, mais au cours de cette même année, pour éviter la prison, j'ai dû abandonner le Caucase pour Moscou, dans le

but de poursuivre ma tâche. Là, je me suis vu très rapidement menacé d'arrestation et il m'a fallu fuir pour me cacher à l'étranger, où je suis resté jusqu'aux événements de 1905. Je suis immédiatement rentré en Russie et j'ai participé à la révolution dans différentes villes, d'abord au nord du pays, ensuite au sud. Au moment de la révolte du cuirassé Potemkine, je me trouvais en Crimée et j'ai alors organisé l'évasion de K. Feldman (l'un des meneurs de la mutinerie) de la prison militaire de Sébastopol. Après cela, j'ai dû de nouveau me réfugier à l'étranger. À Berlin, après le congrès d'unification du POSDR de Stockholm, on m'a nommé parmi les quatre membres du premier bureau du comité central à l'étranger.
En mai 1906, je suis expulsé d'Allemagne parce que jugé étranger indésirable sur décret du chancelier de l'Empire allemand, von Bülow ; je repartis pour Moscou, où je fus poursuivi par la police. Je me suis vu encore une fois contraint de trouver refuge à l'étranger et me suis donc rendu à Zurich...

9. La foule approche du cimetière du monastère de Novodevitch. Elle dépasse alors les six mille hommes et femmes. Une haie de policiers et de groupes de la GPU bloque l'entrée du cimetière. Ils s'efforcent de nous empêcher de filmer en nous poussant. Ses cheveux longs et blancs au vent, Sapronov, quarante ans, arpente les rangs : « Du calme, camarades, ne cédons pas à la provocation. Nous briserons la barrière. »

Quelques policiers s'avancent pour parlementer avec les hommes qui conduisent le cortège. Les gens s'agitent sur place, trahissant leur inquiétude. Un membre des forces de l'ordre annonce : « Nous avons des instructions selon lesquelles seules vingt personnes sont admises à entrer dans le cimetière. »

Trotski répond acrimonieusement : « Alors le cercueil n'entrera pas non plus et on prononcera les discours dans la rue ! »

Un fonctionnaire du comité central s'approche. Trotski, Smirnov et Rakovski l'ignorent et vont reprendre leur place en tête de la manifestation, qui s'ébranle immédiatement vers la grille. Alors que le choc semble inévitable, après une hésitation, la police ouvre ses rangs. La manifestation pénètre dans le cimetière. Entouré de drapeaux, le cercueil flotte sur la foule. Il n'y a ni sourire ni geste de victoire après ce triste succès. Une main retient Trotski lorsqu'il passe devant nous, et une autre main anonyme lui tend le micro. Il parle tout en observant le défilé des manifestants :

> Vous nous avez expulsés du comité central et du parti, et nous devons reconnaître que cette attitude est en complet accord avec la politique actuelle dans la phase présente de son développement, ou plutôt de sa dégénérescence. Ce groupe de dirigeants expulse du parti des centaines et des milliers de ses meilleurs membres, des bolcheviks les plus fidèles : cette coterie de bureaucrates ose exclure des bolcheviks comme Mrashkovski, Serebriakov, Preobrajenski, Sharov et Sarkis ; des camarades qui à eux seuls suffiraient à créer un secrétariat du parti infiniment plus capable et digne de foi, plus léniniste que notre secrétariat actuel ; cette coterie Staline-Boukharine a incarcéré dans les prisons les plus hermétiques de la GPU des hommes dévoués et admirables comme Netchaev, Shtilkold, Vasilev, Schmidt, Fishelev et beaucoup d'autres ; ce groupe de fonctionnaires conserve ses postes au sommet du parti par la violence et l'étouffement des idées...

Il a commencé son intervention froidement, calmement, et même avec un demi-sourire à peine interrompu de temps en temps par un geste amer ; mais ensuite il est transfiguré, des étincelles jaillissent de ses yeux, sa voix râpe et blesse, ses cheveux se soulèvent sous l'effet du vent qui souffle. Dans son dos, les gens se dirigent silencieusement vers l'intérieur du cimetière, mais leurs pas, marqués avec force, font légèrement trembler la caméra.

> ... ces méthodes fascistes ne sont pas autre chose que l'exécution inconsciente et aveugle des desseins d'autres classes. Le but poursuivi est de supprimer l'opposition et de la détruire physiquement. Il y a aujourd'hui des voix prêtes à crier : *expulsons par milliers et fusillons par centaines pour faire régner la paix dans le parti.* Ces voix proviennent d'hommes effrayés, pitoyables bien qu'également diaboliquement aveugles.
> C'est la voix de Thermidor. Les pires éléments, corrompus par le pouvoir, aveuglés par la haine bureaucratique, préparent ce Thermidor de toute leur ardeur...

10. Retour dans le bureau de Ioffe. Il continue à écrire sa lettre d'adieu. Il semble nous ignorer. Lorsqu'il a fini, il signe et se lève ; il doit s'appuyer à la chaise. Il avance vers la fenêtre. Un micro tendu par une main anonyme apparaît. Ioffe prend la lettre qu'il vient de terminer et avec l'air de s'excuser pour sa maladresse, il la lit face à la caméra. Nous nous sentons mal à l'aise d'avoir violé son intimité et les spectateurs aussi, peut-être ; lui, visiblement, est au-delà de tout cela.

Vers le 20 septembre, la commission médicale du comité central m'a soumis à un examen conduit par des spécialistes. Ils m'ont informé catégoriquement de ce que mon état de santé était bien pire que je ne l'imaginais et que je ne devais pas demeurer un jour de plus à Moscou sans rien faire, ni passer une heure de plus sans traitement. Ils m'ont signifié que je ferais mieux de partir immédiatement pour l'étranger où je pourrais me faire admettre dans un hôpital adapté.
Pendant deux mois, la commission médicale du comité central n'a rien fait concernant mon départ ou pour mon traitement sur place. Au contraire, la pharmacie du Kremlin, qui m'avait toujours fourni mes médicaments sur prescription médicale, reçut l'ordre de ne plus le faire.
Il semble que cela ait commencé quand l'équipe dirigeante s'est mise à appliquer sur les camarades de l'opposition sa politique consistant à "frapper l'opposition au ventre".
Voilà neuf jours que je dois définitivement garder le lit à cause d'une intensification et d'une aggravation de toutes mes douleurs chroniques, en particulier de la plus terrible, ma polynévrite incurable qui a recommencé à progresser, me condamnant à des douleurs insupportables et m'empêchant même de marcher. Pendant ces neuf jours, je n'ai reçu aucun traitement et la question de mon départ à l'étranger n'a toujours pas été tranchée.
Cet après-midi, le médecin du comité central, le camarade Potiomkine, a notifié à mon épouse que la commission médicale du comité central avait décidé de ne pas m'envoyer à l'étranger, au motif que les spécialistes insistaient sur la nécessité d'un traitement prolongé et que le comité central n'accorderait que 1 000 dollars maximum pour ma guérison.
C'est pourquoi j'affirme que le moment est venu de mettre un

terme à ma vie. Je sais bien que l'opinion dominante dans le parti s'oppose au suicide, mais je crois que, si l'on comprend ma situation, on ne peut me blâmer. Si j'étais en bonne santé, j'aurais plus de forces, mais dans l'état dans lequel je me trouve, je ne puis tolérer cette situation, je ne peux accepter que le parti donne son consentement muet à votre exclusion de ses rangs. En ce sens, ma mort est une protestation contre ceux qui ont conduit le parti dans une conjoncture telle qu'il ne peut réagir d'aucune façon contre l'opprobre.

Il interrompt sa lecture. Jette la lettre sur la table. Se dirige à nouveau vers la fenêtre. Revient au bureau. Le téléphone sonne.

11. Voici l'autre Ioffe, celui qui est vêtu de noir et nous débite sa biographie sur un ton monocorde, presque sans accorder d'importance aux histoires qu'il égrène :

J'ai quitté la Suisse en 1907 pour retourner en Russie. Mais en 1908, j'ai été obligé de retourner à l'étranger : je me suis installé à Vienne où j'ai commencé avec Trotski la publication de la *Pravda*. Mandaté par la rédaction de ce journal, j'ai parcouru toutes les organisations du parti en Russie. J'ai répété cette opération en 1911 puis en 1912.
Au cours de mon séjour à Odessa, en 1912, j'ai été arrêté en même temps que toute la branche locale du parti.
Comme il n'y avait aucune preuve pour me condamner, après dix mois de prison on m'a déporté à l'extrême nord de l'État de Tobolsk, en Sibérie.
Là, j'ai de nouveau été appréhendé en 1913 et on a intenté contre moi un procès au sujet de l'union des marins de la mer Noire. Devant le tribunal, j'ai reconnu mon affiliation au parti et on m'a condamné à la privation de mes droits civiques et à la déportation à vie en Sibérie [...]. J'ai été incorporé dans un bataillon disciplinaire et soumis à un régime de travaux forcés. En 1916, on m'a jugé pour la deuxième fois et j'ai à nouveau été condamné à la déportation dans une colonie en Sibérie. Là, j'ai continué à collaborer à différents organes illégaux. Lorsque les rumeurs de la révolution me sont parvenues, j'ai quitté les

mines et après un bref séjour à Kansk où j'ai coordonné les activités révolutionnaires, je suis parti pour Petrograd.

12. Dans le cimetière, le cercueil est transporté de main en main, il vole, monte, descend, tangue, il a l'air brusquement doué de vie. Il parvient devant la fosse ouverte. Le fonctionnaire du comité central, que nous avions vu précédemment négocier l'entrée de la manifestation, s'efforce de prendre la parole, juché sur une petite butte. Huées, cris : « Qu'il se taise ! »

Quelqu'un a jeté un drapeau rouge sur la bière. Rakovski pousse le bureaucrate sur le côté et déclare :

« *Ce drapeau nous le suivrons / jusqu'au bout / comme toi / nous le jurons / sur ta tombe.* »

Sa voix domine la foule. Il a prononcé ces mots deux par deux, en marquant des pauses, sans hâte, avec un pathétisme qui, d'une certaine façon, élude le drame. La neige que son discours a secoué sur la branche d'un arbre tombe lentement sur sa tête.

13. À son bureau, Ioffe parle au téléphone :

— Lev Davidovitch, je voudrais que tu passes me voir...

Il écoute la réponse, raccroche. Son regard se trouble. Il se dirige vers le lit, se recouche. Le jour se lève.

14. Nous revenons à l'image précédente de Ioffe en train de raconter sa vie. En plein récit, une main anonyme entrera dans le champ pour lui tendre un verre d'eau dont il ne saura que faire. Il finira par boire, entraînant une coupure. Il reprendra de la façon suivante :

> Avec Trotski et d'autres camarades, nous avons publié le journal *Vperiod.* Puis j'ai représenté successivement les bolcheviks à la Douma municipale de Petrograd, au comité exécutif central des soviets de Russie [...]. Durant le sixième congrès du parti (juillet 1917), j'ai été élu membre du comité central du POSDR (b).

Au moment de la révolution d'Octobre, je présidais le comité militaire révolutionnaire...
On m'a envoyé à Brest-Litovsk en tant que chef de la délégation russe pour la paix. Mais après l'ultimatum allemand, j'ai refusé de signer le traité en déclarant qu'il ne s'agissait pas d'un accord de paix, mais d'une paix imposée...
J'ai été commissaire des relations extérieures et de la sécurité sociale, puis envoyé comme ambassadeur à Berlin... J'ai pris une part active aux préparatifs de la révolution allemande et trois jours avant l'insurrection du 3 novembre 1918, on m'a expulsé d'Allemagne avec toute l'ambassade.

15. Il fait jour dans le petit bureau de Ioffe. Il est toujours allongé sur le lit étroit, étendu, les bras le long du corps, les mains touchant les coutures de son pantalon de pyjama. Sa femme, Maria, discute avec lui. La réaction de Ioffe ne pourra se mesurer que par ses dents, qui se plantent dans sa lèvre inférieure. La lettre qu'il a écrite pendant la nuit repose sur le bureau. Maria dit :

— Ils m'ont répondu qu'un bref séjour à l'étranger serait complètement inutile, que la commission médicale avait décidé de te transférer immédiatement à l'hôpital du Kremlin tout en reconnaissant ne pas avoir assez de moyens et que cela ne servira à rien.

16. Nous enregistrons le dernier fragment de son récit biographique. Il énumérera froidement les pays et les villes, comme quelqu'un qui révise une leçon de géographie. Nous soulignerons cet aspect en coupant la fin de certaines de ses phrases, en faisant des raccourcis, des ellipses.

On m'a envoyé en Lituanie pour contribuer à organiser le travail du parti...
Peu de temps après, on m'a envoyé en Ukraine...
J'ai été envoyé au Turkestan en tant que président de la commission...
J'ai été envoyé à Gênes comme membre de la présidence de la délégation soviétique.

J'ai été envoyé en Extrême-Orient en tant qu'ambassadeur extraordinaire en Chine.
En 1924, je suis tombé gravement malade. Une fois rétabli, je suis allé à Londres.
Ensuite, on m'a nommé représentant plénipotentiaire à Vienne.

17. Cimetière. Trotski occupe la place de Radek. Sa voix parcourt la foule ; elle a quelque chose d'électrique. Au fond, il se sent coupable car lui aussi accuse Ioffe de lâcheté, d'abandon, et cela le rend furieux :

Ioffe nous a quittés non pas parce qu'il ne désirait plus lutter, mais parce qu'il manquait de la force physique nécessaire à la lutte. Il a eu peur de devenir une charge pour ceux qui étaient absorbés dans le combat. Sa vie, et non son suicide, doit servir de modèle à ceux qui restent après lui. La lutte continue. Que chacun demeure à son poste ! Que personne ne l'abandonne !

18. Ioffe quitte son lit. Il va vers le bureau. Il s'assied et ajoute à la fin de la lettre un post-scriptum. Il scelle l'enveloppe. Inscrit : Lev Davidovitch Trotski. La dépose sur la table. Il sort un revolver du tiroir de son bureau. Le prend dans sa main. C'est le petit Browning que nous avons vu plus tôt. Il s'approche de la couche et s'allonge dans la même position que précédemment. Le revolver repose près de lui, fermement agrippé par une main crispée.

19. La foule se déplace vers Trotski et resserre les rangs autour de lui. Certains applaudissent. Des groupes de jeunes forment une haie pour lui permettre de sortir du cimetière. Avant de s'en aller, Trotski hésite et se retourne ; il reste là, à regarder la tombe béante de Ioffe.

20. Ioffe porte le revolver à sa tempe et soulève légèrement la tête de l'oreiller dans une position forcée, puis presse la détente. Le sang gicle de la blessure, sa tête retombe et gît sur

l'oreiller. Tandis que le sang tache les draps de rouge, une date apparaît en incrustation sur son visage : *16 novembre 1927*.

21. La maison de Belodorodof est exceptionnellement éclairée. C'est là que vit Trotski. On le découvre dans la cuisine, en compagnie de six jeunes ouvriers. Ils discutent avec animation. Dans le couloir, deux hommes fument, ils attendent. Natalia Sedova passe en tenant un enfant par la main. Quelqu'un dit :

— Lev Davidovitch, on vous demande au téléphone.

Trotski se lève, et fendant la fumée de cigarette qui envahit la maison, il se dirige en suivant le corridor vers l'endroit où se trouve le téléphone. Il soulève le combiné, le porte à son oreille et nous entendons une voix qui annonce :

— Adolf Abramovitch s'est tiré une balle dans la tête. Sur la table, il a laissé une lettre pour vous.

Trotski reste figé, le récepteur dans sa main, légèrement abaissée. Il ne s'autorise pas le geste de rage qu'il voudrait.

22. Intérieur nuit. Au fond, le bureau de Ioffe. Il y a beaucoup de gens dans la maison, au moins dix ou douze personnes, parmi lesquelles on remarque Rakovski et Maria, la femme de Ioffe. Dans l'encadrement de la porte qui donne sur le couloir, on aperçoit Trotski, une botte appuyée contre le chambranle. Une main anonyme lui tend un micro. Il raconte, se déconcentre, jette parfois un coup d'œil aux ouvriers qui passent devant lui, pénètrent dans le bureau et ressortent après avoir vu le cadavre. La caméra, toujours accompagnée du récit de Trotski, se déplace également, pour contempler le mouvement incessant des militants de l'opposition qui entrent dans le bureau. Parfois on voit le grabat sur lequel repose le mort. Trotski dit :

> Nous nous sommes rendus en toute hâte chez Ioffe. Nous avons sonné, frappé à la porte et finalement, on nous a ouvert après nous avoir demandé notre nom, mais pas avant un certain laps

> de temps. Sur les oreillers couverts de sang, le visage serein d'Adolf Abramovitch se détachait, illuminé par une grande bonté intérieure. B, membre de la GPU, fouillait sa table de travail. Impossible de trouver la moindre lettre. Sachant qu'il m'avait adressé un message, j'ai demandé qu'on me le remette immédiatement. B a grommelé qu'il n'y avait là aucun message, ni rien de semblable. Son humeur et son ton de voix ne laissaient aucune place au doute : il mentait. Après quelques minutes, les amis qui venaient de la ville entière commencèrent à se rassembler dans la maison du mort. Les agents officiels du commissariat des relations extérieures et des institutions du parti se sentaient seuls au milieu de cette foule de militants de l'opposition. Des milliers de personnes ont défilé pendant la nuit. La nouvelle que la lettre avait été subtilisée s'est répandue partout. Les journalistes étrangers ont rapporté l'information. Il y a quelques minutes, on a remis à Rakovski une copie photographique de la lettre de Ioffe.

Il rend le micro, se détourne et disparaît. La caméra avance vers la pièce où l'on veille le défunt. Le cercueil se trouve au centre. Serge fume à la fenêtre, il regarde l'objectif et parle pendant que la caméra poursuit son mouvement jusqu'à montrer le visage du mort à l'intérieur du cercueil. Nous voyons et entendons ce que Serge nous décrit :

« Il dort. Les mains jointes, le front dégagé, sa barbe poivre et sel est soigneusement peignée. Ses paupières sont bleutées, ses lèvres assombries. Ce petit trou dans sa tempe a été recouvert d'un morceau de coton. »

LE STYLE HÖLZ

1.

Il y a des personnages qui sont nés pour la fiction. Mais comme ils sont contraints de se mouvoir dans la misère du quotidien pour se ménager une place dans l'histoire, il faut les inventer, les reconstruire pour la lumière de l'écran de cinéma, pour la plus hallucinante page d'un roman, pour la plus improbable, contradictoire et passionnante chanson de geste. Des personnages pour lesquels les écrits biographiques et toutes les notes en bas de page s'avèrent insuffisants : ils se faufilent alors tout seuls dans leur époque jusqu'à gagner le droit de devenir une page de ce calendrier mal imprimé qui trône sur la cheminée du foyer prolétaire, peut-être le héros d'un film muet qui ne sera jamais tourné, ou un sujet de conversation dans la lumière fantasmagorique du haut-fourneau.

Max Hölz fait sans aucun doute partie de ce genre de personnages, et en tant que tel, il n'a aucun passé avant son apparition sur la première page d'un roman historique. Il n'existe rien sur Hölz avant 1918 qui porte à croire que l'enfance soit un lieu où l'on cultive les héros dans des jardinières de misères et de rêves.

Né en 1889 à Moritz (inutile de chercher sur la carte), près de Riesa (la carte n'aide pas beaucoup plus), en Saxe allemande, il appartient à une famille d'ouvriers agricoles travaillant dans un moulin. Max Hölz fut l'un de ces jeunes Allemands qui entrèrent avec la fin du siècle dans un monde agraire et s'efforcèrent d'en fuir, pour être ensuite happés par la société industrielle qui prétendit les façonner à coups de marteau.

Deux ans plus tard, chargée de ce jeune enfant, la famille déménagea à Hirchstein pour changer d'air. Mais l'air y était plus rance encore, et les Hölz ne trouvèrent à se faire employer que comme journaliers sur les terres d'un propriétaire.

À quatorze ans, Max célébra la venue de l'adolescence par une fugue assez brève. Il revint dans la maison familiale au bout d'un mois, gravement malade, atteint d'un empoisonnement du sang qui faillit lui valoir l'amputation d'un bras. Cependant, cette première escapade lui révéla sa vocation de fugitif. Max Hölz ne pourra plus s'arrêter. Ses années de jeunesse offrent des anecdotes que l'on peut raconter sans difficulté et dans lesquelles n'émergent ni tragédie ni charme, rien qu'un constant vagabondage. Un va-et-vient entre les emplois, les villes, les métiers, les destins tronqués. La survie comme sens de la vie. Il ne parvient même pas à se décider pour une profession.

Il travaille comme domestique dans différents endroits de Saxe. Tuberculeux, il ne fait pas de service militaire. Il se rend à Falkenstein, une ville industrielle du Vogtland qui deviendra des années plus tard la scène de ses plus hauts faits, mais qui, pour l'heure, lui apparaît plutôt comme un cimetière. Il est employé le soir dans un cinéma (est-ce là que naissent ses futurs rêves ?). Plus tard, il sera apprenti chauffeur. Ensuite, pour continuer à bouger, il acceptera une proposition qui le mènera en Angleterre. Tout n'est que fuite, changement d'emploi et incapacité à s'arrêter sur un métier, changement de vie sans la trouver. En Angleterre, il devient évangéliste, pour des raisons probablement strictement économiques. Il demeure sans emploi fixe. Lorsque la chance est de son côté, il décroche des petits boulots temporaires qui consistent à poncer des sols ou à laver des vitres. Finalement, il obtient une place dans une entreprise de fabrication de pièces pour les chemins de fer. À Chelsea, il suit des cours d'éducation technique pour ouvriers, mais ne va pas jusqu'au bout. Le temps passe à côté de lui. En dix ans, il a fui de partout, il a occupé vingt emplois, il a traîné sa misère dans deux pays. Il n'y a plus de rêves. Peu avant le début de la première guerre mondiale, Max revient en Saxe. Il s'établit à Falkenstein et épouse Clara. Il a vingt-cinq ans. Quand en 1914, les hostilités commencent, il paraît être le parfait candidat pour l'occupation d'une tombe de plus parmi toutes celles, anonymes, qu'on creusera en France le long des tranchées.

Ceux-là mêmes qui l'avaient déclaré inapte au service militaire à cause de sa tuberculose le recrutent maintenant sans hésiter. La guerre avale tout, elle consomme êtres humains, récoltes de blé, tonnes d'acier. Elle engloutit tout ce qui lui permet de continuer la boucherie.

Max a vingt-huit ans lorsqu'il est envoyé sur le front occidental, en 1917. Un bel âge pour mourir.

Comme on l'a dit, il n'existe aucune biographie concernant ses premières années. Il n'y a pas d'indices permettant d'en inférer son audace surhumaine, son habileté à se moquer de la mort en jouant à cache-cache, son obstination et son entêtement. Pour des raisons différentes, seuls les fils de l'aristocratie et de la petite bourgeoisie éclairée bénéficient de biographies qui relatent les exploits de leur enfance. Dans le monde prolétaire, il n'y a pas de récit d'amours enfantines, de premières folies, de masturbations précoces ou de présages d'héroïsme. Pas non plus la moindre montre qui indiquerait comment Hölz adolescent apprend, au cours de ses tendres années, l'art de la ponctualité pour sa rencontre avec la révolution.

Son histoire commence à vingt-huit ans.

Un jour, la routine du massacre est rompue. Un officier ordonne au soldat Hölz de surveiller un "traître", mais sans lui adresser la parole ; un type qui a été envoyé au front comme prisonnier parce qu'il s'oppose à la guerre. Max n'obéit pas à l'ordre reçu. Quelques mots échangés avec Georg Schumann amorcent une conversation qui ne peut plus s'arrêter. C'est un socialiste, éditeur du *Leipziger Volkszeitung*, qui désire ardemment rompre l'enfer du silence auquel il a été condamné. Hölz le met face à son passé, que Schumann lui réexplique, lui dénoue. Il parle des lois sociales, des classes, brise le cours du bon et du mauvais sort. Réinterprétée par Schumann, l'histoire d'Hölz devient une partie du paysage public de l'exploitation et de l'injustice sociales : son histoire personnelle est liée à l'histoire des autres, à la grande Histoire de l'Allemagne, aux désastres accidentels de l'histoire du voisin, au froid que ressent le camarade de garde, aux angoisses de celui qui voyage avec vous dans un tramway. Max se voit submergé par une avalanche de nouvelles idées.

Pendant ce temps, sur le front de l'Est, des événements ont lieu qui transformeront la vie du soldat Hölz. En Russie, la révolution éclate. Février, Octobre, des soviets, des ouvriers armés. (À quoi ressemblent les rues de Petrograd ? Trotski porte-t-il la barbe ? Que dit exactement le décret sur la guerre ? Verra-t-on des contremaîtres dans les usines ? Est-ce que le socialisme a besoin de chauffeurs ? De concierges de cinémas ?) Schumann se débrouille pour rester informé et partage avec Max les heureuses nouvelles qu'il reçoit.

Lorsque la compréhension de la société dans laquelle il vit commence à s'ordonner dans la tête de Max, le monde extérieur devient fou. L'offensive de l'automne 1918 est lancée. Des tonnes d'obus s'abattent sur les tranchées. Devant lui défilent les cadavres traînés par des brancardiers somnambules qui pataugent dans la boue. Hölz est heureusement atteint par une balle qui le blesse au pied, et sa blessure lui permet de quitter la boucherie : on l'évacue vers un hôpital du sud de l'Allemagne. Il est inapte au combat. Max pense en avoir fini avec la vie de soldat. Il n'imagine pas que cette incapacité ne l'empêchera pas de combattre militairement au cours d'une autre guerre, bien différente, qui aura lieu dans les années à venir. On le renvoie chez lui avec une pension de 40 marks.

2.

Son départ d'Alsace pour rentrer en Saxe coïncide avec l'effondrement de la monarchie allemande. La mutinerie des marins de Kiel éclate le 4 novembre. Le Kaiser abdique le 9. C'est entre ces deux dates marquant le début de la révolution allemande de 1918 qu'Hölz prend le chemin du retour vers son foyer. Il voyage dans un train occupé par des milliers de déserteurs. Il doit se mêler à d'autres camarades pour trouver un endroit où dormir et passer les heures. À chaque gare, le spectacle des militaires insurgés l'emplit de joie :

« Je commençai à sentir l'énorme pouvoir de la foule, elle était capable d'aller de l'avant et d'agir sans officiers », écrira-t-il des années plus tard.

Il voudrait s'arrêter et participer aux tâches de destruction de l'ancien régime, mais il sait que sa femme, Clara, est malade et qu'il est urgent pour lui d'atteindre Falkenstein. Dans les villes où le train stoppe, Hölz voit se former les premiers conseils de soldats : Frankfort, Kassel, Halle...

C'est un Max Hölz éreinté et fiévreux qui arrive à Falkenstein le 9 novembre 1918 pour entamer une nouvelle histoire. À la gare, avant d'aller chez lui, il demande s'il existe un conseil d'ouvriers et de soldats. Personne n'a encore entendu parler de rien de semblable dans les environs. Sans perdre de temps, Max fabrique à la main des affiches appelant à une réunion destinée à former un conseil, puis les colle dans la gare et à la mairie. Ce n'est qu'ensuite qu'il va retrouver Clara.

Répondant à son appel, trente soldats se rassemblent dans l'après-midi. Parmi eux il y a Storl, le responsable local du parti social-démocrate indépendant allemand (USPD). Le conseil est créé mais Hölz et Storl s'opposent, tous deux en revendiquant l'initiative. Max parce qu'il a convoqué le conseil, Storl en tant que président local de l'USPD. La réunion se veut conciliatrice : ils sont tous les deux nommés présidents du conseil d'ouvriers et de soldats. Ils exigent et obtiennent un bureau à la mairie. Flanqué d'un groupe d'hommes, Hölz se rend à Leipzig pour trouver des armes. Il se fait donner quelques fusils par des membres du conseil local. Quand il rentre à Falkenstein, il a été destitué par son coprésident. Mais Hölz est déjà quelqu'un d'autre. Comme le dit Nazim Hikmet, il est de la race de ceux que la tempête a ramené du fond vers la surface. Toute son énergie tend vers un seul but : la révolution. Si là on ne veut pas de lui, il y a bien d'autres choses à faire. Il se met à la disposition du journal de l'USPD, le *Vogtländische Volkszeitung*. Il est affecté aux souscriptions. On lui paye une maigre commission sur celles qu'il ramène. Il se rend à Plauen, adhère à l'USPD. Il organise des meetings dans le cadre de la campagne électorale, monte des sections du parti dans les villages de la région. Il travaille à une révolution qui a cessé d'en être une. La révolution des conseils s'est transformée en une démocratie parlementaire qui négocie avec le capital. Les socialistes majoritaires (SPD) sont en train de l'escamoter. Les conseils qu'ils contrôlent cèdent le pouvoir à une république bourgeoise. Mais il ne faut pas se rendre pour autant, même si la révolution s'éclipse, si on est en train de la gâcher, si elle se cache, si elle coule entre les doigts comme un espoir devenu eau. En janvier 1919, le premier grand affrontement a lieu. L'aile la plus radicale du mouvement ouvrier prend les armes à Berlin. Les spartakistes déclarent l'insurrection. Hölz se maudit : c'est là-bas qu'il devrait être, pas en Saxe. La révolution échoue, Rosa Luxemburg et Karl Liebknecht sont assassinés. Hölz est en colère et se dispute avec les dirigeants locaux du SPD. La discussion tourne au pugilat. Il n'y a pas de débat plus convaincant. Cela ne sert pas à grand-chose : la révolution est perdue. Ebert, un socialiste de la majorité, est élu le 11 février à la tête du Reich. Les socialistes sont les cerbères (les chiens de garde, si l'on n'est pas adepte des formules mythologiques tellement en vogue à cette époque) de la république bourgeoise. Quant aux socialistes indépendants, ils n'osent pas rompre avec eux.

Hölz cherche désespérément un point d'appui. Il écrit à son ami Georg Schumann, devenu spartakiste : il lui demande de venir en Saxe pour donner des conférences. Il veut qu'il explique aux gens ce que lui ne peut clairement exprimer : que tout cela, ce qui a cours aujourd'hui, doit être détruit pour laisser la place à une république de travailleurs. Il n'est pas le seul à le penser. Aux mois d'avril et de mai, des communistes, des anarchistes, des socialistes indépendants proclament la République des conseils en Bavière. Mais cette révolution meurt aussi sous les baïonnette des armées blanches et avec la complicité du gouvernement du SPD.

3.

Au printemps 1919, c'est un Max Hölz toujours plus à la recherche de son propre projet qui fonde la section locale du parti communiste d'Allemagne (KPD) à Falkenstein. Le KPD était né à la fin de 1918 de la fusion des spartakistes avec les nouveaux disciples de la révolution russe. Ce n'est pas suffisant. Hölz se désespère, le KPD de Falkenstein doit agir.

Max regarde autour de lui. Il contemple une zone industrielle détruite, en faillite, et des milliers d'ouvriers sans travail. Dans la région, ils sont au moins trois ou quatre mille. Il est invité à intervenir lors d'un de leurs meetings. L'ambiance est tendue. Cet hiver-là, des travailleurs sont morts de faim et de froid. Max pousse à l'action directe, au combat, au langage des actes. Du discours vertigineux, il passe à l'organisation d'une manifestation aux portes mêmes de la salle où se déroule la réunion. Le cortège marche sur la mairie et la prend. Le conseil des chômeurs de Falkenstein est créé. On exige du charbon, de la nourriture. Et on exige en menaçant de se servir. Le maire réagit en demandant une aide militaire à Dresde. Hölz est accusé d'inciter à l'insurrection. Des années plus tard il dira : « Je me suis vu obligé d'intervenir plus affectivement que radicalement par des actes qui étaient assez éloignés des traditions bourgeoises. » Il n'y a rien de tel dans ces appels incendiaires, dans cette prééminence de l'action, à travers lesquels on assiste à la naissance du "style Hölz".

L'armée envahit la ville et impose l'état de siège. Plusieurs membres du conseil des chômeurs sont arrêtés. Hölz s'enfuit mais ne s'éloigne pas beaucoup. Encore le "style Hölz" : toujours se tenir près de l'endroit où l'action peut reprendre ; dans la fuite, on doit constamment garder les yeux sur ce qui se passe et se tenir à proximité, ne jamais s'éloigner des camarades, mais de la police, ça oui. C'est toute une théorie des distances qui se déploie dans cette question de la lutte sociale.

Les autorités fixent une récompense de 2 000 marks pour la capture de Hölz. Max décide de passer à la contre-attaque : à la tête d'un groupe de chômeurs réunis en toute hâte, il marche en chantant sur la mairie qui a mis sa liberté à prix. À la porte, des soldats ont monté deux mitrailleuses. Comme si c'était lui qui exerçait le commandement, Max demande des explications à l'officier chargé de maintenir l'état de siège, il accuse le maire d'avoir inventé l'histoire de la mutinerie, il somme l'armée de quitter le village : aucune raison ne justifie l'occupation militaire de Falkenstein. Déconcerté, l'officier sollicite deux heures de délai pour pouvoir consulter ses supérieurs. La foule en a profité pour se rassembler tout autour de la mairie. Hölz dirige alors un assaut qui tient beaucoup de la scène d'opérette. Les ouvriers neutralisent les mitrailleuses, fraternisent avec les soldats, les encerclent et en désarment plusieurs (avec courtoisie ? en souriant ? en démontrant une fois de plus que la foule est sage ? ou bien en soulevant le coude pour laisser voir la crosse du pistolet qui gonfle leur poche ?). L'armée se replie. Le village mutin retient le maire, qui ne peut que s'exécuter lorsqu'on exige la libération des membres du conseil des chômeurs. À 8 heures, quand débute l'occupation de la mairie, jusqu'à la libération des prisonniers qui intervient à 18 heures, les ouvriers sont maîtres de la ville. Le match est nul, on décrète donc la trêve. Avec la collaboration forcée de la mairie, le conseil se charge de la distribution gratuite de charbon et de vivres pour les chômeurs. La paix s'installe alors pour plusieurs semaines. Mais Hölz et ses compagnons vont plus loin. Ils confisquent de la nourriture chez les patrons pour la distribuer chez les misérables. Ce n'est pas assez. Hölz et les militants du conseil commencent à étendre la coordination vers les villages voisins. Au cours d'un meeting à Treuen, un vieux fermier s'approche en titubant des orateurs pour leur demander de l'aide. On l'invite à monter sur l'estrade. Il raconte que le propriétaire de la ferme où il travaille a diminué son salaire. Lorsqu'il a protesté, le patron lui a répondu : « Ton argent, tu n'as qu'à aller le demander à Hölz ! »

La réponse du bourgeois amuse Max. Le soir même, il lui adresse une lettre exigeant qu'il remette sur-le-champ 10 000 marks au porteur du message, somme qui servira à augmenter le salaire des travailleurs agricoles. « Je lui ai écrit que s'il désobéissait à nos ordres, nous sortirions ses chevaux des écuries afin de les vendre et d'utiliser l'argent pour payer ses manouvriers. Le propriétaire envoya immédiatement l'argent. »

À partir de cette délicieuse expérience, Hölz et ses hommes commencèrent à mettre les capitalistes de la région à l'amende sous la menace de leur appliquer l'action directe s'ils ne payaient pas. On finance ainsi la répartition de nourriture pour les chômeurs. Les cuisines collectives fleurissent dans le Vogtland. Des groupes de révolutionnaires passent dans les maisons d'ouvriers sans travail et leur remettent de l'argent, du charbon, des vêtements et des aliments. On répartit près d'un million de marks issus de ces ponctions sur le capital.

L'expérience libertaire, le double pouvoir, touche à sa fin. Le 3 juillet 1919, un régiment de l'armée envahit Falkenstein. Sous prétexte qu'à leur entrée dans la ville on leur a tiré dessus, ils fouillent les maisons des communistes. Le but de l'opération est de dénicher l'homme qui dirige le conseil, Max Hölz. Cent soldats encerclent sa demeure, lancent des grenades dans le jardin, mitraillent la cheminée. Max les observe depuis une colline voisine. Sans sourire, mais sans angoisse. Il vaut bien mieux qu'on tire sur une cheminée plutôt que sur un homme.

Pendant plusieurs semaines, une terrible traque policière se déchaîne contre lui. Il reste secrètement dans la région, changeant constamment de retraite, logeant chez ses amis, des chômeurs. Il prend la parole sous un faux nom au cours de meetings dans d'autres villages d'Allemagne centrale. Lorsqu'il se trouve à Falkenstein ou aux alentours, il échappe facilement à l'armée.

Il passe devant les soldats, qui ne le connaissent pas, avec la complicité du village. C'est un fantôme devant ces centaines d'yeux qui simulent la cécité (comme un poisson dans l'eau ? Ou un nouveau Roi mage qui distribue les cadeaux, les billets parmi ses sujets ?). Il a un visage ordinaire, sans signe distinctif. C'est un ouvrier qui ressemble à un ouvrier. Un visage rustique, avec une moustache qu'il laisse pousser puis qu'il rase, des cheveux hirsutes, recouverts d'une casquette ou d'un béret sous lequel, de temps en temps seulement, sa figure anodine esquisse un sourire ; des traits forts, un visage carré, il se tient légèrement voûté d'avoir tant balayé le sol, baissé la tête dans les tranchées, pelleté la neige.

Après avoir échoué dans son occupation qui a duré trois semaines, l'armée abandonne Falkenstein le 21 juillet. Les camions militaires tardent plus à s'en aller qu'Hölz à se mobiliser. À la tombée du jour, il se présente à la mairie avec un groupe d'amis. Quelques minutes plus tard, on improvise un meeting avec des centaines de chômeurs.

Le "style Hölz" se précise : ses plus grandes qualités, ce sont sa rapidité de réaction face aux événements, sa connaissance du peuple, du terrain et son incroyable audace.

La milice locale, formée par la petite bourgeoisie de la ville, commet l'erreur de faire irruption dans la réunion : non seulement les ouvriers et les chômeurs les mettent en fuite, mais encore ils s'emparent de leurs armes.

Des pourparlers s'engagent. Le gouvernement exige la dissolution du conseil des chômeurs, menace de laisser en permanence un détachement de l'armée à Falkenstein et de prolonger l'état de siège. Max pèche par inexpérience : pendant qu'il négocie il néglige ses arrières. Tandis que les commissions sont en train de discuter à l'intérieur de la mairie, les troupes investissent de nouveau la ville et encerclent la grand-place. La loi martiale est décrétée. Les soldats descendent des véhicules le fusil à la main et surgissent dans le bâtiment pour arrêter Max Hölz. Les ouvriers s'avancent à leur rencontre et on en vient au corps à corps. Il n'y a pas encore de coups de feu, juste des bousculades, des discussions houleuses, des bagarres ; les ouvriers poussent les soldats. Hölz est interpellé mais la foule le libère. Comme si la lutte des classes était devenue une comédie de Laurel et Hardy, les malentendus se multiplient : allées et venues, manifestations, négociations, nombreuses rixes, démonstration de force, pistolets que l'on brandit juste pour la forme. Max est sauvé et protégé par la multitude, il est emmené hors du centre ville. Il lui faut fuir.

4.

À peine huit mois se sont écoulés depuis que Max Hölz est descendu du train à Falkenstein, boitant à cause d'une blessure au pied, vêtu de l'uniforme d'une armée qui se métamorphose en une force de la révolution. Huit mois seulement... Quel est le bilan ? Les victoires pèsent-elles plus lourd que les défaites ? Les moments de gloire ne comptent-ils pas double dans la vie des éternels perdants ? Qui peut ôter la mémoire à ceux qui l'ont conquise ? Est-ce qu'on sent encore l'odeur de la soupe de ces cuisines collectives ? Pour le moment il faut prendre du recul. D'abord, il passe plusieurs semaines près d'Auerbach. Il doit à nouveau fuir, la police et l'armée se rapprochent trop. Sa nouvelle destination : la ville de Hof, en Bavière, où les traces du massacre qui mit fin à la république des conseils sont encore fraîches. Dans l'anonymat, Max cherche un emploi, se met en contact avec quelques camarades, erre dans la ville comme un somnambule. Il ne tient pas longtemps enfermé dans la solitude : il recherche la foule comme on recherche sa tribu, sa famille. Il assiste à un meeting des socialistes indépendants. Il devrait se taire, mais il n'est pas du genre silencieux. Alors il prend la parole et propose le boycott des entreprises minières de la Ruhr, dans la zone d'occupation française. Les chômeurs ne doivent pas se précipiter là-bas pour travailler dans les mines, quand la région est engluée dans le chômage ; et s'ils y vont malgré tout, ils ne doivent pas accepter de salaires inférieurs aux tarifs syndicaux. Et évidemment, il propose une réponse au problème du chômage. Il y a plus simple que d'aller chercher du travail ailleurs : les chômeurs doivent s'organiser et passer à l'action directe ! Les socialistes de l'USPD l'accusent d'être un provocateur payé par la police, un agent au service du capital. Ils révèlent son identité dès qu'ils la découvrent : c'est Max Hölz ! Sa couverture vole en éclats. Une heure plus tard, la police vient l'arrêter. Par chance, là où il est en train de dîner, plusieurs ouvriers le reconnaissent et lui permettent de s'échapper, ils le couvrent pendant qu'il court à travers les rues de Hof.

Nouvelle leçon. S'il veut ouvrir la bouche pendant un meeting, il doit pouvoir compter sur une sortie sûre, ou sur la force de pistolets pour renforcer ses paroles. Variante de cette leçon : ne jamais aller manger dans les restaurants de classe moyenne, il ne s'y trouvera aucun ouvrier pour lui venir en aide.

Peu après, il y a à Hof des élections pour le conseil ouvrier. Avec 1 303 votes, les communistes écrasent les représentants de l'USPD, qui n'en recueillent que 264, et les socialistes majoritaires du SPD, qui se contentent de 209 suffrages. Hölz ne peut revenir pour profiter de cette victoire indirecte : la récompense de 2 000 marks offerte par les autorités de Saxe reste en vigueur, et les policiers de Bavière entendent bien la toucher.

Hölz se rend dans le village de Oberhotzau, où il se cache. Lorsqu'il est sur le point de devenir fou de solitude, d'isolement, d'inaction, son cher ami de Falkenstein lui tombe du ciel comme une bénédiction : Paul Popp, l'un des meilleurs combattants du conseil des chômeurs ; il est envoyé par le KPD avec de faux papiers pour Max. On lui offre deux nouvelles personnalités : il pourra être Werner ou Sturm (un véritable luxe, ce double jeu de faux papiers). Grâce à cela, Max parcourt l'Allemagne centrale en organisant des meetings pour le KPD. Mais il est bientôt démasqué par les socialistes du SPD et Sturm est signalé comme étant Max Hölz. À Leuna, au cours de l'un de ces rassemblements, la police tente de l'arrêter. Lorsqu'il sent sur son bras la main de l'un des agents, il s'esquive, grimpe sur un banc et hurle :

« Travailleurs ! Vous allez les laisser m'arrêter ? »

Il s'enfuit, profitant de l'émeute que ses propos déclenchent.

Vieille leçon réapprise : on n'est jamais seul. La foule n'est pas formée de visages anonymes que l'on aperçoit depuis une estrade. Ce sont des gens comme tout le monde, prêts à intervenir et à passer de leur position de spectateurs à celle d'acteurs.

Fin de la trêve. Il faut recommencer à se cacher. Il doit quitter l'Allemagne centrale. À Halle, il rencontre Otto Rühle, membre influent de l'aile gauche du KPD, qui lui ordonne de prendre des « vacances théoriques ». Max, l'homme d'action, doit apprendre la théorie lumineuse de la révolution. Le parti l'inscrit dans un cours de formation pour militants communistes donné par Rühle en personne dans le village de Walsrode. Six semaines durant, Hölz profite (en est-il content ou la lui impose-t-on ?) d'une étrange paix. Pendant ce temps, la mise à prix augmente : dans le Vogtland et l'Allemagne centrale la récompense pour son arrestation s'élève désormais à 5 000 marks.

Le cours se termine enfin. Dans ses mémoires, Max parlera peu (ou plus exactement pas du tout) de la bouillie théorique qu'on lui a servi pendant cette période. On n'y retrouve aucun souvenir de Marx, d'Engels ou de Lénine, ni de réflexions sur la plus-value ou l'impérialisme, ni la plus petite mention de la théorie de la valeur ou du concept hégélien de la négation.

Il décide de prolonger ses vacances et rend visite à sa famille à Ilten, mais une indiscrétion de son épouse Clara conduit la police jusqu'à son domicile. Il est arrêté. Cette fois, il n'y a personne à qui demander de l'aide.

Max est incarcéré à la prison de Burgdorf, près de Hanovre, en attendant d'être transféré à Plauen, où il sera jugé. Un moment d'inattention chez ses gardiens lui permet d'envoyer une lettre à ses amis du Vogtland. Lesquels ne tarderont pas à se manifester, comme toujours dans la biographie agitée de Max Hölz.

« Ponctuels, à la minute près, cinq hommes qui n'avaient pas froid aux yeux arrivèrent à Burgdorf. L'un d'entre eux était un braconnier célèbre pour ignorer la peur », écrirait Max dans sa future autobiographie.

Ses camarades agissent suivant une stratégie imaginée par Hölz en personne, depuis sa cellule : le groupe devra feindre d'escorter un prisonnier et, à l'instant où les gardiens ouvriront les portes, ils pénétreront tous dans la prison, revolver au poing.

Max a attendu toute la journée, très inquiet. Soudain, il

entend des bruits. Il craint que ses camarades aient modifié son plan et soient en train de tenter de scier les barreaux de la cellule qui donne sur la rue.

« Soudain, il y eut un bruit terrible. J'entendis des cris, des portes que l'on défonçait, des fenêtres que l'on brisait, et même des coups de feu. La porte de ma cellule s'ouvrit brusquement. Mes camarades crièrent : Max, tu es libre ! »

Les amis tiennent parole.

Le groupe s'enfuit au milieu d'une fusillade, à travers les rues paisibles de la ville de Burgdorf, parmi les couples d'amoureux clandestins et les ivrognes nocturnes.

Après cette miraculeuse évasion, Max continue à tenter le sort (ou se peut-il que cette chose appelée tentation n'existe pas et que ce soit le sort qui tente quelqu'un ? Ou peut-être ne s'agit-il pas de sort, mais d'une manière irrationnelle d'aller se mettre dans les endroits précis où l'on ne devrait pas être, de malmener le sens commun et la rationalité policière ?) : il prend la parole dans un meeting à Hanovre et quelques jours plus tard à Leuna, où la police avait tenté de l'arrêter deux mois auparavant.

5.

L'errance ne dure pas très longtemps et Max revient dans le Vogtland. Son cœur l'empêche de trop s'éloigner de la région de Falkenstein. C'est un communiste sentimental, le révolutionnaire d'une ville natale. Il n'aime pas particulièrement la fuite, même s'il ne peut pas demeurer en pleine lumière, sous peine d'être appréhendé. « Ne le puis-je vraiment pas ? », se demande-t-il.

Il trouve une cachette, se met à lire plus régulièrement des textes politiques. Il n'évoquera pas ces lectures dans son autobiographie. Elles ne doivent pas l'avoir beaucoup intéressé. Max n'étudie la théorie politique que lorsqu'il ne peut rien faire d'autre. On annonce fréquemment son arrestation dans la presse et à la radio. Ses proches reçoivent des télégrammes de condoléances et de solidarité que Max lit avec beaucoup d'amusement. Mais la chasse lancée contre lui ne le réduit pas à l'immobilité. Il participe plusieurs fois à des meetings dans des villages du Vogtland, manquant souvent de peu d'être capturé.

Le 22 octobre 1919 (est-il possible qu'il ne se soit pas écoulé plus d'un an depuis son retour à Falkenstein ?) a lieu une réunion politique du conseil des chômeurs.

Le connaissant bien, ses camarades lui interdisent d'y assister. Max lui-même est convaincu qu'il ne doit pas s'y montrer, qu'il n'y a pas de raison de se suicider ainsi, ni de forcer le sort à ce point. À 8 heures, un camarade lui apporte le journal là où il se cache. Les autorités semblent se douter de quelque chose, la récompense pour sa tête a été augmentée... « Ce qui me poussa à provoquer un peu d'excitation parmi les bourgeois, les espions et les policiers de Falkenstein. »

L'archirecherché Max Hölz fait une entrée théâtrale au meeting en surgissant par une fenêtre ouverte donnant sur le jardin. Profitant de la surprise générale, il prononce un bref discours devant des milliers de visages où se mêlent plaisir et stupéfaction. L'écho de son dernier mot résonne encore, les mains des ouvriers n'ont pas fait éclater le premier applaudissement que Max s'élance au-dehors par la fenêtre, roule dans l'herbe et s'éloigne.

> Je marchai en silence dans les rues. Les passants s'arrêtaient, étonnés. Je me dirigeai vers l'antenne de police de la mairie ; elle était pleine d'agents. Je criai d'une voix forte : « Bonjour ! Tout va bien ? » ce fut un moment fantastique. Les officiers étaient tellement surpris qu'ils restèrent figés à leur place.

Alors qu'il se promène dans Falkenstein, Max rencontre son ami Paul Popp. Le fameux Paul, l'ami parmi les amis. Quelqu'un sur qui compter au cours de ces dix derniers mois vertigineux. Hölz attire les gens de cette espèce comme un énorme aimant. Il les découvre, silencieux au milieu de la foule, et les lance dans la guerre à ses côtés. Paul est peut-être le meilleur des camarades de Max, et il a son propre style, lui aussi. Un mois plus tôt, Paul a sauvé Max d'une souricière alors qu'il prononçait un discours dans une réunion : il a brisé les ampoules qui éclairaient la salle à coups de bâton, provoquant un court-circuit. À la faveur de l'obscurité, déchirée seulement par les coups de feu du revolver qu'il tenait à la main, il a fait sortir Max, indemne, en le tirant par le bras.

À présent, les deux amis se donnent l'accolade au milieu de la rue. La police, qui comme à son habitude s'applique à empêcher toute manifestation d'effusion prolétaire, s'approche. Deux agents tentent de les arrêter. Popp tire une matraque de la doublure de son manteau, il lui suffit de la brandir en montrant les dents pour les mettre en fuite. Les policiers courent chercher du renfort tandis que les joyeux amis s'en vont fêter leurs retrouvailles dans la nuit de Falkenstein.

Deux semaines plus tard, Popp est arrêté. Quelques jours après, deux camarades armés s'introduisent dans la prison et le libèrent. Le juge Reitschel, ennemi personnel des ouvriers rouges, fait écrouer l'épouse de Paul, bien qu'elle soit enceinte et malade.

En l'absence de son ami, Hölz décide de se charger de lui faire justice. Il localise le juge Rietschel : par une nuit de neige, Max et l'un de ses compagnons le battent sans pitié, l'envoyant à l'hôpital pour plusieurs semaines.

On impose un répit. Max Hölz se cache de nouveau. 1920 commence.

6.

L'année précédente, Max est devenu un personnage-clé du travail communiste dans la région du Vogtland, et il s'est trouvé à l'origine de dizaines d'actions d'agitation dans toute l'Allemagne centrale. Pourtant il n'a pas participé à la vie interne du KPD. Exception faite de son bref stage de formation politique, il est resté en marge des discussions ouvertes dans le parti. Hölz est communiste parce que les communistes sont les seuls à vouloir faire la révolution, mais il s'est tenu à l'écart des polémiques internes et des scissions. Il n'est donc pas étonnant qu'il ne prête aucune attention au IIIe congrès du KPD qui a lieu en février. Le parti se débat alors dans une profonde crise. Conformément à la tendance de l'Internationale communiste, il isole son aile gauche et ajuste son projet au schéma simplifié de ce qui fut le parti bolchevique : parti très centralisé, parlementarisme de dénonciation, intervention dans des syndicats conservateurs. Le virage à droite fait passer au second ordre l'étape insurrectionnelle tant annoncée. Tout pour le parti de masses. Personne ne discute avec Max de ces orientations. Ses amis Schumann et Rühle se sont retrouvés séparés de la direction. Le KPD de février 1920 ne plairait pas beaucoup à Max s'il avait le temps de l'observer.

Mais Hölz, s'il peut éviter de se mêler à la vie interne du KPD, collabore en revanche activement à sa vie externe. Attendu qu'il se trouve dans l'incapacité temporaire de mener un travail de masses ou de se rendre à Falkenstein pour casser la figure aux bourgeois et aux policiers (il n'y a guère que cela qui lui semble véritablement amusant), il adopte une nouvelle personnalité. Ses faux papiers attestent qu'il se fait appeler professeur Lermontov. Grâce à ce nom évocateur, il peut prendre part, au début de l'année, à des activités d'organisation dans les régions ouvrières de Bavière et dans le Vogtland. Cette période ne manque pas de poursuites ou d'escapade "de justesse", par exemple le 19 mars à Selb : il échappe à la police en quittant un meeting au moyen d'une échelle de corde suspendue à la fenêtre. Mais il glisse du dernier barreau et se blesse au genou.

Le jour même il gagne Oberhotzau, l'une de ses nombreuses bases d'opérations. Il rejoint un groupe de camarades (de nouveau les "camarades", les amis, le réseau personnel d'hommes et de femmes de confiance qu'il a tissé dans le centre et dans le sud de l'Allemagne). Ils lui racontent en détail les événements qui agitent le pays.

Le 12 mars, quelques jours à peine avant que Hölz se réfugie à Oberhotzau, par crainte d'être démobilisés les soldats des "corps francs" réactionnaires se sont soulevés lors de leur retour de Russie. Le putsch est conduit par Wolfgang Kapp, chef d'un groupe de militaires blancs, proches de la droite monarchique. Le 13, les insurgés ont pratiquement pris Berlin et le gouvernement des socialistes majoritaires a dû quitter la capitale pour se réfugier à Dresde. Pour la première fois d'accord, les trois partis ouvriers, secondés par les centrales syndicales, ont décrété la grève générale contre ce coup de force. Berlin est totalement paralysée. Mais les événements dépassent le simple cadre de la capitale : dans la Ruhr, les ouvriers ont attaqué les bandes militaires de Lützow, occupé Dortmund le 17 puis Essen.

Ailleurs en Allemagne, c'est les armes à la main que les travailleurs s'opposent aux militaires. À Berlin, les mutins hésitent devant l'unanimité de la grève générale.

Hölz n'était venu que sur la base de vagues informations, mais lorsqu'on lui communique les détails qui lui permettent de mesurer l'ampleur de la situation, il décide qu'il faut utiliser la rébellion réactionnaire pour déclencher la contre-révolution ouvrière. L'après-midi même, il prend le train pour Hof.

Ce ne sera pas un voyage de tout repos. Un policier le reconnaît et donne l'alerte. Les agents cernent son compartiment. Avec un sang-froid qui lui devient déjà habituel, Max extrait une grenade de la poche de son manteau et la dégoupille. Effrayés, les policiers et les passagers s'enfuient en courant dans les couloirs. Hölz saute du train en marche. Son genou blessé est touché et se met à enfler. Souffrant le martyre, il chemine vers Hof. Il ne rencontre pas d'automobile pour l'emmener dans le Vogtland, les transports publics ne lui offriront aucune sécurité car la police du train doit avoir alerté toutes les forces de la région. Il continue donc à pied. Il s'évanouit plusieurs fois de douleur. Ce sont cinq heures de souffrances. Finalement, il arrête la voiture d'un tavernier et en échange d'une poignée de billets, il obtient d'être conduit jusqu'à Ölsnitz, dans le Vogtland. Par téléphone il prévient ses amis à Falkenstein. Ils le rejoignent mais en constatant son état, ils refusent de le ramener en ville. Max leur échappe ; quand on a le goût du risque, on ne suit même pas les conseils de ses amis. Il trouve un nouvel automobiliste qui l'amène à Falkenstein.

La ville est entre les mains de l'armée, mais une grande agitation règne dans la population. Max ne perd pas de temps et charge ses camarades d'appeler à un meeting. L'objectif : désarmer les militaires, organiser des milices ouvrières. Pendant que Max attend le résultat de sa convocation, les soldats abandonnent la ville pour aller appuyer un autre détachement qui se bat en Thuringe contre les travailleurs.

Hölz se fâche. L'opportunité de s'emparer d'armes lui échappe. Devant l'hôtel principal, avec six camarades, il attaque un groupe de soldats retardataires qu'ils désarment. Son escouade confisque également plusieurs réservoirs d'essence. Ils sont en train de préparer des bombes lorsque alertés, les militaires reviennent en ville. Hölz et son petit groupe échangent des coups de feu avec l'armée. Les armes ne sont pas assez nombreuses, les hommes non plus. La mini-armée prolétaire de Max se replie. Curieusement son genou va mieux, il ne le gêne plus. Max le constate avec surprise. Sans doute la révolution dégage-t-elle une magie particulière, capable de réparer les genoux luxés. La nature travaille pour la révolution, se dit-il en pliant la jambe tandis qu'il marche sur la route qui l'éloigne de Falkenstein.

À Auerbach, qu'ils ont atteint en milieu d'après-midi, Hölz organise un meeting. Le conseil d'ouvriers de la bourgade a voté la grève. Mais pendant la réunion Max va plus loin : à présent, il ne s'agit plus de grève générale, mais d'insurrection. Les militaires réactionnaires ont pris les armes, eh bien c'est à présent au tour des ouvriers de lancer leur propre coup de force et de faire la révolution. Le mot est lâché. Max invite les personnes présentes à marcher sur le poste de police, à s'armer et à tailler en pièces les soldats de Falkenstein. Surprise. Les travailleurs savent que Hölz parle sérieusement. Ils sont d'accord avec lui. Deux mille d'entre eux, Max à leur tête, avancent vers la caserne. Rien ne vient s'intercaler entre la décision et l'action. Les portes sont abattues à coups de hache. Quelques policiers sont blessés dans le corps à corps. Ils n'ont pas eu le temps de réagir, la majorité remet ses armes sans résistance. Aux yeux de Max, le butin est colossal : plusieurs fusils, quelques mitrailleuses, des caisses de grenades. Il se frotte les mains : avec tout ça, la révolution va enfin pouvoir commencer !

Quand il sort pour distribuer les armes, les gardes rouges se sont organisés : des groupes derrière un chef élu. Max envoie un messager à l'armée à Falkenstein pour ordonner aux soldats de se rendre s'ils ne veulent pas que les ouvriers des villages alentour les assiègent et les massacrent.

L'officier responsable de la garnison de Falkenstein ne croit pas à ces menaces, il ne sait pas très bien qui est Max Hölz. Il fait arrêter les émissaires et lance ses troupes contre les gardes rouges, supposés se trouver à Auerbach.

Max et ses hommes les attendent. Une pluie de feux de Bengale s'abat sur les militaires déconcertés, suivie de toute la force de feu des travailleurs armés, puis du tir croisé de leurs mitrailleuses. Les ouvriers ont appris un certain nombre de choses pendant la dernière guerre. La nuit s'illumine comme si la route entre Auerbach et Falkenstein était la scène d'un feu d'artifice. L'armée défaite doit battre en retraite à Plauen.

Les milices ouvrières prennent Falkenstein.

Max reçoit des informations sur la situation du coup d'État militaire dans l'ensemble du pays. Les nouvelles sont maintenant plus précises : on sait que la grève générale dans la capitale a fait échouer le putsch de Kapp, que les militaires ont fui Berlin et que le gouvernement social-démocrate a repris le pouvoir. Dans la Ruhr, les ouvriers armés continuent pourtant à combattre les bandes militaires.

Hölz rapporte l'information à une assemblée des milices ouvrières. Il n'y a pas véritablement de débat, pas véritablement de doutes. La petite armée rouge décide de se muer en une grande armée rouge et de poursuivre la lutte. On ouvre des centres de recrutement dans toute la région du Vogtland. Le financement de l'opération se fait de la manière la plus simple : on prend 45 000 marks aux capitalistes locaux pour payer aux soldats un salaire hebdomadaire. Au bout d'une semaine, les rangs de l'armée ayant grossi, l'amende est désormais de 100 000 marks.

Il n'y a pas d'indiscipline. La moindre tentative de transformer le pouvoir ouvrier en abus est étouffée de manière radicale. Hölz intervient personnellement pour empêcher de telles dérives. Dans toute la zone industrielle les travailleurs s'arment. Les gardes rouges ont le dessus sur les milices bourgeoises de Markenkirchen.

Voici venu le temps de l'opération décisive. L'objectif suivant est Plauen, une ville de 130 000 habitants où l'armée a une garnison. Les vingt-quatre ouvriers de Falkenstein y sont prisonniers politiques depuis le printemps 1919, c'est-à-dire qu'ils se trouvent depuis dix-neuf mois en prison.

Hölz réfléchit à toutes sortes d'idées. Il ne veut pas risquer sa toute nouvelle armée rouge dans un combat frontal qui pourrait se révéler sanglant. Il décide d'agir avec un petit groupe. Ainsi qu'il l'a toujours fait et de la manière qui lui convient le mieux : en pariant sur la surprise et sur l'audace, pas sur la puissance de feu.

On forme une unité de cinq hommes très bien armés, avec trois mitrailleuses, des fusils, des pistolets et des grenades. Max en prend le commandement. Comment aurait-il pu manquer une occasion pareille ?

L'assaut contre la prison de Plauen est un succès. Ils prennent la garnison par surprise. Unique difficulté : une grande grille en fer qui leur résiste plusieurs minutes, mais finit par céder sous les grenades. Non seulement ils libèrent les prisonniers, mais ils volent aussi les archives légales de Plauen. La brigade-suicide retourne à Falkenstein avec les détenus. Leurs familles et l'armée rouge les portent en triomphe. « Ce fut le jour le plus heureux de ma vie », dira Max Hölz. Au passage il a kidnappé le juge à qui il veut soutirer des informations sur les délateurs infiltrés dans le mouvement ouvrier de la région. Terrorisé, l'homme raconte tout ce qu'il sait. C'est ainsi qu'on apprend que la police soudoyait deux membres du KPD.

Pour rendre cette heure plus joyeuse encore, Max et ses "garçons", grands artisans de la révolution, décident de brûler les documents judiciaires de Falkenstein : titres de propriété, procès en cours, dettes de travailleurs, hypothèques... Le bûcher du passé injuste brûle trois jours et trois nuits.

Est-ce cela la révolution ? Faire du passé un bûcher ?

Le Vogtland s'est soulevé. À la tête de l'armée rouge, Hölz ne sait pas très bien contre qui ni comment poursuivre la révolution commencée. Le gouvernement social-démocrate a conclu un pacte avec l'armée le 25 mars. Des concessions mutuelles : ne pas dissoudre les unités militaires, reconnaissance de la légalité républicaine et des pouvoirs de chacun. De part et d'autre on se découvre comme forces de l'ordre. Sourires.

Les militaires passent à l'offensive contre les ouvriers insurgés qui ont réussi à lever une armée de quatre-vingt mille hommes dans la Ruhr. L'entrée de la milice réactionnaire en pleine zone démilitarisée garantie par le traité de Versailles, provoque l'intervention des Français. Leur armée occupe Hambourg et Francfort. Harcelés par les gardes blancs et l'armée régulière, leur arrière-garde bloquée par les Français, les ouvriers sont mis en déroute.

Max Hölz, enfermé dans son petit territoire rouge de Saxe et sans beaucoup de nouvelles, est informé que seuls un capitaine et cinquante soldats gardent l'arsenal de Frankenburg et que le conseil d'ouvriers de la localité a offert ces armes aux ouvriers de la ville industrielle de Chemnitz, qui les ont refusées. Hölz réfléchit à ce dépôt pendant quelques minutes et il part pour Frankenburg avec trente hommes.

En arrivant à Zwickau, il se heurte au conseil d'ouvriers local dirigé par les socialistes indépendants (USPD). À Chemnitz, le wagon dans lequel voyage l'escouade de Hölz est cerné par la police. La tête de Max a de nouveau été mise à prix pour 30 000 marks. Il suffit de les menacer de jeter des grenades par les fenêtres pour que les policiers se retirent. Les hommes finissent par arriver à Frankenburg où ils sont reçus par le conseil d'ouvriers qui déclare les prendre sous sa protection.

Hölz s'entretient avec Heinrich Brandler, dirigeant du conseil d'ouvriers de Chemnitz et membre éminent du parti communiste. Brandler s'efforce de convaincre le chef de l'armée rouge de prendre la parole devant le conseil qui rassemble des socialistes des deux tendances et des communistes, mais sans rien dire de l'histoire des armes, sans les mentionner. Qu'il se borne à raconter qu'il est venu jusque-là avec sa troupe à la recherche de vivres et de vêtements. Selon Brandler, à Chemnitz tout est confus, le conseil d'ouvriers a désarmé les milices bourgeoises et les travailleurs sont prêts à défendre la ville, mais ils sont contre les mesures offensives. Brandler craint que Hölz et ses "fous" ne brisent l'équilibre instable des forces et les embarquent dans une aventure hasardeuse. C'est tout juste si Max prend la peine de discuter avec son camarade du parti. Il l'envoie au diable. Ses hommes et lui s'emparent du dépôt d'armes et rentrent à Falkenstein avec leur butin.

Le KPD, qui s'est rallié à la position des socialistes et des socialistes indépendants pour en finir avec le mouvement armé rouge en échange du châtiment des militaires insurgés, se replie politiquement. Connaissant la situation du Vogtland, il rend public ce communiqué :

> Nous déclarons solennellement que nous rejetons les activités de Hölz, qui a essayé de substituer une action personnelle à l'action de masse. Par leurs activités, Hölz et ses camarades se sont mis en marge du parti ; le parti ne peut exister que si tous ses membres adhèrent à son programme.

Max ignore qu'il a été expulsé du parti communiste et lorsqu'il l'apprendra, il fera bien peu de cas de la nouvelle. Il doit s'occuper de choses plus importantes.

L'armée marche sur la Saxe. Les folles milices rouges de Max Hölz sont le dernier réduit de la révolution sociale qui a répondu au coup d'État de Kapp. Cinquante mille soldats sont prêts à pénétrer dans le Vogtland coûte que coûte.

Sur le point d'être cernés à Falkenstein, les rouges se replient sur Klingenthal, près de la frontière. Un groupe de délégués rencontre les autorités tchèques. Il est décidé que si l'encerclement se resserre, les hommes se réfugieront en Tchécoslovaquie et rendront les armes.

Dans les premiers jours d'avril 1920, sur la route Klingenthal-Goergenthal, un millier d'ouvriers armés (ce qu'il reste des milices rouges) organise une réunion politique dans la forêt qui borde la route. Ils se demandent si la révolution est terminée. Ils sont cernés par les soldats, Hölz est inquiet : en abandonnant Falkenstein, des maisons d'industriels ont été incendiées contre ses ordres. Les représailles pourraient être brutales.

L'armée rouge opte pour la dispersion. C'est à ce moment-là que les militaires se rapprochent.

Hölz se cache dans une grange. Les soldats entrent et

fouillent la paille ; l'un d'entre eux y fiche sa baïonnette à plusieurs reprises pour débusquer les révolutionnaires. Il blesse ainsi la jambe de Max, qui parvient tant bien que mal à se retenir de crier. Lorsque les militaires abandonnent le fenil, c'est en sang qu'il se traîne dans la campagne à la recherche de ses camarades. Dissimulé entre les arbres, il assiste à d'horribles scènes : les militaires assassinent leurs prisonniers à la baïonnette.

Hölz franchit la frontière la nuit même avec cinq autres fuyards. À Egen, il est arrêté par la police tchèque. Sa réputation a franchi les frontières : les policiers ne s'approchent pas tant qu'il n'a pas déposé deux grenades au milieu de la rue. La révolution du contre coup d'État est terminée pour lui.

7.

Max passe les quatre mois qui suivent au pénitencier de Korthaus en compagnie de vingt-quatre autres révolutionnaires allemands. Son commentaire à propos de ce séjour est bref : « La nourriture n'était pas mauvaise, mais elle était insuffisante. »

Au bout de ces quatre mois, fatigué de cette inaction forcée, il entame une grève de la faim pour exiger des autorités tchèques qu'on le remette en liberté et qu'on lui accorde l'asile politique. Simultanément il entre en contact avec ses amis en Allemagne pour obtenir des fonds destinés à la défense des détenus. Au moment culminant de leur tentative révolutionnaire, Hölz et son groupe avaient laissé le produit des expropriations, 750 000 marks, cachés en Saxe. Avec une partie de ces fonds “enterrés”, Hölz prévoit de lancer une puissante campagne publique et d'engager des juristes. L'argent parvient sans encombre en Tchécoslovaquie, mais l'avocat qui organise l'opération les escroque et vole une partie de la somme sans s'occuper de leur défense. Max a un entretien tumultueux avec ce personnage douteux, le menace de mort et le renvoie. Il poursuit sa grève de la faim. Il ne connaît qu'une consolation durant cette période d'enfermement : les chansons tchèques qu'il entend à travers les fenêtres grillagées « sont les plus belles du monde. »

La pression de sa grève de la faim produit ses effets. Après quatorze jours, les autorités lui demandent de l'interrompre et en août, Max Hölz et ses camarades sont libérés.

Max sort pour se heurter à la réalité de l'exil. Il se trouve en Tchécoslovaquie, non en Allemagne, et encore moins en Saxe. C'est un exilé politique, loin de sa terre et de ses moyens d'action, loin de ses amis. La réalité lui confirme sa situation. Le train qui le conduit à Prague essuie une pluie de pierres jetées par des nationalistes tchèques. Pour la première fois depuis deux ans, Hölz est désarmé. En arrivant dans la capitale il doit être admis dans une clinique pour se remettre de sa grève de la faim ; deux agents de la police tchèque se relaient pour le surveiller vingt-quatre heures sur vingt-quatre. En plus de devoir les supporter, il lui faut payer leurs frais. Hölz est indigné. L'argent sacré des expropriations ne peut pas servir à payer des policiers, même tchèques. Les nationalistes lancent une campagne de propagande afin que les autorités acceptent la demande d'extradition de Hölz présentée par les Allemands. Max n'hésite pas : il sollicite l'autorisation du gouvernement local et en octobre 1920 il franchit la frontière pour passer en Autriche.

Parallèlement, certains changements se sont produits en Allemagne qui ne manqueront pas d'affecter les prochains mouvements du révolutionnaire émigré. En avril 1920 un nouveau parti communiste se positionnant à la gauche du KPD est né : le parti communiste ouvrier allemand (KAPD). Quelques-uns des amis de Hölz exclus du KPD (Gorter, Otto Rühle) ont intégré ses rangs. Le nouveau groupe se définit comme "un parti de masses, pas un parti de chefs". Mais là n'est pas la seule nouveauté. Au moment où Max Hölz arrive à Vienne, la majorité des socialistes indépendants (USPD) décident d'entrer à l'Internationale communiste lors du congrès de Halle. Peu après, le 5 décembre, le KPD et la plus grande partie de l'USPD fusionnent pour former le nouveau parti communiste unifié (VKPD). Un parti qui réunit quatre cent mille adhérents...

Ces changements dans l'organisation de la gauche allemande, dont il a certainement été informé, n'occupent pas les pensées de Max, qui se débat entre la paix forcée de Vienne et la violence de ses souvenirs.

Il reçoit une invitation pour se rendre en Union soviétique. Mais la tentation de connaître dans la réalité la première révolution socialiste du monde coïncide avec l'arrivée de nouvelles sur le début du procès à Dresde et Plauen des camarades avec lesquels il a combattu quelques mois plus tôt lors du soulèvement contre le putsch de Kapp. Il ne tergiverse pas longtemps. En décembre il décide de passer illégalement la frontière allemande. Il se procure un faux passeport au nom d'Alexander Matiasek. Une nouvelle personnalité (« une de plus », se dit M. Hölz, qui pendant ces dernières années s'est déjà appelé M. Werner, M. Sturm, M. Lermontov). Mais Hölz ne se perd pas derrière ses masques. Ils sont accidentels, passagers (ou c'est ainsi qu'ils nous apparaissent aujourd'hui) : moustache rasée, cheveux courts et lunettes à verres neutres.

« Je dois avouer que j'étais un peu nerveux lorsque la police des frontières m'a fouillé. » C'est tout. Max Hölz est de retour en Allemagne.

8.

Max arrive à Hof un peu avant Noël 1920. Il surprend ses amis. Quels réseaux va-t-il utiliser à présent ? Ses camarades appartiennent-ils au VKPD ou au radical KAPD ? Quelle importance, ce sont les “amis de Hölz”, ses réseaux, absolument personnels, absolument fraternels. Qui se soucie d'étiquette politique lorsqu'il s'agit de faire la révolution ?

Mais ses contacts le regardent d'une étrange façon. Hölz s'aperçoit de leur méfiance. À Vienne il s'habillait bien (mieux ? un peu mieux ? portait-il un manteau ? un gilet ? une cravate sans taches de graisse ?), il aime l'opéra (est-ce sérieux et prolétaire ?). Hölz se découvre – et le confesse – contaminé par la vie de classe moyenne (une vie d'oisiveté ?) qu'il a menée pendant deux mois dans la capitale autrichienne. Il s'en veut de ce changement d'apparence ; le déguisement fait qu'il ne se sent plus lui-même (à quoi cela rime-t-il de porter des lunettes qui ne servent même pas ?). Il s'explique ainsi le regard étrange que ses compagnons lui adressent parfois (existe-t-il ou Max l'invente-t-il, ce regard ?). « Il faut que je redevienne comme eux », se dit-il, ce Noël 1920.

"Être comme eux" revient, selon la philosophie de Max Hölz, à partager l'exploitation de ses camarades dans la même mine, dans la même usine ou dans le même atelier ; cela, ou alors être traqué. La condition de fuyard, la condition d'irrégulier représente pour Max l'essence prolétaire. Il reprend ses déplacements. La police allemande détecte la présence de l'homme aux multiples avis de recherche (Comment la détecte-t-elle ? Grâce à une espèce de brume rouge et diffuse qui filtre sous les portes ? À des rumeurs ? À des informations à propos d'un fantôme ?). La police sur ses talons, il se rend à Hanovre pour voir Clara. Il parvient à échapper à une souricière. Il se cache à Brunswick, où il établit une base d'opérations.

Fin décembre il se déplace à Berlin car il souhaite discuter avec ses amis (Max a des "amis" partout) d'un grand projet pour libérer les prisonniers de Plauen, Hof et Dresde. Il s'entretient plusieurs fois avec la direction nationale du KAPD mais ne rencontre pas un très bon accueil chez les dirigeants de la gauche communiste ; les discussions n'aboutissent pas. On dirait qu'ils parlent deux langages différents.

Hölz décide de monter sa propre organisation et lance des appels aux militants du KAPD, du VKPD, aux anarchistes et aux hommes sans parti, à tous ceux qu'il peut trouver et qui veulent de l'action, pas des paroles. Il semble que ce genre de militants abonde, car en une semaine il structure cinquante hommes en trois groupes (Berlin, Brunswick et Saxe). Avec les anciens fonds secrets il achète des armes et des bicyclettes (acquérir une voiture aurait été bien peu prolétaire). Afin que cette réserve d'argent ne s'épuise pas trop vite, étant donné qu'elle est aussi régulièrement utilisée pour envoyer une aide financière aux familles de détenus, on organise de nouvelles expropriations : cambriolages de banques et de bureaux de poste. Une partie du butin est remise à la direction du KAPD. Hölz projette d'intervenir en personne dans l'attaque d'un bureau de poste à Berlin qui finalement ne se fera pas à cause de "problèmes techniques".

Au cours de cette période, Max va vivre l'un des épisodes les plus étranges de sa vie mouvementée, un fait qui jusqu'à présent n'a toujours pas été éclairci. Dans son autobiographie, il raconte qu'il est entré en contact avec un personnage singulier du nom de "Ferry". L'objectif de la vie de cet homme est de faire sauter la colonne de la Victoire à Berlin, symbole du triomphe militaire prussien dans la guerre contre la France. Elle s'élève sur le Tiergarten, et les gens la surnomment "Else d'or". Pour Ferry, "Else" est le symbole du militarisme allemand, et comme tel elle doit voler en éclats. Hölz raconte que Ferry (également connu sous le pseudonyme de Hering) lui propose des armes et des bombes contre la dynamite nécessaire. L'échange a lieu. L'histoire ne s'arrêtera pas là. L'équipe de Hölz s'est procuré cet explosif au cours d'une série de hold-up dans des dépôts dans la région minière de la Ruhr et dans d'autres endroits de l'Allemagne centrale ; le groupe voulait en effet l'utiliser pour libérer des prisonniers et détruire plusieurs tribunaux. La première grande explosion devait se produire à Falkenstein (sacré retour sur sa terre d'origine ! sacré feu d'artifice dans son foyer natal !), mais le plan a changé sans que Max s'en rende compte. Au début, il s'agissait simplement de libérer les prisonniers mais à présent :

> L'explosion et les tracts que nous projetions de distribuer avaient pour but de nous concilier les travailleurs et d'attirer l'attention de la bourgeoisie sur le fait que nous, communistes, étions toujours vivants, bien que pourchassés par la police. Nous voulions qu'ils sachent également que nous n'avions pas oublié nos camarades qui étaient en prison.

Curieusement, Hölz dit qu'ils veulent faire sentir que les communistes sont toujours vivants. Mais à ce moment-là, le parti communiste officiel (VKPD) compte en Allemagne un demi-million de membres, jouit d'une présence notable au parlement et dans les gouvernements régionaux, contrôle une presse puissante et se trouve plongé dans un débat sur la viabilité d'une insurrection ouvrière. Depuis le virage à droite de 1920, apparemment renforcé par l'arrivée dans ses rangs de la gauche socialiste, le VKPD a effectué un mouvement pendulaire vers l'extrême gauche, sous l'impulsion de l'Internationale communiste. Les hommes qui ont freiné la réponse violente des ouvriers au putsch de Kapp veulent aujourd'hui mener à bien leur propre coup d'État.

De quels communistes Hölz parle-t-il ? Le parti communiste dissident, le KAPD, ne compte que quarante mille membres. Mais si ses forces sont bien moins importantes, elles sont placées stratégiquement dans les secteurs les plus pugnaces du mouvement ouvrier, et il est en outre sur une position insurrectionaliste.

Alors ? À quels communistes se réfère Hölz dans ses *Mémoires* lorsqu'il justifie son plan d'action ? À lui-même et à ses amis ? Aux seuls types qui prennent au sérieux le fait de faire la révolution...

En février 1921, la direction du VKPD discute un plan d'insurrection prévu pour après Pâques, en présence d'un délégué de l'Internationale communiste, le Hongrois Bela Kun. Hölz le sait-il ? Non, Max l'exclu ne peut pas le savoir, il n'a accès ni de près ni de loin à ces niveaux de décision. Par conséquent il ignore que bizarrement, l'Internationale communiste a choisi comme foyer de lancement de la révolution précisément sa zone d'activités : l'Allemagne centrale, et la Saxe en particulier. Les coïncidences ne s'arrêtent pas là. La direction du VKPD a mis au point son propre "plan de dynamitage" pour commencer à "échauffer les esprits". Il s'avère très similaire à celui que Hölz a en tête. Mais l'homme chargé de cette opération pour le parti communiste sera Hugo Eberlein, dit "Hugo à la mèche" pour les militants de base du VKPD. C'est un dirigeant singulier, qui ne fuit pas les risques de l'action directe. Donc, Max n'est sans doute pas au fait des desseins du parti. Mais le VKPD connaît-il les siens ?

Le 6 mars, ignorant que le VKPD prétend lui voler son projet, et de ce fait agissant librement, Hölz et ses hommes arrivent à Falkenstein. Sans beaucoup d'hésitation, ils attaquent le poste de police.

> Loose devait jeter une grenade à main dès que j'aurais placé une bombe à l'intérieur du poste ; au cas où la mèche ne fonctionnerait pas, la grenade la ferait exploser. J'ai allumé la

mèche avec ma cigarette tout en posant la main sur la poignée de la porte du bureau de police. La bombe allait exploser dans quatre secondes. Le camarade Loose avait dégoupillé sa grenade. C'est alors qu'horrifié, je me suis rendu compte que la porte était verrouillée. Nous étions perdus.

J'avais toujours la bombe allumée à la main et Loose sa grenade. Nous les avons instantanément lancées vers le coin. La grenade a explosé.

L'explosion laisse Max presque aveugle. Richard Loose, l'un de ses camarades de toujours, le prend par le bras et le tire de la confusion qui s'est formée autour de lui. Les rafales de mitraillette crépitent. Dans toute la ville, les hommes du groupe de Hölz lancent les grenades comme on distribue des bonbons. Conduit par son guide, Max décide de laisser un souvenir d'adieu : il ordonne qu'on fasse exploser la maison du commandant des milices bourgeoises avec six grenades.

Ils s'enfuient à vélo. Spectacle hallucinant que celui de Max Hölz en train de pédaler comme un possédé, le visage ensanglanté, à demi aveugle ; dans son dos la ville flambe, tandis que la bicyclette vole sur la route.

Hölz se remet de ses blessures à Berlin. Son groupe s'attaque avec succès aux tribunaux de Freiburg, Dresde et Leipzig. « J'étais satisfait du désordre que j'avais créé, mais pas du résultat. » Max a monté une bande terroriste qui tient en échec la police allemande, mais son projet révolutionnaire n'avance pas : les prisonniers sont toujours prisonniers, le mouvement ouvrier est devenu spectateur des actions du groupe mais n'y participe pas.

Pendant ce temps, le projet d'insurrection du VKPD prend forme. Le prétexte pour son lancement sera la mobilisation policière décrétée par le gouvernement dans la région minière de Saxe. Des forces paramilitaires de la police de sécurité, connue dans les milieux ouvriers sous le nom de *sipos*, pénétreront dans la région avec la consigne de désarmer les gardes rouges et d'empêcher les vols d'explosifs. « La police traitera avec la même fermeté les criminels et ceux qui essaieront de l'empêcher de faire son devoir », déclare le ministre de l'Intérieur.

En cette période de tension, un attentat manqué va attirer l'attention de la presse mondiale et échauffer encore davantage les esprits : le 13 mars, une mèche défectueuse empêche l'explosion d'une charge de dynamite placée sur la colonne de la Victoire à Berlin. L'explosif est désamorcé par la police. La charge déposée aurait dû pulvériser le monument : "Else" est sauvée par miracle. Des vagues d'arrestations se succèdent, surtout chez les travailleurs du KAPD. Parmi les personnes appréhendées, plusieurs avouent leur participation à l'attentat manqué. Au cours de leurs interrogatoires on leur montre une photo de Max Hölz, sur laquelle ils reconnaissent l'instigateur de cette action (Ferry, alias Hering). Hölz et Ferry sont-ils un seul et même homme ? Ce Ferry a-t-il réellement existé ? Pourquoi Hölz voulait-il faire exploser le monument de la guerre franco-prussienne ?

L'unique témoignage (ce qui autorise à douter de sa véracité) selon lequel Ferry existe en tant que personnage autonome est apporté des années plus tard par Max dans son autobiographie. Tout le monde pense que Hölz est l'auteur de cet attentat. La police en est convaincue, et la presse se fait l'écho de cette opinion. La récompense pour sa capture grimpe à 55 000 marks.

Le 20 mars, l'occupation policière de la région minière d'Allemagne centrale commence. *Drapeau Rouge*, le journal du VKPD, appelle les travailleurs à prendre les armes. Au cours des deux jours précédents, la centrale du VKPD a fait circuler d'une manière particulièrement confuse l'ordre d'insurrection. Le quotidien socialiste *Vorwärts* signale qu'il s'agit d'une provocation communiste et donne des ordres pour ne pas apporter de soutien à la grève initiée par les communistes du district de Mansfeld, qui commence lentement à gagner du terrain. Le 21, dans la région industrielle de Leuna, on organise un meeting contre l'occupation policière. Sur les vingt mille travailleurs que compte la région, dix-huit mille y participent.

Ce jour-là, dans sa cachette, Max Hölz ouvre le journal. C'est un homme de trente-deux ans qui a passé les trois dernières années de sa vie dans le tourbillon de la révolution, se nourrissant d'elle, l'inventant quand il se dissimule ou qu'il fuit, allant la retrouver quand elle éclate et qu'on entend la rumeur de masses armées. Cela a été un amour profond, plein de bouquets de roses à l'aube. Un parcours en bicyclette sur une route pleine de trous mais toute droite. Au moins jusqu'à ces derniers mois ? Ces derniers mois où Max a perdu le pouls des travailleurs et s'est consacré au terrorisme en solitaire.

Le journal lui raconte que la grève générale est déclarée en Allemagne centrale. Les lettres défilent sous ses yeux plus rapidement que d'habitude ; il n'est pas tenté, il vit simplement des retrouvailles. « Je décidai de me rendre sur place pour étudier la situation sur le vif », écrira Max Hölz des années plus tard dans son bref récit.

Comme toujours, le style Hölz caractérise la façon qu'il a d'organiser son "voyage d'étude" en Allemagne centrale : il entame son périple accompagné de cinq camarades armés de pistolets et de grenades et se débarrasse des policiers lancés à leurs trousses.

Le train s'arrête à Kloster-Mansfeld. Hölz peut circuler à peu près librement dans cette ville. Là, on ne le connaît pas sous son vrai nom : il est Sturm, l'homme qui a sillonné la région en 1919 pour faire de la propagande. C'est sous ce pseudonyme qu'il prend part le soir même à un meeting convoqué par les organisations ouvrières locales. Selon le témoignage d'un participant, Hölz lance un appel à la généralisation de la grève, au soulèvement et à la lutte armée contre les patrouilles de police.

Le lendemain, le 22, il participe à d'autres réunions politiques à Hettstedt, Mansfeld et Eisleben. Ce même jour Hugo Eberlein, l'homme désigné par le VKPD pour prendre la tête de l'insurrection, arrive à Halle.

Hölz est en plein délire. Meeting après meeting, réunion après réunion, peu importe qui les organise, le VKPD, le KAPD, les socialistes de l'USPD ou les syndicalistes révolutionnaires de la AU, il intervient en se présentant comme un persécuté politique et il campe sur ses positions : grève générale, déclenchement de l'insurrection. Les assemblées approuvent des accords de grève générale contre l'intervention de la police en Saxe.

Max s'implique dans ce mouvement qui prend de l'ampleur en formant des brigades de choc qui parcourent la région de Kloster-Mansfeld pour organiser la grève et empêcher l'entrée des jaunes dans les usines.

Deux jours seulement ont passé. Le 22 à 19 heures, Hölz se rend à Eisleben en compagnie de son ami Richard Loose, car un important rassemblement doit s'y dérouler. Ils se joignent à une brigade de cyclistes. Sur la route ils croisent la police armée, les *sipos* que le gouvernement a envoyé en Saxe. Hölz plein de sang-froid se dirige vers eux sur son vélo.

« Mettez fin à toute cette agitation ! On en a marre de ces ordures de communistes ! » dit-il à l'officier déconcerté qui lui répond par un sourire imbécile. Max et ses cyclistes franchissent sans problème le barrage routier.

À Eisleben il participe au meeting, où l'on vote la poursuite de la grève. Il y fait la connaissance de Josef Schneider, dirigeant local du VKPD et éditeur du journal ouvrier de la région. Grâce à lui, Max apprend que le parti communiste prévoit de provoquer un choc armé pour déclencher l'insurrection.

Cette nuit-là, la police fait des descentes chez les travailleurs et procède à des arrestations dans toute la région industrielle. Prévenus, les comités d'ouvriers donnent l'alerte. Des travailleurs s'efforcent de libérer les prisonniers. La consigne de Max Hölz enflamme la nuit : « Aux armes ! Attaquons les patrouilles de police et améliorons notre équipement ! »

Il y a cent vingt mille grévistes dans la région de Mansfeld.

À l'aube du 23 mars, Hölz lève le masque devant le public d'une réunion politique. La rumeur a précédé cette révélation : Ça y est, Hölz est là ! Et Max commence à former des groupes de combat dans les environs de Eisleben. Il organise une compagnie de cinquante hommes armés de fusils et de trois mitrailleuses. Il envoie des contacts à Berlin, Hanovre, Brunswick et Halle (sans savoir que l'homme du KPD, Hugo Eberlein, s'y trouve) pour demander des instructions et de l'aide.

« Je tenais une révolution au creux de mes mains. Allions-nous la faire ? » Son hésitation ne dure pas longtemps. Hölz n'attend pas le retour des contacts et de leur réponse. « Je commençai à organiser les travailleurs en groupes de combat. » Il ne néglige pas non plus le financement de la révolution et charge « quatre homme responsables », ceux qui l'accompagnent depuis Berlin, de trouver des fonds. Les premiers hold-up ont lieu dans des banques, des établissements commerciaux et des bureaux gouvernementaux. Hölz rappelle qu'une bonne révolution a besoin de bonnes expropriations.

Bien qu'il ait procédé en coordination avec le VKPD, Max ne renonce pas à son indépendance et à une relation ouverte avec tous ceux qui sont pour la révolution. Il remet une partie des fonds à la direction locale du KAPD pour financer des journaux et de la propagande.

Vers 15 heures, les ouvriers affrontent la police à Eisleben. L'armée de Max se compose à ce moment-là de quatre-vingt-dix hommes armés de fusils. On décide de passer à l'attaque en agissant en deux unités. L'une attaquera le séminaire et l'autre l'hôpital, les deux points où l'ennemi a établi ses quartiers généraux. Hölz prend la tête de la deuxième équipe. Dans la ville, il y a quatre cents *sipos* pour affronter quatre-vingt-dix hommes.

Max agit comme d'habitude : il lance d'abord un terrible ultimatum. Ses messagers informent le chef de la police que s'il n'abandonne pas le village, il sera incendié. Pour donner plus de corps à sa menace, Hölz met le feu à un édifice près de l'hôpital. En outre, un groupe de travailleurs circule dans les rues élégantes en détruisant les vitrines des boutiques pour obliger les policiers à quitter leur refuge et à sortir défendre le sacro-saint droit de propriété. La manœuvre échoue devant la passivité policière. Hölz doit se résoudre à ordonner qu'on éteigne l'incendie.

La mini-armée rouge renonce à l'attaque et s'installe à Helbra, où la police a tué deux hommes désarmés au cours d'une attaque dirigée contre les locaux des grévistes. L'une des victimes n'avait que seize ans. L'arrivée de Hölz fait fuir les *sipos*.

La région tout entière est mobilisée. Des centaines d'actions isolées se succèdent, les *sipos* sont sur la défensive.

La rumeur court que Max Hölz a été appréhendé. À l'origine de cette fausse information, la capture de l'un des hommes ayant participé aux expropriations. Max l'avait envoyé hors de la zone de combats avec l'argent et un signe personnel distinctif. La police croit donc avoir affaire à Hölz et le prisonnier ne les détrompe pas, pensant ainsi protéger le chef du mouvement.

La nuit, depuis le quartier général de la mini-armée rouge, un groupe est chargé de partir chercher de la dynamite à Leimbach. La situation en dehors de la zone de combats est incertaine. Le VKPD comme le KAPD ont appelé à la grève générale nationale malgré l'opposition des sociaux-démocrates et de ce qu'il reste de l'USPD, mais le mot d'ordre n'a pas été suivi. Il y a à peine quatre-vingt mille grévistes dans le reste de l'Allemagne. Même au sein du VKPD, une fraction boycotte cet appel, arguant de l'aventure militaire que cela représente. Dans la région de Leuna deux mille hommes s'enferment dans le complexe industriel et dressent des barricades. L'ordre d'insurrection n'est pas approuvé et le mouvement majoritairement dirigé par le KAPD se tient sur ses gardes. À Hambourg on assiste à quelques heurts liés à des problèmes locaux. À Halle où se trouve Eberlein, l'appel à l'insurrection ne reçoit pas d'écho chez les travailleurs. À Berlin, les deux partis communistes organisent de petites manifestations. Il n'y a qu'à Hambourg que le mouvement prend de l'ampleur après le premier jour : quelques meetings importants ont lieu, on assiste à la prise de chantiers navals par les travailleurs.

Les partis communistes pourront-ils étendre l'insurrection en pleine gestation en Allemagne centrale ? Dans les régions où Hölz opère, comme dans bien d'autres centres industriels, il ne manque que des armes. Le gouvernement décide de garder l'armée en réserve et s'efforce de contenir le soulèvement insurrectionnel à l'aide des *sipos*.

À l'aube du jeudi 24 mars, les groupes de Hölz (leur nombre a augmenté : ils sont maintenant quatre cents ouvriers) armés de fusils, de pistolets, de grenades et de six mitrailleuses, passent à l'offensive. Ils attaquent d'abord Eisleben où les *sipos*, dont le moral est au plus bas après les événements de la veille, battent en retraite en abandonnant leurs armes aux travailleurs.

Des années plus tard, Hölz se rappellera la clé de son leadership : « C'est moi qui ai accompli les tâches difficiles. »

Dans l'après-midi on se bat à Hettstedt. Les groupes d'ouvriers armés encerclent la ville, combattent en petits groupes de guérilla agressifs qui contraignent la police militaire à s'enfermer dans le quartier central. La lutte se poursuit jusqu'à la tombée du jour. Les *sipos* lancent un train armé contre les rebelles. Ces derniers n'hésitent pas : ils le font sauter. L'armée rouge commandée par Hölz entame son dernier coup de force tard dans la nuit. On prépare un petit groupe de combat pour pénétrer au cœur de Hettstedt. Ils avancent vers les quartiers de la police en faisant exploser les bâtiments situés en face pour se couvrir grâce aux décombres. Au quatrième édifice soufflé, en plein vacarme (car pour sa progression la mini-armée ne dédaigne pas d'utiliser le bruit comme arme psychologique), la police, terrorisée, prend la fuite.

La prise de la caserne fournit encore plus d'armes aux milices rouges. Des prisonniers informent Hölz que des renforts de troupe venus de Sangershausen sont en route. Il est 4 heures du matin. L'armée rouge se replie sur Helbra.

« Personne ne sait jamais ce que nous allons faire », remarque Hölz. C'est le secret de leur succès. Mobilité et riposte inattendue. Mais il n'y a pas que la police qui ne sache pas où en sont les révolutionnaires ; ils l'ignorent eux-mêmes. Aucun plan n'est défini, à moins de considérer que frapper, se replier, frapper de nouveau, constitue un plan. Si oui, il est efficace. Avec les armes récupérées on met sur pied de nouvelles brigades. Hölz continue d'attaquer des banques et des commerces. Dans une usine, il partage l'argent trouvé dans le coffre-fort entre les ouvriers.

Ce jour-là, Halle et le mouvement de Max communiquent par un unique message conjoint du KPD et du KAPD adressé à Hölz : on l'informe que son action est approuvée et qu'il doit la poursuivre. Ce sera la seule relation que la mini-armée rouge aura avec les partis qui ont déclenché l'insurrection.

Le gouvernement décrète la loi martiale à Berlin. Les deux partis communistes appellent à la grève générale. Toujours sans écho. Les directions des partis reçoivent des nouvelles confuses d'Allemagne centrale. Une armée rouge y est en activité. Qui la dirige ? Max Hölz. Au nom de qui ? De la révolution allemande. Mais de quel parti ? Non, cela, on ne le sait pas... Dans la Ruhr le mouvement prend de l'ampleur, alors qu'à Hambourg il s'éteint. Qui a préparé l'insurrection ? Quelle insurrection ?

Le 25 mars en fin de journée, l'armée rouge attaque de nouveau Eisleben. Cette fois l'offensive vient à bout des défenses de la police. La mairie est occupée. On fait exploser la maison de l'amiral Ever, on y découvre des armes en grande quantité et des documents concernant des organisations paramilitaires de droite. Ils sont saisis. L'armée rouge se retire à Wimmelburg. Là, on retrouve quelques groupes d'ouvriers venus d'autres régions, dont certains envoyés de Halle par Eberlein. Hölz a deux mille cinq cents travailleurs armés sous ses ordres.

La mobilité, toujours la mobilité. Deux heures après s'être regroupés à Wimmelburg, ils se dirigent vers Tautschental, où Hölz a l'intention de concentrer son armée et de faire la jonction avec celle des travailleurs de Leuna.

Les *sipos* entrent dans Wimmelburg, qu'ils mettent à feu et à sang après le départ des rouges. Des ouvriers sans défense sont assassinés.

L'ennemi contrôle Eisleben et Hettstedt. Cela sert-il à quelque chose ? Ce n'est pas une guerre de position, toute la région n'est plus qu'un vaste champ de bataille. Il n'y a pas que l'armée rouge de Hölz qui agisse : des brigades indépendantes de grévistes se sont également armées et une petite armée rouge dirigée par un "ami de Max", Torgler, se bat elle aussi. Si les ouvriers de Leuna abandonnent leur ligne défensive, l'insurrection pourrait prendre une énorme ampleur. À Halle, le VKPD se démène pour étendre le mouvement, mais cela se borne à des actions minimes : on renverse des tramways, quelques explosions retentissent ici ou là.

Le samedi 26 mars, quatrième jour de combat, personne n'est capable d'expliquer la situation. Les *sipos* ont pris Mansfeld, mais la solution ne consiste pas à dominer le terrain, il faut plutôt maintenir l'ennemi sur la défensive. Pour la police, le fait de tenir une ville ouvrière contraint à y concentrer des forces et à garder les travailleurs sous surveillance. Pour la mini-armée rouge, prendre une région ouvrière est un acte de propagande, une manière de se procurer des ressources économiques, encore plus de fusils arrachés aux policiers défaits, grâce auxquels on arme les ouvriers des usines locales, formant un point d'appui supplémentaire.

Ce jour-là on marche sur Sangershausen où il est prévu de manger. Une demi-heure après leur arrivée, Hölz et ses hommes voient surgir un train plein de soldats. La gare devient le théâtre de rudes affrontements. Les révolutionnaires se voient obligés de contenir leur attaque de peur de se retrouver sans munitions. Les soldats n'en sont pas moins battus, laissant des fusils et une mitrailleuse aux mains des rebelles. Le train quitte Sangershausen. Le soir même l'armée rouge en fait autant.

À Berlin le gouvernement social-démocrate déclare : « On ne négocie pas avec des ouvriers armés. »

D'autres groupes armés envoyés par le VKPD s'emparent de Tautschental. Les communistes Lembke et Bowitzki sont à leur tête. Déconnectés de l'organisation, ils ne savent pas où se trouve l'armée de Hölz.

Elle est en fait à Schraplau, où le dimanche 27 est consacré au repos. Un petit salaire est versé aux troupes ouvrières de manière très formelle.

À la fin de cette première et seule journée sans combat en une semaine, on décide de se remettre en mouvement. L'armée rouge est motorisée depuis le tout début : on dispose de camions avec des mitrailleuses et des drapeaux rouges.

Dans la nuit, on avance vers Ammendorf, où doivent se concentrer le gros des bandes d'ouvriers armées de la région pour que les ouvriers de Leuna les rejoignent. Ainsi pourra-t-on lever une armée rouge de plus de quinze mille travailleurs. Ensuite, il est prévu de s'emparer de l'artillerie entreposée à Halle. On pourra récupérer ces canons grâce à une attaque surprise. Ces deux opérations se décident avant la marche nocturne. Le 28 sera la journée essentielle pour l'insurrection en Allemagne centrale.

Au matin, on attend anxieusement les hommes de Leuna commandés par Lembke. Surtout les munitions qu'ils doivent apporter, et qui manquent parmi les ouvriers. Pour ne pas perdre le facteur surprise, on décide de lancer l'opération sur Halle sans eux.

Deux mille soldats rouges avancent en un immense éventail sur la ville de Halle sur un front de plus de deux miles. Les premiers chocs avec les *sipos* se produisent à quelques kilomètres des faubourgs de la ville. Hölz ordonne d'éviter le combat en attendant munitions et renforts. L'adversaire encercle les travailleurs. Lorsque Lembke finit par apparaître avec les cartouches, le temps manque pour les distribuer, alors Hölz se dirige vers l'avant-garde pour donner le signal. Le combat commence. C'est sa présence qui empêche la débandade. En retournant vers les positions où se tient la direction de la petite armée il tombe presque aux mains des *sipos*. Des mineurs le cachent, à demi évanoui, dans l'entrée d'une mine de charbon. Lorsqu'il finit par sortir, tout à fait remis, il cherche ses hommes près de Groebers, en vain. En revanche, il tombe nez-à-nez avec le groupe d'intervention de Gerhard Tiemann, un communiste de Werdau qui emmène des ouvriers de Bitterfeld et de Holzweisig. Ils finissent de mettre les *sipos* en déroute à Groebers. La nuit tombe sur ce 28 mars.

Le mardi, Hölz tâche de renouer le contact avec l'armée rouge en prenant la tête de l'escouade de Tiemann. Il va trouver Josef Schneider, le financier de la révolution, et ils distribuent beaucoup d'argent aux ouvriers des villages traversés. On dit que l'armée de Hölz est à Mansfeld. C'est là qu'ils se dirigent.

Max l'ignore mais ce jour-là, la police lance un assaut contre le complexe industriel de Leuna où les ouvriers étaient restés dans les usines occupées, prêts à en découdre. Le bilan est de quarante morts parmi les grévistes. À Berlin également se déroulent des événements importants pour le mouvement : le comité central du VKPD discute pour savoir s'il doit continuer à appeler à la grève générale et encourager la rébellion. On décide d'accorder encore deux ou trois jours à l'action et ensuite, s'il n'y a pas de changements, de tâcher d'interrompre le mouvement. Quel mouvement ? Les forces mobilisées ont échappé à son contrôle.

Le groupe de Hölz continue à circuler dans les villages industriels. C'est un spectacle grandiose. Des drapeaux rouges, des camions pleins d'ouvriers armés de fusils suivent un blindé armé de mitrailleuses dans lequel voyagent Hölz et son trésorier. Ils attaquent des usines, des petites antennes de police. La dynamite éventre les coffres-forts des entreprises ; ils multiplient les hold-up dans les bureaux de poste, les banques, les commerces, les maisons de la grande bourgeoisie, ainsi que les expropriations et le partage des vivres. C'est sans nul doute la fin du monde, la révolution. Robin des Bois est arrivé. La troupe de Hölz croît encore. Le 30 à Wittin on affronte la milice qui est battue. 30 000 marks sont répartis entre les ouvriers. Le lendemain ils attaquent et prennent Besenstedt. De la nourriture et des vêtements saisis chez un propriétaire terrien sont redistribués.

Et c'est ainsi qu'arrive le vendredi 1er avril. Ce matin-là, le VKPD appelle à la grève générale. Il y a sept mille prisonniers en Allemagne centrale et encore plus de trois mille travailleurs armés dispersés en petits groupes. La tâche des *sipos*, renforcés par des unités militaires venues du sud du pays est d'empêcher que ces groupuscules se réunissent et lèvent une nouvelle armée.

Le plan de Hölz, à la tête d'une centaine d'hommes, est de parvenir jusqu'au district de Mansfeld. Si les partis communistes n'ont toujours pas donné de nouvelles à ce moment-là, il faudra se disperser pour essayer de cacher les armes. La nuit précédente, Schneider s'est enfui avec les fonds des expropriations. On n'arrive pas à savoir où se trouve la plus grande partie des forces de l'armée rouge. Est-elle toujours debout ? A-t-elle été battue ?

À la mi-journée, l'escouade quitte Eiesenstedt. Un gros cordon de police se déploie à trois miles. Les révolutionnaires montent leurs mitrailleuses. Ils manquent de munitions. L'échange de coups de feu commence. « Pas un d'entre nous n'a pensé ressortir vivant de cette bataille. » Hölz perd vingt hommes dans l'affrontement. Quelques-uns parviennent à traverser le Saale à la nage, parmi lesquels Hölz et Tiemann. Toute la campagne grouille de patrouilles. Ils dissimulent leurs armes et s'efforcent de percer l'encerclement. À Koernen ils sont interpellés par des milices blanches. Hölz prétend s'appeler Reinhold König. Dans le chaos, il est fait prisonnier en même temps que des centaines d'autres travailleurs.

La révolution lui a encore glissé entre les mains. Hölz pense à ces quelques jours de gloire, tandis que la police passe à tabac ses camarades dans les cellules voisines. La révolution a encore échoué. « Ce sera pour la prochaine fois », se dit-il.

« Où est Max Hölz ? », répètent les policiers aux travailleurs en les torturant. Malgré les coups, personne ne le dénonce. Des centaines d'hommes savent qui il est mais ce secret partagé ne filtre pas. Comme un poisson dans l'eau, encore une fois, même si c'est de l'eau emprisonnée. Il doit lui-même répondre à la question sur l'endroit où se cache Max Hölz. Il dit simplement : « Je ne sais pas. » Il exige qu'on le juge, car il ne s'est pas battu. Les policiers frappent Tiemann, Max tente de s'interposer et essuie plusieurs coups de crosse. Il est libéré le 3 avril : aucune charge n'est retenue contre ledit König... Profitant de la confusion il quitte la prison, fuit la région et arrive à Berlin. Le prix pour sa tête atteint à ce moment 185 000 marks.

9.

Max ne croit pas à la chance. Tous ceux qui le connaissent croient à la magie. La rumeur commence à courir en Allemagne centrale que Max Hölz a échappé à la police. Cependant, les choses ne sont pas si faciles pour lui. Il passe sa première nuit berlinoise à déambuler dans les rues. Comme il ne trouve personne qui veuille le cacher, il doit dormir dehors.

Cet homme qui a toujours été entouré ne retrouve plus ses amis. Ses réseaux sont grillés. Après l'attentat contre la colonne de la Victoire, il y a deux semaines (seulement deux semaines ?), l'espace militant s'est dérobé sous les pieds de Hölz. Ses relations avec le KAPD et le VKPD sont celles d'un étranger qui les croise sur son chemin, il ne peut pas utiliser leur appareil.

La deuxième nuit, il tombe par miracle sur deux camarades

qui acceptent de le cacher. Ils ignorent encore qu'il a été arrêté et qu'on l'a libéré par erreur. Hölz commence à réfléchir à ses prochaines actions.

Le VKPD fait son premier bilan du mouvement avorté : « La direction militaire n'a pas agi en harmonie avec la direction politique. » Max ne peut s'empêcher d'éclater de rire : Quelle direction politique ? De quoi sont-ils donc en train de parler ?

Il commence à reconstituer ses réseaux d'information. On lui raconte qu'à Leipzig, pendant l'insurrection, on a procédé à des expropriations en son nom. On a même remis des reçus signés Max Hölz... Il sait qui les a signés. Il localise le groupe en question à Berlin et exige qu'il remette l'argent au KAPD pour financer la propagande et pour la défense et le soutien des prisonniers. Il prend rendez-vous sur la Rankeplatz avec un certain Henke, lié à ces actions. Henke ne se montre pas, mais la police est là.

« Haut les mains ! » lui crie un policier en exhibant son revolver. Max accomplit là son dernier acte de résistance : il ne lève pas les mains, pas plus qu'il ne prend la fuite. Il n'a pas levé les mains à Koerners et à Sangershausen, alors non, ce n'est pas maintenant qu'il va le faire.

« Mon arrestation ne fut pas une surprise. Je m'y attendais tous les jours. »

10.

Durant les quarante-huit heures qui suivent, la police le torture. La chance a tourné. Max Hölz en a tant profité qu'elle a fini par l'abandonner. Elle n'est plus là. La presse célèbre la chute du dirigeant révolutionnaire.

Il refuse la moindre déclaration publique jusqu'au jour de l'audience. Il est présenté devant un tribunal spécial. Il n'est que l'un des cinq mille ouvriers qui ont été jugés à Berlin et en Allemagne centrale. On l'accuse de vol, de haute trahison, d'enlèvement, d'incendie, de l'assassinat d'un propriétaire terrien, de destruction d'une voie ferrée... Tous ceux qui prétendent témoigner en sa faveur sont envoyés avec lui sur le banc des accusés. Le KAPD lui procure un avocat et organise sa défense.

En revanche le VKPD l'abandonne au tribunal : le président du parti communiste majoritaire affirme que le prévenu n'est pas membre de son parti, et que son organisation rejette la violence individuelle, jugée inacceptable.

Le ministère public utilise cette déclaration pour accuser Hölz de gangstérisme.

Max se défend : « La violence est un moyen social, ce n'est pas une fin en soi. » Il accepte toutes les charges qui pèsent sur lui sauf celle de l'assassinat du propriétaire terrien Hess, capitaine des gardes blancs. Il affirme avoir ordonné qu'il ne soit pas fusillé. Qu'il n'a même pas été témoin des faits.

Le tribunal le condamne à la perpétuité. Hölz tient là sa dernière possibilité de parler en public et il en profite pour crier à ses juges : « Le jour de la liberté et de la vengeance viendra. Alors, nous serons juges à notre tour. La justice est une putain dont vous êtes les maquereaux ! »

Max Hölz quitte le bâtiment du tribunal, poussé par la crosse des fusils des *sipos*.

11.

Peu après le procès, une fois les responsabilités du VKPD lavées, l'Internationale communiste fait une déclaration publique au sujet de Max Hölz lors de son troisième congrès (juin 1921). On ne reconnaît pas ses actions pendant l'insurrection de mars, mais il s'agit de capitaliser son image du point de vue de la propagande :

> L'IC est adversaire de la terreur et des actes de sabotage individuels qui n'aident pas directement les objectifs de combat de la guerre civile. Elle condamne la guerre des francs-tireurs conduite en marge de la direction politique du prolétariat révolutionnaire. Mais l'IC considère cependant Max Hölz comme l'un des plus courageux rebelles qui se dressent contre la société capitaliste [...] Le congrès adresse par conséquent un salut fraternel à Max Hölz, le recommande à la protection du

prolétariat allemand et exprime son espoir de le voir lutter dans les rangs du parti communiste pour la libération des ouvriers, le jour où les prolétaires allemands briseront les barreaux de leur prison.

Document intéressant. Il est accusé d'avoir agi de façon assez similaire à celle du VKPD dirigé au mois de mars par Hugo Eberlein...

Mais ce n'est pas la déclaration qui doit le plus inquiéter Max Hölz dans sa prison, alors qu'il entame sa peine d'enfermement à perpétuité. Les premiers mois, il continue à être le prolétaire furieux de toujours, la violence à fleur de peau. Un jour il s'indigne d'une réponse cynique que lui fait le directeur du pénitencier de Sonneburg où il est détenu et lui crache au visage après l'avoir giflé. L'agression lui vaut quatre semaines d'isolement. Et ce ne sera pas l'unique fois où il crachera au visage d'un gardien de prison.

Pour des milliers de travailleurs, Max demeure le symbole, l'homme qui représente leurs plus beaux rêves, le grand vengeur de toutes les injustices. Il commence à recevoir des visites de tous les coins d'Allemagne, ainsi que des lettres, une telle quantité de courrier que l'administration postale locale est débordée.

Le parti communiste prend en charge sa défense et monte un comité d'intellectuels auquel participent Thomas Mann et Ernst Toller, qui tentent en vain d'obtenir une révision de son procès.

C'est une bien piètre consolation pour Max. La réclusion l'énerve, le détruit. L'inaction le consume. Il s'affaiblit, il se ramollit. Au bout de cinq ans, il se met à écrire des lettres au gouvernement pour solliciter son amnistie, il fait du chantage au KAPD en lui rappelant qu'une partie des sommes expropriées ont abouti dans les caisses du parti et leur demande de se mobiliser pour le tirer de prison. Max a besoin d'air libre. À quoi sert un révolutionnaire sans révolution ? En prison, il n'est plus Max Hölz, c'est un autre homme, faible et inutile, une ombre dont le va-et-vient incessant use le sol de sa cellule.

C'est ainsi que se succèdent sept pénibles années. À la

différence d'autres révolutionnaires radicaux, le passage par la réclusion ne lui a pas servi à enrichir sa culture politique. C'est à peine s'il lit ; il se contente de faire de l'exercice physique et de longues promenades. Il a tout le temps du monde pour se rappeler les mois agités des combats qui se sont déroulés entre novembre 1918 et mars 1921.

Sept interminables années passées à se rappeler...

12.

Finalement, le 14 juillet 1928, le gouvernement accorde une amnistie aux prisonniers politiques. Lorsque Max Hölz sort, il est à trois mois de fêter ses trente-neuf ans.

Sa libération donne lieu à une grande fête. Le KPD (c'est le sigle du parti repris par le mouvement communiste en Allemagne, et derrière lequel s'est regroupée la majorité des militants qui suivent les directives de Moscou) promène son héros ; les meetings se succèdent, les festivités, les invitations se multiplient...

Max se retrouve dans la rue, mais pas dans la rue conspiratrice d'autrefois, pas dans l'atmosphère des préparatifs de nouvelles actions. Il a plutôt l'air du grand éléphant d'un cirque propagandiste.

Une militante du KPD se rappellera, quelques années plus tard :

> Pendant un an le KPD l'a utilisé comme panneau publicitaire, le promenant dans des tournées de conférences où il racontait sa vie [...] Il cessa de représenter quelque chose de sensationnel lorsque sa force d'attraction se mit à diminuer à la même vitesse qu'augmentait son esprit d'indépendance.

Les temps ont changé. Le KPD a énormément grossi, il est devenu un grand appareil, une force électorale importante. Le parti a une organisation de choc, le Front rouge, qui combat régulièrement les groupes nationalistes, en particulier les nazis, dans un pays qui commence à être frappé par une crise économique brutale.

Cette année-là Max écrit son autobiographie ; il ne trouve pas sa place dans ces nouvelles situations et manque de vigueur pour recommencer à la base, se séparer du KPD et commencer à préparer la prochaine révolution, une révolution tellement nécessaire, comme toujours. Il a d'abord été révolutionnaire professionnel, puis il est resté déconnecté de la vie quotidienne de sa classe pendant sept ans, voyant le monde (ou cessant de le voir) depuis un cachot, et enfin il a connu une année de festivités et de gloire bon marché. Les bases du Front rouge le considèrent comme leur héros, mais la direction ne lui permet pas de s'associer à l'organisation paramilitaire dans sa tâche quotidienne. Pour le KPD, Hölz représente une bonne légende dont la plus grande vertu tient à ce qu'il ne s'immisce pas dans le fonctionnement du parti, qu'il ne gêne pas. Au fond, on ne l'apprécie pas. Son histoire entre 1918 et 1921 rend méfiante la hiérarchie de ce mouvement discipliné. Hölz n'est plus, chaque jour davantage, qu'un héros pour jouer, "un héros corrompu" (comme le désignera son biographe Philip). Il recherche une issue dans sa vie personnelle, devient un homme à femmes qui utilise son prestige pour de faciles conquêtes à la sortie des meetings, pour coucher avec ses admiratrices. Il divorce de Clara et épouse Ada, l'ex-femme d'un journaliste de la presse de droite. Il est irascible, tout le met en colère : il ne trouve pas d'adversaire contre qui se battre.

Si Max Hölz pouvait se voir avec ses yeux de 1921, il dirait que cet homme « n'est plus des nôtres ».

Le KPD résout le problème de ce héros embarrassant en l'envoyant à Moscou. Là, Hölz s'enterre vivant dans le travail d'un bureaucrate du parti, il vit à l'hôtel Lux où logent tous les fonctionnaires de l'Internationale communiste, et il accepte d'être assigné à des tâches routinières mineures. Il plonge dans le dégoût de lui-même. Si l'on parle encore de lui en ces termes, il n'a pourtant plus rien d'un "révolutionnaire prolétaire".

En 1932, il sort enfin de la dépression dans laquelle il se débattait et semble retrouver le goût de vivre. Il joue au football avec une équipe d'ouvriers dans une ligue industrielle de Moscou (À quel poste ? Gardien ? Avant-centre ? Il est difficile d'imaginer Max en défense). Il poursuit une double vie sentimentale. Le jour, la fête et les multiples relations féminines ; le soir, c'est un époux aimant qui mène une vie familiale, avec Ada.

Au cours de l'été 1933, il est convoqué à une réunion par un haut fonctionnaire du KPD à Moscou. Max s'inquiète. Il a raison. On lui reproche sa manière de vivre, son « manque de discipline de parti ». Hölz demande à être envoyé en Allemagne pour accomplir un travail clandestin, en vain. Il en appelle aux plus hautes autorités de l'Internationale communiste, rencontre Manuilski qui lui annonce que l'IC a autorisé son retour dans son pays afin qu'il mène un travail militaire clandestin contre la montée du nazisme. Max en pleure d'émotion. Il reviendra à la lutte. Manuilski lui demande de lui remettre son passeport. Max s'exécute. Le temps passe, la mission promise n'arrive pas.

En Allemagne, les nazis sont au pouvoir. Le Reichstag flambe, prétexte à une chasse aux sorcières contre les militants du KPD, les socialistes et les syndicalistes. Le Front rouge s'effondre. Il est trop tard.

Face à ses camarades, Hölz a honte de son inaction. Pour les émigrés allemands, pour les résistants dans la clandestinité, il est le futur général révolutionnaire de l'Allemagne. Pourquoi ne se trouve-t-il pas sur la ligne de feu ? Max se sent obligé d'agir. Son passé le pousse. Mais vers où ? Il fait de nouveau officiellement appel au Komintern pour être envoyé en Allemagne et y entreprendre un travail clandestin contre les nazis. Le KPD répond qu'il n'est pas la personne adéquate, qu'il est trop connu et très populaire, qu'il serait rapidement découvert. Hölz a une discussion très violente avec Heckert, le dirigeant du KPD à Moscou :

— Ce qui signifie que je suis prisonnier en Union soviétique ?

— Sans permission officielle, tu peux faire ce que tu veux.

— Mais je n'ai pas de passeport.

— Ça, c'est ton problème.

Pourquoi ne le laisse-t-on pas retourner chez lui ? La direction du KPD a peur que Max parvienne à réorganiser la résistance communiste dans son pays et le cas échéant que l'Allemagne échappe au contrôle de la bureaucratie émigrée. On le préfère inutile et à portée de main.

Totalement bouleversé, il s'adresse à l'ambassade allemande à Moscou. Il sollicite un entretien auprès de l'ambassadeur Pfeiffer, un nazi qui le connaît vaguement, surtout de réputation. Il lui demande d'être rapatrié en Allemagne. Les nazis pensent qu'il s'agit d'une provocation. Pfeiffer l'interroge : « Êtes-vous juif ? » Hölz réplique : « Quand vous me demandez sur ce ton si je suis juif, je me sens juif ; en dehors de cela je suis aryen. » L'ambassadeur répond officiellement à sa requête en lui disant qu'elle doit passer par les canaux bureaucratiques. Hölz quitte l'ambassade.

Dans les jours suivants il se sent surveillé, suivi. Il sombre dans un état proche de la paranoïa. Ses amis le conjurent de ne plus faire de bêtises. Le climat politique en URSS est délétère. La police politique règne en maîtresse sur la vie quotidienne des Russes comme des émigrés. L'opposition est en prison ou en exil. Max décide de s'ouvrir sincèrement à Manuilski ; il lui demande de le recevoir de nouveau, et raconte au dirigeant de l'IC ce qu'il a fait à l'ambassade d'Allemagne. Il assure qu'il ne cherchait qu'à rentrer dans son pays pour combattre les nazis, il insiste sur le fait que c'est la passivité qui l'a rendu fou. Il répète que tout ce qu'il souhaite c'est une affectation au travail clandestin. Manuilski réclame du temps. Quelques jours plus tard, on lui fait savoir que le KPD et l'Internationale ont décidé qu'il demeurera en Union soviétique. On lui offre un emploi de directeur d'une entreprise de construction d'État, à temps complet, avec un bon salaire ; mais pas de retour en Allemagne.

Max veut s'attirer les bonnes grâces de l'Internationale communiste, et tout en refusant cet emploi il se rapproche de la direction du KPD pour dénoncer certains de ses camarades qui ont critiqué la politique du parti. Quelques-uns sont bannis ou emprisonnés à cause de ses dénonciations, mais la GPU ne s'en contente pas et commence à resserrer son étau. On arrête le Yougoslave Olrom, l'un des rares amis qui lui restent et qui avait déjà payé de sa personne à la Loubianka pour défendre Hölz. Max tente de le sauver, il écrit une lettre à Staline exigeant d'une part la libération de son camarade et d'autre part sa propre affectation à la lutte contre les nazis ; il achève sa missive en avertissant que si les choses ne changent pas, il s'enfermera dans sa chambre d'hôtel avec un revolver, qu'il résistera à la police politique jusqu'à ce qu'il ne lui reste plus qu'une balle, la dernière, qui servira à « mettre fin à sa méprisable vie. »

Tandis qu'il attend une réponse à ce courrier, dans le bar d'un hôtel il se dispute violemment avec quelques journalistes étrangers qui critiquent l'Union soviétique. Il les menace de mort à grands cris en brandissant son arme. La GPU l'oblige à la lui remettre. Désormais il n'a plus ni passeport, ni parti, ni revolver.

Pour le KPD le moment est venu de le liquider. Heckert lui fixe un rendez-vous et lui montre un *dossier** secret le concernant. Il contient des copies de ses lettres au gouvernement allemand pour réclamer son amnistie, des critiques du parti dans des courriers à ses amis, une correspondance où il fait du chantage au KPD en menaçant, si ce dernier n'intervient pas pour le faire sortir de prison, de rendre publiques des histoires sur les actions de mars 1921, que le parti préférerait voir demeurer dans l'ombre ; s'y trouvent également des dénonciations auprès de la GPU pour contrebande, des accusations pour subornation d'employés, des rapports policiers sur des abus qu'il aurait commis grâce à son immunité révolutionnaire...

Max Hölz, l'homme qui mena la révolution en Allemagne centrale en 1921, s'effondre. On lui met sous le nez une lettre dans laquelle il donne son aval à la politique du KPD de ces dernières années. Il la signe sans la lire. Dans les mois qui suivent, des centaines de militants et de fonctionnaires du parti se verront obligés de signer le même document.

Il supplie qu'on lui laisse expier ses fautes dans la lutte clandestine en Allemagne. Les bureaucrates du KPD l'informent que sa destination est un petit village près de Gorki, où il devra effectuer un travail administratif dans une usine soviétique. Max baisse la tête. Il a été battu. Pour la première fois, il a été battu à plate couture.

---

* Les mots en italique suivis d'un astérisque sont en français dans le texte.

13.

Pendant les premiers mois de septembre 1933, des enfants découvrent avec étonnement un cadavre flottant sur les eaux du fleuve Oka. Il s'agit d'un homme robuste, de quarante à cinquante ans ; son visage est défiguré par les coups. Les gamins préviennent les miliciens de la toute proche Gorki, qui vont récupérer le mort.

Le corps est identifié comme étant celui de Max Hölz.

La presse soviétique annonce que « le grand révolutionnaire allemand Max Hölz s'est noyé accidentellement dans les environs de Gorki. » La version officielle rapporte que Max avait passé la soirée avec des amis jusqu'à 22 heures et que selon les notes trouvées dans son carnet il avait rendez-vous avec une travailleuse à la centrale électrique de Gorki. C'est en cherchant à prendre un raccourci qu'il avait tenté de traverser l'Oka, un affluent de la Volga, sur une petite embarcation ; prise dans un orage soudain, elle s'était retournée et il s'était noyé.

Mais la rumeur se fraye un chemin au cœur de la version officielle.

Quelques jours avant sa mort, Max Hölz avait confessé à quelques amis qu'il avait peur, qu'il savait qu'on allait bientôt essayer de le tuer. À ce moment-là ses proches avaient attribué cela au terrible état nerveux dans lequel il se trouvait. Ils s'en souviennent à présent. Mais c'est un élément sans importance.

On apprend bientôt que quelques heures avant que le corps n'apparaisse sur l'Oka, deux agents de la GPU, des hommes de main à la solde directe de Yagoda, se sont rendus à l'hôtel Metropol, ont fouillé la chambre de Max, ramassé ses papiers personnels et préparé sa valise. Aux questions de l'employé ils ont répondu par un : « Hölz part en voyage quelque temps, gardez sa valise. »

Dans les cercles des militants communistes européens de Moscou, de nouvelles informations se mettent à circuler, ridiculisant les déclarations officielles : Hölz n'a jamais possédé de carnet de notes. Cette nuit-là il n'y a pas eu le moindre orage sur l'Oka. Personne ne laisserait son bateau abandonné sur la rive du fleuve, au risque d'être volé par le premier venu. Enfin, Max était un excellent nageur.

Le KPD et l'IC lancent alors une deuxième version de l'affaire : Hölz s'est noyé avec quatre autres personnes au cours d'un naufrage accidentel. Celle-là s'avère encore pire que la précédente. Des travailleurs allemands vivant à Gorki réaffirment que la nuit de la mort de Max, l'Oka avait tout du paisible ruisseau ; la rumeur se répand comme une traînée de poudre.

Une explication médicale officielle s'efforce alors de faire taire les bruits concernant les blessures sur le visage de Hölz, en prétendant qu'il a heurté les galets du fond du fleuve après sa mort. Deux médecins du KPD font circuler une contre-expertise officieuse : Hölz avait le cuir chevelu très épais, il ne portait aucune trace de fracture or, lorsqu'un cadavre reçoit des coups sur la peau, les lacérations n'apparaissent qu'avec le processus de décomposition. De sorte que la victime a dû être frappée avant de se noyer.

Il ne demeure plus aucun doute pour personne. Le triste pressentiment de Max s'est concrétisé : la GPU l'a assassiné.

La façon dont Max Hölz a trouvé la mort n'empêche pas l'Internationale communiste d'organiser le 9 septembre 1933 un enterrement en grande pompe pour un dernier adieu au "grand révolutionnaire allemand".

Une bonne partie des personnes présentes défilent en silence devant le cercueil. De gros nuages noirs s'amoncellent au-dessus de leurs têtes. Plusieurs d'entre elles seront victimes des "purges" au cours des quatre années à venir.

14.

Max Hölz a rapidement été considéré par les sociaux-démocrates comme un aventurier dangereux, par les communistes officiels comme un irresponsable et un traître, par la gauche communiste comme un anarchiste et pour les anarchistes comme un léniniste. Ceux qui ont combattu à ses côtés ont été broyés par le nazisme ou les camps de concentration staliniens. Leurs noms et leurs histoires personnelles se sont perdus dans l'oubli.

15.

Dans les années 1980, la bureaucratie post-stalinienne d'Allemagne de l'Est a décidé de procéder à une réhabilitation édulcorée de Max Hölz : dans la ville de Hettstedt, territoire de ses incursions, on lui a dressé une statue sur une place. En mars 1990, les conservateurs de la CDU ont remporté les premières élections après la chute du mur de Berlin. L'une de leurs premières actions a été de retirer la statue pour la déposer dans la cave du musée de la ville. Ce qui a donné lieu à un simple entrefilet dans la presse nationale. Un groupe aujourd'hui encore anonyme a fait le voyage jusqu'à Hettstedt et en une opération nocturne éclair "a libéré" la statue. La légende raconte qu'elle a été retrouvée plus tard, dans une maison de Halle... Quoi qu'il en soit, la statue fantôme est toujours introuvable.

Miriam Lang me signale que cette même année 1990 sur la Mainzerstrasse, à Berlin, on a ouvert une librairie de livres d'occasion baptisée "Max Hölz" dans une zone de maisons occupées par le mouvement. La police a fait une descente pour déloger les squatters, après trois jours d'émeutes et trois cents arrestations, elle a fini par prendre la librairie.

Les policiers sont entrés chez "Max Hölz" et se sont mis à renverser les étagères, à donner des coups de pied dans des romans d'aventure et des ouvrages sur l'anarchie, à détruire des recueils de poésie, des manuels de contraception et des biographies, à piétiner des essais, des revues, pour finalement organiser un concours de tir en prenant les livres pour cibles.

De tels exploits auraient fait sourire Max.

D'ailleurs, depuis les pages d'un opuscule qui raconte ses propres exploits, désormais perforé par les balles, Max Hölz nous sourit.

Les deux morts de Juan R. Escudero

Lorsqu'il découvrit qu'il se trouvait en enfer et non au paradis, il était trop tard pour fuir, alors il s'appliqua à l'embraser.
Mehmet Karim

Don Juan vainc par un tour de magie.
Jorge Guillen

Danser pieds nus

La musique filtre dans le jardin à travers les fenêtres ouvertes et la véranda. Un orchestre villageois joue une valse dans le salon. Une singulière chaîne de traditions veut qu'on se retrouve pour faire la fête chez les riches commerçants tandis que les pauvres écoutent ; les règles non écrites des coutumes exigent même qu'une distance d'environ dix mètres sépare le porche des spectateurs, appuyés contre les arbres ou assis sous les manguiers.

Un invité s'approche de la bâtisse en traversant le jardin. Il porte un costume trois-pièces blanc et des bottes de cheval noires par-dessus son pantalon. Au milieu de la centaine de villageois qui observent, il salue à droite et à gauche : un patron-pêcheur, une servante, un docker et ses enfants. La valse continue à résonner. L'homme poursuit son chemin vers la maison où, dans la chaleur furibonde de la nuit tropicale, les femmes et les jeunes fils des riches du village dansent, tout en sueur. Sur le point d'atteindre la maison, le jeune invité hésite et s'arrête. Un instant, il reste en suspens entre le monde du village qui regarde, écoute, et les riches qui dansent.

Puis il se décide et fait marche arrière. Il se poste devant une grosse matrone qui vend du poisson au marché, enlève ses bottes et les dépose près d'elle en l'invitant à danser. La femme éclate de rire.

Ils dansent dans le jardin sur la musique qu'on entend à distance, tous deux pieds nus, comme tous ceux qui les entourent. Leurs pas sont un peu maladroits, mais c'est la même valse que celle qui fait tournoyer les autres, à l'intérieur de la maison.

Je n'ai jamais réussi à savoir de quel morceau il s'agissait. C'est un vieil homme, l'un des fils de ceux qui se tenaient alors autour des danseurs, qui m'a raconté cette histoire ; c'est en tout cas ce qu'il croyait se rappeler, ou ce qu'on lui avait raconté, ou ce que quelqu'un à qui on l'avait raconté lui avait répété... Quoi qu'il en soit, c'est avec précision qu'il décrivait le costume blanc de Juan et les arbres du jardin. Dans son souvenir – le sien ou celui tiré du puits sans fond des mythes populaires – l'histoire des bottes saillait : « ... et alors il a enlevé ses putains de bottes pour danser pieds nus ! » Si bien que cette mémoire pleine de sagesse mettait en relief le plus important. L'oubli du nom de la valse ne l'était pas.

Le jour où l'on m'a rapporté cette histoire, Juan était mort depuis soixante ans, nous étions à Acapulco et ses restes avaient été transférés à la Rotonda de los Hombres Ilustres. Je n'ai pas osé faire usage de cette anecdote dans la première révision du livre que j'avais écrit avec Rogelio Vizcaíno, estimant que sa couleur "hollywoodienne" la rendait peu crédible. Je l'évoque aujourd'hui car dans la mémoire collective, devenue également la mienne à présent, il apparaît clairement que non seulement Juan a dansé avec les pauvres, mais surtout qu'il a ôté ses bottes pour danser pieds nus.

On baptisa Juan Ranulfo l'enfant qui vit le jour le 27 mai 1890. Son père, un commerçant espagnol, fondait une famille pour la seconde fois : né à Torrelavega, dans la province de Santander, Francisco Escudero y Espronceda avait quarante-quatre ans. Sa mère, doña Irene Reguera, était originaire d'Ometepec, dans l'État du Guerrero. Elle était de quatorze ans plus jeune que son mari mais compensait cet écart par une force singulière, une impression à laquelle son habitude de fumer le cigare ne manquait pas de contribuer.

On donna pour parrains à Juan Ranulfo Escudero Reguera deux amis de la famille, des commerçants *gachupines :* Rufino de Orve et Ernesto Azaola. L'événement eut lieu dans le port d'Acapulco, paradis tropical mexicain créé par la main de Dieu et fermement tenu entre les mains de quelques hommes.

Juan R. grandit dans une famille aisée qui possédait des terres à Río Grande et Las Palmeras, des maisons ainsi qu'une affaire d'étoffes et d'articles d'épicerie. Ils faisaient donc partie de ces nombreux *gachupines* (des années plus tard, le père de Juan devait user de la phrase suivante pour s'en distinguer : « Tes ennemis sont des *gachupines*, moi je suis Espagnol »), des Ibères d'origine agricole peu pénétrés de lumières intellectuelles, arrivés avec le siècle sur ces nouvelles terres pour "bâtir l'Amérique" à la sueur de leur front, à coup de journées de quatorze heures derrière leur comptoir, de ruse élémentaire dans les affaires (acheter à bas prix et revendre très cher) et d'exploitation féroce des parents comme des employés... Leur rêve se bornait à vouloir s'enrichir afin de retourner dans leur village d'origine pour se faire construire une église qui perpétuerait leur gloire et pour planter dans leur propriété un palmier qui leur rappellerait "l'Amérique". Fonctionnant en système de clans, ils se montraient racistes dans presque tous leurs usages, à l'exception de ce qui touchait au sexe et à l'argent.

Malgré sa condition de commerçant, d'Espagnol et d'Acapulquien, Francisco Escudero était un homme estimé. Comme nous le verrons par la suite, ces détails ne laissent pas d'être surprenants... Premier-né de cette union, Juan R. fut suivi de María, Fulgencio, Francisco et Felipe.

À partir de sept ans, Juan fréquenta l'Escuela Real, où l'on prétend que l'humanisme d'un de ses professeurs, Eduardo Mendoza, s'avéra essentiel dans sa formation.

Alejandro Martínez, biographe d'Escudero, raconte :

> ... il raccompagnait ses amis jusque chez eux et c'est là qu'il touchait véritablement du doigt la pauvreté de leur demeure. Il voyait que presque tous dormaient par terre sur des nattes et découvrait des enfants mal habillés, souffrant de malnutrition. Il eut sous les yeux les malades qui mouraient parce qu'ils n'avaient pas assez d'argent pour acheter les médicaments dont ils avaient besoin.

Fait très inhabituel dans un monde dont les mœurs voulaient que les aînés ne fussent pas obligés d'apprendre plus que les rudiments de comptabilité nécessaires pour assumer rapidement la continuité de l'affaire familiale, à l'adolescence son père l'envoya poursuivre ses études à Oakland, en Californie. Paradoxalement, il était alors plus facile pour une famille aisée d'envoyer ses enfants se former sur la côte Ouest des États-Unis qu'à Mexico, car il n'existait pas de liaison routière entre Acapulco et la capitale. Escudero fit donc ses études secondaires au Saint-Mary's College où il apprit le métier de mécanicien-électricien.

Les historiens qui ont retracé la trajectoire de ce personnage ne s'accordent pas sur les dates de son séjour là-bas. Pour certains, il y demeura de 1907 à 1910, pour d'autres il revint au Mexique en 1907 parce qu'il était malade.

Il est difficile de déterminer si c'est au cours de cette période qu'il fit la connaissance de Ricardo Flores Magón. Celui-ci organisait avec une singulière inspiration anarchiste et agrarienne la révolution contre la dictature de Porfirio Díaz, et accomplissait depuis son exil un immense travail de propagande.

Que ce soit par un contact direct avec le magonisme ou par une influence indirecte de Magón, Juan R. revint en tout cas à Acapulco disposé à se dégager de son passé de fils de commerçant espagnol, avec tout ce que cela supposait dans ce port.

Peu après son arrivée, il fabriqua une barque à moteur qu'il baptisa *La Adelina* (en souvenir d'Adelina Lopetegui, une ancienne petite amie) pour organiser des excursions sur l'île proche de la Roqueta et des activités de déchargement de bateaux. En contact avec des pêcheurs et des dockers, il se lança dans un travail de préparation qui s'acheva au début de l'année 1913 avec la création de la Liga de Trabajadores a Bordo de los Barcos y Tierra [1]. Cette association luttait pour obtenir la journée de huit heures, des augmentations de salaire, le repos dominical, la paye hebdomadaire en devises nationales, et une couverture pour les accidents du travail.

Juan s'attaqua également aux employeurs nord-américains qui recrutaient des Acapulquiens pour la récolte du café au Chiapas en échange de salaires de misère. Il exigea l'établissement d'une rémunération minimale fixée à 3 pesos quotidiens, soulevant un important mouvement avec lui.

Sa tâche d'organisateur syndical le dressa contre le monopole commercial, lequel utilisa les services du chef militaire de la zone, Silvestre Mariscal, pour faire expulser Escudero d'Acapulco en 1915.

Jusqu'en 1918, Juan R. mène la vie d'un exilé : s'il vit concrètement dans son pays, il n'en demeure pas moins éloigné de ses terres d'origine. D'Acapulco, il part pour Salina Cruz. Pendant des mois il cherche à rencontrer Venustiano Carranza, le caudillo vainqueur de la lutte des factions dont la révolution mexicaine avait accouché. Juan avait rédigé une requête exigeant :

> un financement afin que le syndicat puisse se charger de la commercialisation des produits de première nécessité, pour éviter que le monopole *gachupín* affame toute la population, armée comprise ; nous réclamons l'expropriation de terrains pour fonder une colonie ouvrière en dehors de la ville, avec des parcelles permettant aux ouvriers de s'aider de l'agriculture pour vivre, des terrains payables sur cinq ans, avec des titres de propriété

1. Ligue des travailleurs embarqués et à terre (NdT).

qui les rendent inaliénables, puisque même les cahutes qu'ils habitent au port appartiennent aux maisons de commerce espagnoles, qui les en dépouillent facilement ; nous sollicitons également un local social pour tenir nos réunions. Cet endroit pourrait non seulement servir de bureau, mais aussi faire office d'école, de théâtre et de cinéma éducatif.

Il n'obtint jamais cet entretien.

De là, il se rendit à la capitale où il rejoignit son frère Fulgencio. Il travailla comme inspecteur des jardins, établit des contacts avec les anarchistes et passa ses après-midi à la Casa del Obrero Mundial. Il partit ensuite pour Veracruz, d'où il entreprit une correspondance avec Ricardo Flores Magón. Plus tard, à Tehuantepec, il fut secrétaire au tribunal. Il y apprit les lois en vigueur à l'époque et étudia avec attention la Constitution de 1917, qui venait tout juste d'être promulguée. Il rentra à Acapulco en août 1918.

Ses pérégrinations n'ont été qu'une longue attente d'un éventuel retour. Pour son projet politique, il rechercha en vain l'appui des révolutionnaires victorieux et subit l'influence des organisations syndicales. Le pays offrait en ces vertigineuses années bien des possibilités pour le jeune Escudero... Mais il avait une dette à honorer. Lorsque Juan R. regagna le port d'Acapulco, il n'avait pas encore trente ans.

Les maîtres du port

À Acapulco, au début des années 1920, la soumission des gens de la côte à la domination et à l'exploitation des commerçants espagnols était presque totale. Trois grands consortiums contrôlaient et régissaient la vie économique de la ville et des rives du Pacifique alentour : la firme Alzuyeta y Compañía, fondée en 1821 – paradoxalement, l'année de l'indépendance nationale ; B. Fernández y Compañía, établi entre 1824 et 1826, et Fernández Hermanos (la Ciudad de Oviedo), constitué en 1900. Leurs propriétaires étaient des Basques dans le premier cas et des Asturiens (sans parenté entre eux) dans les deux autres. Les patrons de ces maisons étaient Marcelino Miaja (B. Fernández y Cía.), Jesús Fernández (Fernández Hnos.) et Pascual Aranaga (Alzuyeta y Cía.).

En un siècle, les importants comptoirs de commerce d'origine, qui dominaient la vente des produits importés à Acapulco et accaparaient l'exportation des denrées agricoles, s'étaient progressivement constitués en un système complexe de monopole. Sans posséder directement la totalité des biens des gens de la côte, ils avaient une ferme main mise sur l'industrie, le commerce, la vente au détail, le transport sur terre et sur mer, les mouvements portuaires, l'achat et la vente de produits agricoles, la pêche ainsi que la plus grande partie des services, comme les banques, les assurances et les télégraphes. Ce qui constituait le point de départ pour exercer ensuite des pressions sur certains fonctionnaires du service public : maires, employés des douanes et chefs militaires.

Le contrôle *gachupín* du port s'accompagnait d'un type de domination aberrant générant violence, racisme, asphyxie économique, fraude, intrigue et crime.

Le principal pilier de ce monopole tenait au terrible isolement du port. Par voie terrestre, seul un mauvais chemin qu'il fallait parcourir une semaine entière à dos de mule, dans la chaleur étouffante et sous la menace de grands dangers, le reliait à Chilpancingo ; par mer, les communications étaient assurées par un service régulier de lignes de paquebots entre Acapulco et Salina Cruz ou Manzanillo.

Maîtresses de la majeure partie du transport par mules, les trois firmes empêchèrent à maintes reprises la fondation de la route Mexico-Acapulco, en subornant les ingénieurs et les techniciens mandatés par le gouvernement central pour rédiger des rapports sur les possibilités de la réaliser. Bateaux et routes maritimes étaient assujettis aux intérêts des consortiums, propriétaires de petites flottes. Ils avaient anéanti la plus petite forme de concurrence. L'une de leurs méthodes : corrompre les capitaines des embarcations mexicaines pour qu'ils les échouent. En vingt ans, ils avaient assis un contrôle absolu du transport maritime en détruisant concrètement les bateaux de leurs concurrents. Ce fut par exemple le cas de Humberto Vidales, dont ils firent couler *El Progreso,* un navire de neuf tonnes et *La Otilia*, de six tonnes.

C'est ainsi qu'Acapulco était devenu un port sans quai sur décision des exploitants, uniques maîtres des bateaux et des chaloupes. Le contrôle total du chargement comme du déchargement maritimes leur permettait d'empêcher l'arrivage de marchandises qui auraient pu concurrencer leur monopole. Le déchargement des bateaux battant pavillon étranger qui jetaient l'ancre à Acapulco, dont les *gachupines* représentaient les maisons mères, se faisait au moyen de barques qui s'approchaient de la plage où un second déchargement était effectué par des travailleurs, salariés des trois compagnies, qui peinaient dans de l'eau leur montant jusqu'au cou. Pour consolider leur monopole, les commerçants retardaient indéfiniment le déchargement des produits des autres et les laissaient s'abîmer.

Bien des années plus tard, Isaías L. Acosta, l'informateur du président Álvaro Obregón, écrivait dans son rapport : « S'il arrive une denrée de première nécessité, par exemple du maïs ou de la farine, ils acheminent à terre d'abord leur propre cargaison et ce n'est qu'une fois qu'ils en ont vendu une partie à bon prix qu'ils déchargent celle des autres. »

Juan Escudero organisa d'abord le secteur des dockers : ils touchaient des salaires de misère, voyaient leur travail de nuit payé au même tarif que de jour, ne bénéficiaient pas de repos hebdomadaire ni d'aucune assurance contre les accidents. Les compagnies intervenaient également dans la vente au détail sur le port, en finançant et en endettant les petits commerçants qu'ils fournissaient avec leurs propres produits. Le contrôle des magasins et des boutiques qu'ils avaient à Pie de la Cuesta leur permettait de fixer les prix du maïs, des haricots, de la farine et du beurre. Seuls les petits alliés du triple consortium, entretenant avec eux des relations de complicité et de service, se soustrayaient à cette situation. C'était le cas des frères Nebreda, du consul espagnol Juan Rodríguez, du docteur Butrón – un pharmacien *gachupín* –, des frères San Millán, propriétaires du cinéma et de plusieurs *cantinas*, du commerçant Antonio Pintos, petit associé de B. Fernández, et d'un ancien maire, l'entrepreneur Muñúzuri.

De même, le groupe possédait quelques boulangeries, des épiceries, la totalité des moulins de nixtamal, des boucheries, quelques boutiques d'étoffes, une partie des imprimeries, des papeteries et des *cantinas*.

Dans les zones agricoles proches, un réseau d'agents complétait cette domination du petit commerce. Ils étaient l'instrument qui leur permettait de s'emparer des récoltes, d'acheter à bon marché, de placer des produits aux prix gonflés, de recouvrer des dettes et d'enrôler des journaliers.

Les établissements commerciaux étaient propriétaires de domaines agricoles comme San Luis y Anexas, Aguas Blancas, El Mirador et La Testarura ; ils entretenaient des relations cordiales avec d'autres propriétaires terriens espagnols, comme les frères Garay, Ramón Solís, Ramón Sierra Pando, les frères Guillén, les frères Nebreda et Pancho Galeana (chargé en outre de la construction de maisons dans le port d'Acapulco).

Depuis le début du siècle, les commerçants *gachupines* avaient étendu leurs activités du commerce à l'agriculture en achetant d'immenses lopins de terre sur la Costa Chica et la Costa Grande, jusqu'à constituer de grandes propriétés agricoles. C'est l'histoire classique, fertile en crimes et en spoliations... Les exemples abondent : la mort mystérieuse de Macario Figueroa, l'homme riche de Copala, ou l'affaire, retentissante à l'époque, du vol de la propriété de Francisco Rivera...

Au-delà des liens qu'ils tissèrent avec les anciens propriétaires, les relations qu'ils entretinrent avec les paysans sans terre auxquels ils ne laissèrent d'autre solution que celle de travailler comme métayers, se révélèrent bien plus houleuses.

Alejandro Martínez raconte :

> Comme ils ne pouvaient pas payer le droit de fermage au moyen d'argent, ils devaient leur remettre la moitié du produit de leur récolte. Les *gachupines* fournissaient les semences, de vieux outils, les vivres et tout ce qui était nécessaire à la culture en hypothéquant la valeur de l'ensemble sur la future récolte. Avec cet impitoyable système, lorsqu'ils venaient ramasser leur dû [...], il ne restait plus au paysan que le quart de ce qu'il avait récolté.

Les paysans se voyaient en outre contraints de semer ce qui convenait aux établissements commerciaux. C'est ainsi que sur la propriété El Arenal, ils furent forcés de détruire leurs semailles de sésame pour les remplacer par du coton.

Les pêcheurs vivaient eux aussi sous le joug des *gachupines* : « les cordages, les hameçons, la nourriture de bord et même les canots » étaient loués en échange de la revente de toute leur pêche au fournisseur. Ensuite, la distribution de poisson salé dans les campements et dans les villages offrait un débouché aux produits de la mer acquis grâce à un investissement minime.

Ils possédaient également six entreprises industrielles dans la région : El Ticui et Aguas Blancas, prévues pour pratiquer la culture forcée du coton ; La Especial, une usine de savon destinée à utiliser les énormes quantités de copra dont ils s'emparaient ; et enfin trois autres fabriques placées sous le régime de la commandite, c'est-à-dire financées par des Espagnols de la péninsule ibérique mais administrées par les trois maisons mères d'Acapulco.

Au sein même des établissements commerciaux, la situation n'était pas meilleure : les employés faisaient des journées de douze heures, y compris les dimanches et les jours de fêtes, pour 50 centavos quotidiens, soit l'équivalent de la moitié du salaire minimum pratiqué dans les régions agricoles ailleurs dans le pays.

Dans ces comportements dictés par les lois inflexibles de la barbarie capitaliste, on relève également les traces d'une cruauté digne des romans de Dickens. L'avidité des *gachupines* les conduisit en effet à s'acharner de manière sanglante sur leurs concurrents comme sur leurs anciens alliés. C'est ainsi qu'ils rendirent folle la fille de leur homme de paille de toujours, Cecilio Cárdenas. Mort intestat, il laissait donc trois maisons à Vicenta, qui n'en vit pas même les fondations à cause de la main noire du monopole espagnol. Ils tentèrent de faire de même avec leur ancien associé Butrón, à qui ils changèrent une dette de papier-monnaie en obligation en or : il eut donc à payer la dévaluation de l'argent qui, pendant la révolution, ne valait guère plus que du vieux papier ; ils n'éprouvèrent aucun scrupule à jeter à la rue la veuve de

Victorio Salinas, sous le prétexte d'une dette pourtant déjà honorée.

Pour illustrer ce genre de procédé, voici une anecdote à propos d'un petit commerçant qui avait cheminé à dos de mule depuis le Michoacán avec un chargement de barbelés ; il tenta de le vendre librement, en refusant de le céder à bas prix aux *gachupines*. Ceux-ci inondèrent alors le marché avec du fil de fer qu'ils gardaient en réserve et qu'ils vendirent à moitié prix. L'homme fut ruiné.

Le pouvoir conquis devenait mode de vie, la richesse despotisme, la force du monopole orgueil, racisme et usure maladive : ils pouvaient par exemple refuser de payer des mandats télégraphiques, bouleversant ainsi les systèmes de crédit en usage à cette époque, ou manipuler les compagnies d'assurance qu'ils représentaient sur place. Ils n'hésitaient pas à modifier les calendriers des fêtes nationales : ils poussaient ainsi le port à fêter la Vierge asturienne de Covadonga le 8 septembre, plutôt que de célébrer le 16, jour anniversaire de l'Indépendance. Ils appelaient à honorer Iturbide, un pro-espagnol qu'ils souhaitaient voir considéré comme l'homme illustre de la patrie, au lieu de l'abbé Hidalgo. Ils entretenaient le Colegio Guadalupano où l'on dispensait des cours de religion, et la marche royale espagnole remplaçait l'hymne national lors des commémorations...

Les hommes de paille des trois maisons de commerce, que tout au long de cette période on appellerait pro*gachupines*, alternaient aux postes de responsabilité municipale, d'administration de la justice et des douanes. Les établissements commerciaux nommèrent à la mairie successivement le propriétaire foncier Nicolás Uruñuela, le commerçant et entrepreneur Muñúzuri, l'associé de B. Fernández, Antonio Pintos, le docteur Butrón, le Péruvien H. Luz. Ce sont également les Espagnols qui décidaient de la désignation des militaires établis à la tête de la place, quelle que soit la faction dominante dans le pays, qu'il s'agisse du colonel Mariscal – favorable à De la Huerta –, de Villaseñor – soutenant Carranza –, ou de Flores et Crispín Sámano – tous deux du côté d'Obregón. Pas un changement révolutionnaire ne résista aux trente pièces d'argent...

Pour l'administration des fonds secrets, les Alzuyeta et les Fernández créèrent une caisse noire baptisée *La Calavera*, qui servit à financer corruptions, tueurs, opérations de *dumping*, paiement des fonctionnaires et soutien de la lutte contre des concurrents moins importants, tels que les commerçants libanais du port.

Ils avaient la mainmise pratiquement totale sur les charges publiques : outre qu'ils désignaient les maires et les conseillers municipaux, ils payaient la police portuaire.

Cette société repliée sur elle-même, isolée, n'avait plus qu'une seule possibilité de mouvement : avancer droit dans le mur ; elle faisait peser chaque jour sur les habitants de la côte l'oppression, le racisme et l'impossibilité de progresser. L'horizon du petit peuple était bouché, borné à une vie d'impuissance face au pouvoir et au privilège. Aucune perspective de changement ne se présentait pour le petit commerçant dans une société soumise à l'arbitraire du monopole ; pour l'employé des grandes maisons, pas d'ascension possible dans une structure où les postes importants étaient occupés par des *gachupines* protégés par les propriétaires : lorsqu'ils retournaient chez eux après avoir amassé une petite fortune, les places qu'ils libéraient étaient reprises par de nouveaux arrivants dont la seule lettre de recommandation consistait à être né en Espagne. Pour les artisans et les ouvriers, pour les journaliers et les petits propriétaires agricoles prisonniers de l'agiotage, il n'y avait d'autre futur que la rébellion.

Le jour où Juan R. Escudero revint au port, vers le milieu de 1918, alors que la révolution mexicaine touchait pratiquement à sa fin, il ignorait que sa volonté de transformer cette société d'où il avait été expulsé deviendrait l'instrument d'une force sociale occulte et souterraine, non moins violente pour autant, dont il ne connaissait encore ni les possibilités ni les limites. Le paradis corrompu acapulquien allait trouver en Juan R. la voix qui comblerait les espaces du silence.

Les témoins, même aidés des historiens, n'ont pu se mettre d'accord sur le film qu'on donnait ce jour-là ; ils ne se sont pas plus entendus sur le nom des acteurs principaux : certains imputent la foule qui se pressait au cinéma Salón Rojo, ce soir de janvier 1919, à l'amour que les gens de la côte portaient au cow-boy Tom Mix, d'autres attribuent à Eddy Polo un si grand pouvoir d'attraction. Tous s'accordent en tout cas sur le fait que c'est en profitant de l'entracte qu'Escudero, assis à l'orchestre, se leva sans crier gare pour se mettre à haranguer les spectateurs, les invitant à s'unir contre les exploiteurs *gachupines*. Pour le malheur de Juan, les propriétaires du cinéma Salón Rojo se trouvaient être Maximino et Luciano San Millán, des *gachupines* qui, se sentant visés, envoyèrent chercher les forces de l'ordre. Pendant ce temps, l'assemblée applaudissait l'orateur à l'esprit échauffé qui avait appelé à la création d'un parti politique des travailleurs.

Un premier portrait du personnage, établi d'après les descriptions de ses contemporains et au vu de l'unique photographie que je connaisse de Juan, le fait apparaître comme un homme de grande taille par rapport à la moyenne acapulquienne : il mesurait 1,80 m. ; arborant une moustache épaisse à longues pointes, de grandes pattes, des cheveux frisés, un teint pâle tirant sur le jaune à la suite d'une affection paludique, des yeux brillants, il avait le rire facile et la conversation plus encore, bien que portée par une voix métallique.

L'intervention policière contre Escudero souleva un élan protecteur chez ses nouveaux partisans et la séance de cinéma tourna au pugilat.

Il semble que ce genre de meeting cinématographique ait représenté l'un des moyens utilisés par Juan Escudero dans cette première étape de mobilisation populaire : il se serait fait plusieurs fois expulser du Salón Rojo à coups de crosse par les soldats de la caserne voisine, que les autorités militaires fournissaient servilement aux seigneurs économiques d'Acapulco. Orateur "inopiné" et sans public personnel à ce moment-là, Escudero profita également d'un hommage à Benito Juárez (une bonne partie de la population s'était rassemblée à cette occasion) pour présenter son dessein d'organisation.

Dans le climat de violentes tensions de classes qui régnait sur le port en 1919, la harangue d'Escudero toucha bien des cœurs, et le Partido Obrero de Acapulco (POA) naquit le 7 février de cette même année.

Juan réunit pour ce projet risqué un groupe d'hommes sans peur, en tout cas moins craintifs que les autres, des hommes qui n'avaient plus rien à perdre ou qui ne craignaient pas de perdre ce qu'ils avaient : ses frères Francisco et Felipe, les forgerons Santiago Solano et Sergio Romero, l'ébéniste Mucio Tellechea et son frère José, salarié, les frères Diego, dockers, Ismael Otero, cordonnier, le fonctionnaire du tribunal et poète Lamberto Chávez, l'employé de bureau Pablo Riestra, les frères Dorantes, Caminero Rosales, Cresenciano Ventura, Martiniano Díaz, E. Londe Benítez, Julio Barrera et Juan Pérez.

Comme dans toutes les histoires qui finissent en mythe populaire, le lieu de la réunion fondatrice du Partido Obrero de Acapulco a été situé à mille et une adresses : on parle de l'angle de Galeana et de Cinco de Mayo, du 3 calle Rosendo Posada, et d'autres affirment que c'était au 26 calle Cinco de Mayo, où habitait à cette époque-là Tacha Gómez, fiancée et amante de Juan.

La base sociale du nouveau mouvement était formée par les dockers de l'ancienne Liga de Trabajadores a Bordo de los Barcos y Tierra, fondée par Escudero en 1913 et qui ressuscitait sous l'impulsion de l'agitation ; par des petits commerçants asphyxiés par le monopole des maisons de commerce espagnoles, comme les frères Amadeo et Baldomero Vidales dont le père avait été ruiné par les *gachupines* et qui soutinrent économiquement le POA ; trente-deux employés des établissements commerciaux qui sentaient qu'il n'y avait pas de perspectives d'amélioration ou de promotion dans une structure où les meilleurs postes étaient invariablement confiés à des Espagnols (qui, sitôt débarqués au port, devenaient les hommes de confiance de leurs compatriotes et travaillaient comme des brutes pour repartir avec un capital), des artisans indépendants, des employés de la fonction publique cantonnés aux échelons les plus bas de l'administration, et quelques petits propriétaires agricoles.

Le programme initial du POA rassemblait leurs exigences communes et demeurait pratiquement dans les limites de cette Constitution de 1917 qui venait juste d'être promulguée mais n'était déjà plus respectée (non-respect s'apparentant d'ailleurs à une tradition gouvernementale qui perdurerait pendant quatre-vingts ans, si l'auteur de cette histoire a bonne mémoire) :

1. Exiger un salaire quotidien juste.
2. Défendre les droits de l'homme.
3. Assainir les autorités.
4. Participer aux élections.
5. Réclamer une journée de travail de huit heures.
6. Diffuser l'éducation.
7. Donner des terres aux paysans.
8. Accomplir les démarches nécessaires pour ouvrir la route Mexico-Acapulco.
9. Mettre en place une campagne énergique de lutte contre les maladies.

Un tel programme permettait, à la longue, d'unir presque toutes les forces sociales du port, à l'exception des propriétaires des grands établissements commerciaux et de leurs subordonnés : les autorités civiles et militaires d'Acapulco. Juan R. Escudero fut nommé président du parti et le travail d'organisation commença.

Quelques mois plus tard naissait *Regeneración*, un petit journal de deux feuillets, parfois quatre, paraissant le dimanche (dans les périodes de tension, il arriva qu'il soit diffusé également le jeudi). On y attaquait violemment les intérêts des gros commerçants, voire leur propre personne. Dans une agglomération qui ne dépassait pas les six mille habitants, les effets de *Regeneración* se faisaient nettement ressentir.

Le journal, qui avait adopté le nom de son grand frère, l'organe de presse magoniste que Juan Escudero avait connu et admiré, était composé sur une petite presse d'occasion, achetée 90 dollars aux États-Unis. En effet, aucune imprimerie du port, toutes aux mains des gros commerçants, n'aurait accepté de l'imprimer. Parmi les slogans qui fleurissaient à la une, on pouvait lire ce genre de chose : « Pour la défense des droits du peuple », « Contre les abus », « Travail pour le peuple, travail pour la patrie », « Pour la vérité et la justice ». Il coûtait 2 centavos (puis 5 lorsqu'il en vint à comporter quatre pages).

La force de *Regeneración* tenait à la violence de ses dénonciations et à son style frondeur : il y avait assez de place pour les insultes, pour les allusions perfides à la mère des uns et des autres, pour la menace et la diatribe... Mais sa magie naissait de l'équipe de collaborateurs que Juan R. Escudero avait rassemblés, un groupe d'enfants à peine sortis de l'école primaire qui se démenaient pour que l'hebdomadaire atteigne jusqu'au dernier recoin d'Acapulco.

L'un d'eux, Alejandro Gómez Maganda, se rappelle :

> Parmi nous, les gamins qui collaborions avec lui, que ce soit en alignant les caractères d'imprimerie pour fabriquer le journal, en soulevant le levier pour l'impression, ou en recevant les gazettes pour ensuite aller les vendre dans les rues, il y avait : Jorge Joseph, Gustavo Cobos Camacho, Ventura Solís, Mario de la O, Juan Matadama et moi. Le facteur de la maison était un orphelin dévoué appelé Cleofas.
>
> *Regeneración*, petit par l'épaisseur comme par le format, se montrait néanmoins varié et gladiateur. Il révélait les manœuvres douteuses, signalait les erreurs, désignait les prévaricateurs, les apostats et les transfuges. Il réclamait la justice ; il attaquait les mauvais militaires et les politiciens qui bradaient leur influence ; en incitant le peuple à prendre ses affaires en main et en lui donnant à connaître ses droits et ses obligations, il brisait l'inertie du conformisme suicidaire et encourageait à se rendre aux urnes, pour ensuite exiger fermement que les promesses électorales soient tenues.
>
> Nous nous égayions comme une couvée impossible à contenir, et on n'entendait plus que la voix vibrante de cet appel :
>
> "*Reeeegeneración* ... 5 centavos !"
>
> Les gens nous arrachaient positivement les exemplaires des mains et riaient de l'ironie du maître, s'attristaient de ses malheurs ou s'exaltaient à travers son cri implacable appelant à la lutte :
>
> "*Reeeegeneración* .. 5 centavos !"

Le projet escudérien prit progressivement forme en s'appuyant sur trois piliers : le Partido Obrero de Acapulco, la Liga de Trabajadores a Bordo de los Barcos y Tierra et *Regeneración* ; on assista alors à l'échange des premiers coups entre le mouvement populaire organisé et les exploiteurs.

Escudero lança une campagne contre Emilio Miaja, administrateur de l'usine textile El Ticui et patron de B. Fernández y Compañía, en raison des mauvais traitements qu'il réservait à ses ouvriers. Le gérant despotique en était arrivé à des extrémités telles qu'il avait fait répandre de l'acide sur les bords du canal utilisé par la fabrique afin que les villageois ne puissent pas y puiser d'eau. Cette croisade produisit ses effets : Antonio Fernández Quiroz, l'un des propriétaires de l'entreprise, remplaça bientôt Miaja.

En 1919, Escudero organisa la grève dans la manufacture de savon La Especial, située dans les environs d'Acapulco. On luttait pour une augmentation du salaire journalier de 75 centavos à 1,25 peso. Dans cette entreprise, propriété des établissements commerciaux, l'arrêt du travail dura sept jours et suscita d'énormes pressions. Les autorités militaires tentèrent d'intervenir. La réponse des ouvriers ne tarda pas : « Vous pouvez faire ce que vous voulez, mais personne ne bougera jusqu'à ce qu'on obtienne 1,25 peso. » À la fin de la semaine, les propriétaires cédèrent.

Le parti gagnait en force et comptait de plus en plus d'adhésions ; Escudero se démultipliait. Il avait toujours en poche un exemplaire de la Constitution de 1917 qui lui servait à prêcher. Dans un style biblique, il portait la bonne parole ici et là, interrompant les conversations, surgissant sur les plages ou au déchargement des bateaux. Là, des groupes se formaient et il nouait des amitiés. Le parti continuait à croître lentement et la cotisation de 25 centavos par membre allait directement dans les misérables coffres de l'organisation.

La base urbaine une fois renforcée, Juan dirigea son effort vers les campagnes. Ses pérégrinations le conduisirent à parcourir à cheval les deux côtes, portant les messages de dénonciation et d'organisation aux paysans. Il utilisait pour ce faire les procédures légales rudimentaires de l'époque, apprises au tribunal de Tehuantepec. Il conseillait gratuitement sur les actions en justice permettant de réclamer la propriété de la terre, les droits collectifs, les procès pour licenciements abusifs. De telles activités n'allèrent pas sans entraîner à de nombreuses reprises son arrestation pour sédition, des amendes et plusieurs menaces de mort.

En 1920, au cours de la commémoration du 1er mai, le POA décida d'entrer dans la joute électorale et choisit Escudero comme candidat à la municipalité.

Juan R. Escudero refusa cette investiture ; il craignait qu'on pense que son unique but lors de la création du POA avait été d'en faire le tremplin de son entrée en politique. Mais le parti insista, le reconnaissant comme son dirigeant incontesté : on savait qu'il était le seul à pouvoir récolter le fruit, sous forme de voix, de cette tâche de dénonciation, d'agitation et d'organisation menée à bien au cours de l'année écoulée. Tomás Béjar y Ángeles remplaça Escudero à la présidence du POA et S. Solano en fut élu vice-président.

Le début de la campagne électorale coïncida avec le développement à l'échelle nationale de la révolte d'Agua Prieta (dernier fait d'armes de l'histoire de la révolution mexicaine), avec le règlement de comptes final entre les positions centristes des barons militaires et la droite du président Carranza, et enfin avec l'extinction du mouvement le plus radical après la mort de Zapata et la défaite suivie de l'isolement de Pancho Villa. À travers *Regeneración*, Escudero prit le parti d'Obregón et des militaires du Nord contre Carranza. À ce moment-là, Acapulco se montrait représentative de la réalité : si les propriétaires des maisons de commerce étaient pour Carranza, le POA se rangeait parmi ses adversaires.

Après la victoire de l'obregonisme, le POA conclut une alliance avec le Partido Liberal Constitucionalista Costeño [1] (branche du PLC obregoniste pour l'État du Guerrero) et appuya la nomination de Rodolfo Neri comme candidat au poste de gouverneur. En échange, le PLC soutint Escudero aux élections à la députation dans le Guerrero pour Acapulco avec un autre membre du POA, Tomás Béjar y Ángeles, comme suppléant. Le même jour, à Acapulco, une manifes-

1. Parti libéral constitutionnaliste de la côte (NdT).

tation de soutien eut lieu en faveur de Neri (un ancien juge démocrate sympathisant du POA) ; il salua la foule depuis le balcon de sa maison d'où il présenta son programme de base : instruction publique, réduction des impôts, encouragement de l'union ouvrière, don de terres pour les villages et construction de routes.

Au cours du mois d'octobre, le POA approuva les candidatures de Neri et d'Escudero. Il lança également dans *Regeneración* une campagne de lutte contre l'alcoolisme et de soutien pour l'application des lois agraires.

L'influence de la participation du POA à la compétition politique progressait, mais les élections véritablement importantes pour le mouvement social concernaient la municipalité d'Acapulco. La législation d'État ne permettait qu'une action limitée. En termes électoraux, le combat consistait à détruire l'administration pro*gachupín* corrompue du port, point d'appui des établissements commerciaux pour affermir leur domination.

Une grande tension entoura les élections de décembre 1920. La campagne du POA avait touché de nombreux travailleurs qui ne participaient plus depuis longtemps aux joutes électorales ; las, ils ne comprenaient plus rien à l'utilité du vote sur le plan local. Les duperies et les magouilles du pouvoir régional avaient toujours assuré la victoire de ses propres candidats au moyen de farces électorales successives. Le maire d'Acapulco, Celestino Castillo, s'efforça une fois de plus d'imposer Juan H. Luz, le candidat des établissements commerciaux. Or, il avait déjà occupé auparavant cette position alors qu'il était péruvien – ce qui aurait dû lui interdire une telle charge. Il était l'ennemi personnel d'Escudero. Mais le miracle se produisit : les travailleurs se rendaient aux urnes et votaient, affichant un air de bien mauvais augure pour le pouvoir traditionnel.

Réunie chez Matías Flores, l'assemblée procédant au dépouillement du scrutin réagit au triomphe des candidats du POA en cherchant à l'escamoter (le maire était élu indirectement par les conseillers municipaux désignés au suffrage universel) : ils mobilisèrent policiers et soldats, provoquant la réaction immédiate du peuple pour défendre sa victoire.

Des villages alentour (Texca, Palma Sola et La Providencia), les escudériens avaient apporté au port des centaines de cannes à sucre, grâce auxquelles le peuple fit face à la pression des militaires. Conduits par le POA, les Acapulquiens encerclèrent les bureaux de vote ainsi que l'endroit où avait lieu le dépouillement et contraignirent les autorités à reconnaître l'élection du candidat de l'opposition.

Mais ce succès ne suffisait pas ; entre le jour des élections et la prise de fonction du nouveau conseil municipal, les manœuvres et les contre manœuvres des hommes de paille des établissements de commerce et du POA se multiplièrent. Le 11 décembre, Escudero faillit être arrêté : le gouverneur lança contre lui un mandat d'amener. Juan R. se cacha et parvint à éviter la prison. Le POA prit contact avec Obregón par voie télégraphique pour solliciter des garanties contre les autorités militaires de la zone. Dans ce télégramme, les commerçants *gachupines* étaient désignés comme les véritables instigateurs de ces tentatives d'“écrasement”.

Obregón se contenta de transmettre le télégramme au gouverneur du Guerrero ainsi qu'au chef des opérations militaires de la région et répondit au POA qu'il n'était pas du ressort du gouvernement central d'intervenir dans des questions électorales relevant de la municipalité.

Le 15 décembre, le maire encore en place, Celestino Castillo, télégraphia au président Obregón le texte suivant : « Confirme débarquement armes sur Costa Grande, Guerrero ; malgré recherches impossible découvrir où se cachent [...]. Ont rapport avec bolchevik Juan R. Escudero. »

Bolchevik : le mot maudit. À cette époque, la presse conservatrice de la capitale associait ce terme au “complot rouge” venu d'URSS. On regroupait sous cette dénomination les communistes, les agitateurs syndicaux, les anarchistes espagnols ou russes, les militants radicaux-socialistes et les déserteurs gauchistes de l'armée des États-Unis.

Du point de vue culturel, le terme *bolchevik* faisait alors son entrée dans l'information. On présentait des films tels que *La Griffe bolchevique*, l'équipe de base-ball des journalistes de Mexico s'était donné le nom de Neuvième Soviet et il existait un journal ouvrier intitulé *El Soviet*. Les bolcheviks, c'étaient les communistes de la capitale, les communistes libertaires de Veracruz dirigés par Herón Proal qui avaient aidé les prostituées et les sans-abri à s'organiser, les militants des ligues de résistance du Partido Socialista Yucateco conduit par Carrillo Puerto ; et même, pour certains journalistes réactionnaires acharnés, les bolcheviks, c'étaient aussi les militaires constitutionnalistes franchement modérés comme Calles, Múgica, Salvador Alvarado, Filiberto Villarreal et Adalberto Tejeda.

La manœuvre était si maladroite qu'Obregón en personne répondit le lendemain :

> Reçu câble hier relatif armement vous savez avoir été débarqué dans votre port. Désir gouvernement étant renouveler armement armée, serait bon débarquements armements et munitions augmentent sur nos côtes.

Ce même 15 décembre, le jour où le maire avait envoyé son message à Obregón, un détachement de militaires avait encerclé puis fouillé la maison d'Escudero sans le trouver, et plusieurs membres du POA se virent emmenés en prison.

Le POA télégraphia de nouveau à Obregón pour renouveler sa demande de garanties et avertir qu'en cas d'assassinat de Juan, Acapulco se soulèverait. Une fois de plus, Obregón se dégagea de l'affaire en répétant qu'il ne lui incombait pas d'intervenir dans des questions électorales.

Au cœur de cette guerre télégraphique, la tentative d'impliquer Escudero dans un complot militaire ayant échoué, le conseil municipal acapulquien prit ses fonctions le 1er janvier 1921. Les membres du conseil étaient Ismael Otero, Gregorio Salinas, Plácido Ríos, Emigdio García, Jesús Leyva et Maurilio Serrano.

Escudero fut nommé maire. Ce jour-là, le drapeau rouge et noir du POA flotta sur la mairie.

Peu de temps après son entrée à la mairie, Juan se heurta de nouveau aux intérêts des commerçants *gachupines*.

Selon sa version de l'histoire, il passait devant les travaux entrepris par le *gachupín* Pancho Galeana et s'était approché pour demander à ceux qui travaillaient là quels étaient leurs horaires et combien ils gagnaient. Il était probablement en train de développer ses arguments constitutionnels sur le temps de travail, lorsque Pancho Galeana fit son apparition (Escudero s'était sérieusement disputé avec lui et l'avait accusé dans *Regeneración* d'avoir séquestré une fillette). L'Espagnol sortit immédiatement son pistolet en voyant le "maire bolchevique" tenter de politiser ses maçons. Il n'osa pas aller plus loin, sans doute en raison de la présence des ouvriers, mais il accusa Escudero de violation de domicile. Escudero parut au tribunal, présenta un *amparo* [1] puis s'emporta contre le juge Peniche qui, payé par les *gachupines*, refusait de le lui accorder. Escudero le contraignit finalement à y consentir, après plusieurs heures d'âpre discussion.

Le 30 janvier, le colonel Novoa prit la tête d'un peloton de soldats armés de fusils, pour un coup de filet chez le dirigeant populaire qu'heureusement ils ne purent trouver. Juan R. était déjà habitué à quitter son domicile par la porte de derrière aux heures les plus inattendues...

Durant cette période, il avait encore dû porter un *amparo* devant la justice pour éviter d'être arrêté sur ordre du gouverneur qu'il accusait de diffamation, de même que Figueroa, le général en chef des armées et le juge Ramón Peniche. Dans un télégramme à Obregón – auquel celui-ci fit de nouveau la sourde oreille – Escudero les traitait de valets des *gachupines*.

Pendant ce temps, Juan R. mettait en place une politique municipale surprenante. Comme l'explique Mario Gil, l'un de ses biographes les plus lucides :

---

1. Au Mexique, on appelle *recurso de amparo* la réclamation que tout citoyen a le droit de porter devant les tribunaux fédéraux, contre la disposition de toute loi ou autorité qui lèse les droits individuels reconnus par la Constitution, afin de suspendre immédiatement les effets de la disposition en question (NdT).

> En réalité, la commune acapulquienne n'existait pas ; elle n'avait été jusqu'alors que l'instrument de la domination des *gachupines* ; il n'y avait ni règles, ni arrêtés de police, ni police (celle qui existait se résumait à un groupe armé et payé par les Espagnols) ; on fixait arbitrairement les impôts ; il n'y avait pas de trésorerie ; les fonctionnaires municipaux ne touchaient aucun salaire ; en somme, c'était un véritable chaos organisé au bénéfice des maîtres du port. Il décida d'instituer des salaires : 5 pesos pour les conseillers municipaux et 8 pour le maire ; il instaura une police financée par la mairie ; il désigna son propre frère, Felipe, comme trésorier municipal, fonction pour laquelle il exigea une caution garantissant ses opérations (c'est le père d'Escudero qui avança la somme). Il réduisit les prélèvements effectués sur le marché et fixa l'impôt maximum à 25 centavos ; il créa des conseils communaux pour éviter aux résidents des villages de devoir faire le voyage vers le chef-lieu pour régler leurs affaires ; il entreprit une guerre contre l'insalubrité : il exigea que tous les propriétaires balayent devant leurs maisons...

Sur les 4 pesos du salaire que Juan R. percevait tous les quinze jours, deux étaient destinés aux frais de représentation. Il ne voulut donc jamais les toucher, arguant que sa situation personnelle lui permettait de se passer de cette prime.

Ces activités furent réglementées par un “décret de police et de bon gouvernement” centré sur trois problèmes : les services de police (consommation d'alcool interdite aux agents sous peine de renvoi, respect de la citoyenneté, interdiction au commandant de placer des membres de sa famille dans ce corps, interdiction de laisser les puissants se soustraire à l'autorité, obligation pour les agents de savoir lire) ; l'hygiène municipale (obligation pour les propriétaires de peindre leurs maisons, de garder leurs façades propres, de ramasser leurs ordures, d'empêcher le vagabondage des chiens et des cochons) ; la promotion des formes d'organisation économique de défense populaire (coopératives de production et de consommation, attributions d'aide à des ateliers pour produire des biens à bon marché, démarches pour fonder des colonies agricoles). Parallèlement, le conseil municipal se proposait de s'attaquer aux deux problèmes de base selon la mairie : l'éducation (en collaboration avec le pouvoir fédéral) et l'isolement, à travers le soutien de la construction de la route qui relierait Acapulco à Chilpancingo, puis à la capitale. Deux éléments semblaient être la condition du développement d'une telle politique : la création d'un pouvoir armé pour la première fois indépendant (voire opposé aux intérêts des grands commerçants *gachupines)*, représenté par la police, ainsi qu'un lien constant entre le maire et ses administrés.

Juan R. avait coutume de parcourir tous les jours les quartiers populaires en discutant avec les habitants, de leur faire des recommandations, de promouvoir l'organisation politique ou l'hygiène, d'expliquer les mesures adoptées par la mairie et d'appliquer la loi en termes humains et égalitaires.

Voici une anecdote fameuse : lorsqu'un chien mordit la mère Buenaga, Juan fit arrêter son propre père, propriétaire de l'animal. En plus de l'obliger à prendre en charge les frais médicaux, il le contraignit à s'acquitter d'une amende de 100 pesos, maintenant le vieil homme en prison jusqu'à ce qu'il ait payé. Curieusement, il circule une seconde version de cette histoire, selon laquelle cette amende de 50 pesos sanctionna son père pour l'accumulation de déchets de noix de coco devant la porte de sa maison. La vérité, c'est que le vieil Escudero eut à souffrir des idéaux égalitaires de son fils... La rumeur courut parmi la population que Juan tenait à faire respecter la loi par-delà les personnes.

Les élections pour l'assemblée locale constituèrent un nouveau point d'appui pour la politique et le pouvoir du Partido Obrero de Acapulco ; Escudero comme Béjar l'emportèrent pour les postes de députés, et Rodolfo E. Neri fut élu gouverneur du Guerrero le 1er avril 1921.

Cependant, cette nouvelle victoire n'arrêta pas l'offensive des commerçants et de leurs alliées, les autorités militaires. Le jour où Neri prenait ses fonctions à la tête de l'État, le major Nicandro Villaseñor, chef accidentel des forces armées du port, accusait Escudero de s'être présenté au tribunal suivi de vingt-cinq hommes en armes pour rendre l'affront que lui avaient fait les juges et prétendait que l'administration d'Escudero exerçait des "abus de pouvoir". Escudero télégraphia à Obregón en lui expliquant qu'il s'agissait d'une nouvelle calomnie et que derrière l'action de Villaseñor se cachaient les frères Iris, des Espagnols. En vain. Le 2 avril, le président de la République adressa au major Villaseñor les mots suivants :

> Veuillez notifier au maire concerné que s'il continue à violer les préceptes légaux et à s'octroyer des prérogatives qu'il n'a pas, la justice fédérale devra intervenir pour faire respecter les droits des étrangers comme ceux des différentes autorités. Déposez une plainte au greffe du tribunal du district auprès du procureur général de la justice de la Nation.

Cette petite guerre épistolaire avait son origine dans une rencontre au dénouement verbal violent entre Escudero et le juge. Celui-ci avait menacé le maire d'un pistolet en l'accusant de l'avoir insulté dans *Regeneración* ; Juan R. avait dû s'échapper du tribunal, selon ses habitudes, en sautant par la fenêtre. Dans un télégramme daté du 3, Escudero lui-même expliquait à Neri que derrière cette affaire se dissimulait Butrón, dont les intérêts étaient menacés par l'administration socialiste du port.

S'efforçant d'obtenir l'appui du gouvernement régional, le POA adressa un télégramme à Neri pour lui demander de nommer un juge spécial chargé de cette affaire. Le 3 avril, ils appuyèrent leur requête en organisant une manifestation de soutien à Escudero et à Neri à laquelle participèrent trois cents personnes.

Deux jours plus tard, le chef de la garnison, saoulé par les *gachupines*, arrêta Juan R. quelques minutes avant 2 heures du matin ; plusieurs membres du POA venus s'enquérir des raisons de cette détention se virent également jetés en prison. Craignant qu'on assassine son maire, le port se mobilisa. On télégraphia de nouveau au président Obregón qui répondit que l'arrestation avait été conduite sur ordre du juge du district et qu'il n'interviendrait pas.

Tomás Béjar y Ángeles remplaça alors Escudero. Il montrait une attitude ambiguë face aux pressions en tâchant de se dégager du radicalisme de Juan. Solano prit ainsi sa défense :

> En tant que membres de cette corporation, vous êtes obligés de défendre non pas le citoyen Juan R. Escudero mais le citoyen

maire, qui a subi des vexations sans limites ; en ne prenant pas de mesures spécifiques, on se rend complice du faux pas initial et de ceux qui vont suivre, pour lesquels le peuple demandera ensuite des comptes à ses représentants.

Son *amparo* accordé, Escudero fut libéré quelques mois plus tard (en juillet 1921). Arsenio Leyva prit la place de Béjar à la mairie et Escudero devint secrétaire du POA.

Durant sa détention, une bonne nouvelle avait agité le port. Les autorités centrales avaient fini par décider la mise en branle des travaux de construction de la route Chilpancingo-Acapulco. Sur une initiative présidentielle, un crédit de 75 000 pesos fut débloqué pour la réalisation de ce chantier.

En sortant de prison, Juan tenta de gagner sa vie en montant un cinéma et un théâtre populaire : il avait prévu de faire payer aux spectateurs des entrées à 25 et 50 centavos. Dans ce but, il demanda qu'on lui confie la partie avant de l'hôtel de ville. Il ne put jamais mener à bien son projet.

À la mi-juillet, deux riches *gachupines*, les frères Jesús et Enrique Nebreda – propriétaires des terres longeant le fleuve Papagayo –, ainsi que L. Quezada et Venustiano Suástegui tombèrent sous les balles d'une famille de paysans. Le conflit avait de sombres racines : le viol de jeunes paysannes par les hommes assassinés, actes pour lesquels ils étaient poursuivis par la justice ; le vol du bétail des petits propriétaires de la zone par les Nebreda, qui le revendaient aux établissements Alzuyeta et Fernández Hnos. ; enfin, l'assassinat de quatorze paysans par le général Martínez, à l'instigation des frères *gachupines*. Juan avait intenté des actions contre les Nebreda en soutenant la famille Guatemala (Florencio, Carmelo et Francisco) qui, devant l'absence de justice, finirent par exécuter les Espagnols.

Le 28, la communauté espagnole publia une lettre dans le journal le plus important de la capitale, *El Universal*. Le quotidien s'en fit l'écho le lendemain dans un éditorial qui accusait Juan d'avoir fomenté ce meurtre et d'avoir tiré avec un revolver en hurlant « Mort aux *gachupines* », en une démonstration publique.

Escudero se défendit en clamant que ces accusations

étaient absolument fausses, mais les pressions continuèrent. Le 5 août, *El Universal* fit paraître une lettre du gouverneur Neri dans laquelle il expliquait que la mort des Nebreda était due à leurs actes barbares envers la population, mais simultanément, il faisait remarquer qu'Escudero n'était plus maire depuis des mois et que le gouvernement de l'État se désolidarisait de son action.

En conflit avec Obregón et sans l'appui de Neri, le POA et Escudero ne pouvaient plus compter que sur leurs propres forces.

Pendant les mois de juillet et août, la municipalité escudérienne se vit bombardée de procédures judiciaires, en particulier contre le chef de la police, Francisco Escudero, et contre les actions de ses hommes. On lança même un mandat d'arrêt contre la nouvelle compagne de Juan, Josefa Añorve. Uruñuela, Sutter, González et les *gachupinistes* au service des firmes commerciales se trouvaient à l'origine de toutes ces initiatives.

Le 6 août, Villaseñor fit une nouvelle tentative pour arrêter Escudero, qui se mit de nouveau à l'abri, alerté par ses amis grâce aux télégrammes porteurs de l'ordre qui émanait d'Obregón en personne. Entre le 8 et le 11, une nouvelle guerre télégraphique éclata. Ses acteurs étaient Obregón, Escudero et le major Villaseñor. Les employés du télégraphe qui avaient prévenu le leader acapulquien furent mis à pied sur ordre présidentiel ; Obregón pressa le juge de rejeter l'*amparo* qu'il avait accordé à Escudero, mais l'homme campa sur ses positions. Pour mettre fin à la situation qu'il avait créée, Juan convoqua le conseil municipal et demanda un nouveau congé ; après quoi il alla en prison pour attendre le procès qui devait définitivement clarifier les choses. Mais il ne se rendit pas pieds et poings liés : il emporta avec lui la petite imprimerie sur laquelle on fabriquait *Regeneración* et continua à faire paraître le journal depuis sa cellule, en utilisant ce système de propagande pour frapper ses ennemis et appeler à la coordination populaire.

Les rares études sur Escudero reprennent la version d'une alliance intime entre le socialisme local et l'administration obregoniste, en particulier avec le gouverneur Neri. Dans les faits, il apparaît clairement qu'une telle alliance ne dépassa jamais, de la part du POA, un appui tactique à l'obregonisme, puisque sa victoire gênait (même de manière minime) une partie des ennemis du mouvement acapulquien, à savoir les militaires et l'administration publique. Il est également manifeste que cette stratégie du POA ne se traduisit pas par un appui personnel à Obregón ou au gouverneur du Guerrero, car non seulement ces hommes avaient pris leurs distances vis-à-vis de la politique d'Escudero, mais ils lui avaient également porté tort en prenant position (au moins dans le cas d'Obregón) en faveur des militaires et des juges vendus aux grandes entreprises du port.

Peut-être ces éléments pesaient-ils dans l'esprit d'Escudero lorsque, une fois sorti de prison, absous dans le procès qui l'avait obligé à s'enfermer, il multiplia ses efforts pour exécuter les mesures d'organisation économique du peuple en réintégrant la mairie d'Acapulco.

Dans les derniers mois de 1921, outre la parution d'un nouveau journal, *El Mañana roja*, il mit en place à l'hôtel de ville un petit atelier de fabrication de sacs en papier et de paniers, et il forma l'association des pêcheurs ; de sorte qu'il frappa durement le monopole commercial des *gachupines*. Il créa également la Casa del Pueblo, une coopérative qui se fournissait directement auprès des paysans pour les produits de la terre ; il engagea une croisade contre l'analphabétisme et structura un comité pour fonder une colonie agricole en exigeant l'expropriation des haciendas El Mirador et La Testaruda, propriété des commerçants espagnols.

Pendant ce temps, le POA s'accroissait et la campagne d'installation d'une économie populaire semblait faire sérieusement du tort aux grandes maisons de commerce.

Au cours de la première année de son mandat municipal, le camp escudérien découvrit que le contrôle de la mairie ne lui assurait aucune impunité quant aux attaques de ses ennemis. Au contraire, en s'appuyant sur des militaires et des juges corrompus, les *gachupines* étaient parvenus à mettre Juan R. derrière les barreaux pendant trois mois, l'avaient obligé par deux fois à demander des congés de sa charge et l'avaient isolé de ses possibles soutiens dans les gouvernements fédéral et local. En revanche, le pouvoir municipal donné à la rue par Escudero et la réalisation du programme économique fondirent le POA, la mairie et le petit peuple d'Acapulco en un seul et unique mouvement.

C'est ainsi qu'une équipe du POA menée par Ismael Otero remporta les élections municipales du 5 décembre avec une avance incroyable. Cette fois, Escudero n'avait pas fait partie de la liste des conseillers municipaux qui avaient gagné : il n'entra pas à la mairie, mais ses deux frères devinrent respectivement trésorier municipal et chef de la police.

Les *gachupinistes* s'efforcèrent de légaliser un simulacre de conseil municipal, avec à sa tête Miguel P. Barrera, soutenu par l'éternel Juan Luz depuis le Parquet fédéral, mais la manœuvre échoua d'elle-même.

Les tensions grandissaient, les rumeurs qui prétendaient que les choses finiraient par se résoudre les armes à la main se multipliaient. Escudero semblait s'y attendre. Gil raconte que le Libanais Saad, un commerçant opposé aux *gachupines*, tenta de lui faire plusieurs cadeaux : Juan les refusa tous, à l'exception d'une carabine 30,30 qu'il accepta en annonçant : « C'est grâce à des armes comme celle-là que nous en finirons avec les capitalistes. »

La première mort de Juan

La tête d'Escudero fut mise à prix. Les commerçants rassemblèrent la fantastique somme de 18 000 pesos, qu'ils offrirent à qui oserait l'abattre. Protégé par la rumeur, Juan R. déménagea pour s'installer à l'hôtel de ville ; on organisa une étroite surveillance autour de lui.

Au début du mois de mars 1922, Cirilo Lobato, inspecteur des abattoirs et membre du POA, fit une découverte qui s'avérerait décisive dans la résolution de la crise : le maire d'Acapulco, Ismael Otero, l'un des hommes de confiance d'Escudero, détournait les taxes municipales avec la complicité du boucher José Osorio, en permettant que toutes les trois bêtes qu'on abattait avec une autorisation, une autre le soit clandestinement. Trois autres conseillers municipaux, corrompus par l'argent des commerçants, passèrent du côté d'Otero : Ignacio Abarca, Plácido Ríos et Emigdio García. Par deux fois, on en sortit les pistolets et en ces deux occasions, Josefina Añorve, une jeune femme de dix-sept ans originaire de la côte, amante de Juan et « pourvue d'une sacrée paire d'ovaires, fit feu la première » et défit Otero et Rebolledo, les agresseurs.

Sous la pression de Juan, le conseil municipal escudérien fit démissionner Otero le 7 et nomma Manuel Solano à sa place.

Le 10 mars, Escudero présenta au conseil municipal une demande d'arrestation d'Otero pour abattage illégal de bétail. L'accusé tenta une nouvelle fois de le tuer mais l'intervention opportune du policier Severo Isidro l'en empêcha.

Cette séance houleuse ne s'acheva qu'à 21 heures. Les quatre traîtres allèrent alors rencontrer le major Juan S. Flores, qui se trouvait en compagnie des *gachupines* Pascual Aranaga, Marcelino Miaja, José Jordá et Obdulio Fernández. Ils mirent au point un plan pour en finir avec le conseil municipal socialiste et abattre Juan Escudero.

À 2 heures du matin, après quelques coups de feu en provenance du groupe d'Otero dirigés contre la douane maritime depuis l'extérieur de la mairie pour servir à la fois de signal et de provocation, deux cents soldats commandés par le major Flores, « avec force tirs en l'air », marchèrent sur l'hôtel de ville. Flanqué de sept policiers armés de fusils, Juan R. tenta de se défendre. Pendant quelques minutes, les assiégés soutinrent les attaques des militaires, auxquels s'étaient ajoutés plusieurs marins et le groupe des traîtres mené par Otero. Juan tirait avec un pistolet automatique depuis l'une des fenêtres. Les prisonniers demandèrent qu'on leur confie des armes afin de pouvoir collaborer à la défense de la mairie, mais Juan espérait que les coups de feu allaient alerter les membres du POA dans tout Acapulco et les faire accourir à leur rescousse : il refusa de les leur donner. Les événements s'enchaînèrent avec une grande rapidité. Le major Flores incendia les portes de l'hôtel de ville à l'aide de deux bidons d'essence de 17 litres fournis par l'administrateur de la douane, Juan Izábal Mendizábal. Les policiers, sous les ordres de Pablo Riestra, proposèrent à Escudero de prendre la fuite, puisque c'était lui qu'on voulait tuer, tandis qu'eux s'efforceraient de tenir un peu plus longtemps. Juan voulut sauter par-dessus un balcon qui donnait sur la boulangerie de Sofía Yevale, mais une balle le frappa : elle pénétra entre ses côtes après lui avoir cassé le bras droit.

Pendant ce temps, les assaillants avaient pris la mairie et passaient policiers et prisonniers à tabac pour leur faire dire où se cachait Juan. En se traînant, Escudero avait réussi à gagner la pièce qui lui servait de chambre. Là, avec l'aide de Josefina Añorve et de Gustavo Cobos Camacho, ils tentèrent une ultime résistance en poussant une armoire contre la porte.

Inutile. Le major Flores parvint jusqu'à la cachette en suivant les traces de sang et les soldats abattirent la porte. Flores entra et contempla Escudero couché à terre. On prétend qu'il prononça ces mots : « Voyons si tu es vraiment mort ! », avant de frapper le bras cassé du blessé avec des briques. Chepina[1] Añorve voulut intervenir, mais le major pointa son pistolet sur la tête d'Escudero et lui donna le coup de grâce.

RÉSURRECTION

Le major Flores arrêta les policiers municipaux et abandonna la mairie en flammes pour aller faire son rapport aux *gachupines*, laissant derrière lui ce qu'il croyait être le cadavre de Juan R. Escudero.

Peu à peu, des membres du POA armés arrivèrent sur les lieux désertés par les soldats. Ils étaient accompagnés du juge Peniche, que Juan avait si souvent affronté. Le maire rouge respirait encore. Le juge et Josefina Añorve conduisirent Juan à l'hôpital civil, où il fut opéré par José Gómez Arroyo et le vice-consul nord-américain Harry Pangburn, qui, bien que sans diplôme, possédait de vastes connaissances médicales. Ils

1. Diminutif de Josefina (NdT).

durent l'amputer du bras droit. Sa blessure à la tête était très grave, mais les fables populaires rapportent que :

> ... la peur dudit major était si grande que lorsqu'il lui appuya son pistolet contre la tempe, il ne provoqua qu'une égratignure. Quelque chose pénétra pourtant dans son crâne puisqu'il fallut lui en retirer une pleine petite cuillère de cervelle brûlée en même temps qu'on l'amputait de son bras cassé.

Miraculeusement, le blessé supporta l'opération et après quelques jours de coma, il commença à récupérer. La balle avait touché une partie du cerveau et laisserait Juan définitivement paralysé du côté gauche ; il ne pourrait plus parler correctement, il ne pourrait plus marcher ni écrire. Mais il était vivant.

Pour justifier les actes du major Flores, on inventa une histoire selon laquelle Escudero et ses hommes avaient tenté de prendre les armes contre le gouvernement. Cette version des faits, transmise dans le rapport du major, fut reprise et popularisée par *El Suriano*, le journal des *gachupines* dirigé par José O. Muñúzuri. Mais quelques jours plus tard, dans un télégramme à Obregón, le gouverneur Neri, qui était venu au port, indiquait que le ministère public avait une interprétation contradictoire avec celle du chef militaire, et il affirmait qu'il avait ordonné l'ouverture d'une enquête.

Une lettre de l'agrarien Francisco A. Campos adressée au président Obregón témoigne bien du climat qui régnait dans le port à cette époque :

> Nous sommes à la veille de troubles de l'ordre à Acapulco. Le peuple ouvrier est contenu par l'espoir qu'on lui rendra justice. Dans les régions côtières du Guerrero, les gens sont persuadés du contraire et la garnison ne suffira pas à les maîtriser. Il ne restera plus un Espagnol vivant, plus un commerce qui ne soit saccagé ou incendié, plus une jeune femme qui ne soit violée [...]. Sur ses terres, l'habitant de la côte a beaucoup d'un barbare : c'est un bon ami mais un implacable ennemi. On pourra éviter tout cela à condition que la garnison fédérale, ennemie du POA, soit remplacée.

Des membres du POA armés encerclaient l'hôpital et la garnison était consignée. Chez quelques commerçants *gachupines,* on donna des fêtes pour célébrer la disparition d'Escudero. Les dirigeants du POA refrénèrent le désir de vengeance populaire. Juan se remettait lentement.

Le lendemain de l'attentat, une municipalité bâtarde à laquelle participait Ismael Otero fut mise en place. Ignacio S. Abarca, qui en était le maire, demanda l'incarcération des policiers pour "résistance aux forces du gouvernement" et informa le gouverneur de "l'arrestation" de Juan R. Escudero et de Santiago Solano. Le coup d'État échoua et trois jours plus tard, le 14, la mairie retombait aux mains du POA. Manuel Solano en fut désigné maire.

Felipe Escudero prit en charge *Regeneración*, qui recommença à paraître fin mars. Juan rentra chez lui pour une longue convalescence. Le POA refit surface. Bien que ses portes eussent été brûlées, le parti contrôlait toujours l'hôtel de ville d'Acapulco à travers un conseil d'administration civil dirigé par Felipe Escudero. L'enquête du gouverneur immobilisa momentanément le major Flores.

Il ne s'était pas passé un mois depuis l'attentat que, le 9 avril, *Regeneración* dénonçait les manœuvres combinées du *gachupín* Sierra et du chef militaire du district de Galeana contre les agrariens qui s'étaient unis dans cette zone ; il s'attaquait aussi à Manuel Lopez, le candidat à la députation, pour collusion avec les frères Fernández, les plus gros propriétaires de la région.

Début mai, sous l'impulsion de Solano et de Felipe Escudero, le POA présentait Martiniano Díaz comme candidat pour le deuxième district et Francisco Escudero (le troisième frère de Juan) comme suppléant, pour les élections au congrès fédéral. Le 9 mai, moins de deux mois après sa première mort, Juan recommençait à écrire dans *Regeneración*...

Les affrontements du 11 mars avaient causé dans les rangs du POA d'autres pertes que celle de Juan R. : Tomás Béjar y Ángeles avait déserté et s'était vendu à l'or des *gachupines* en se mettant à écrire dans les colonnes de *El Suriano*. Mais ces absences étaient largement compensées par l'affluence de nouveaux membres attirés par la capacité de survie du POA et le “miracle Escudero”.

Juan, utilisant Alejandro Gómez Maganda comme secrétaire, dictait ses articles depuis le fauteuil où il se remettait. Le jeune homme, tout juste sorti de l'école primaire, tapait furieusement sur une vieille Oliver et levait de temps en temps la tête pour voir un Juan « attentif et optimiste depuis son fauteuil d'invalide. Comme toujours soigné, il portait un fixe-moustache le matin, et posait parfois son tragique moignon sur ma tête tropicale et hirsute. »

Avec l'argent de sa famille, Juan fonda une boutique, El Sindicato, où il recevait des travailleurs, des amis et fournissait des vivres à crédit aux ouvriers en grève. Secondé par Josefina Añorve et Anita Bello, sa secrétaire à pistolet, ainsi que par une légion d'adolescents pour lesquels il était un héros inoubliable, il reprit le contrôle de *Regeneración* et accepta la candidature de suppléant au congrès national pour le premier district d'Acapulco, avec pour co-listier son frère Francisco (qui postulait comme titulaire dans le deuxième district).

Pendant ce temps, le congrès local du Guerrero, aux mains de représentants des latifundistes, avait annulé les élections de janvier 1922 et demandait au conseil municipal pro*gachupines* de 1920 d'organiser de nouvelles élections. Felipe Escudero protestait au nom du POA auprès du gouvernement fédéral et dans la presse de la capitale.

On nomma une commission de contrôle et la municipalité escudérienne s'en tint à une solution conciliatrice, mais qui ne reçut l'aval ni de la douane maritime ni des militaires. Alors que *Regeneración* recommençait à paraître régulièrement et qu'il reprenait en main le journal, Juan réorganisa également son système économique personnel en montant une modeste école où il dispensait des cours de mécanographie. Dans une annonce où il exposait le contenu des cours, qui coûtaient 10 pesos, Juan R. laissait entrevoir qu'enseigner la mécanographie aux autres représentait pour lui un moyen de récupérer ses bras (le droit, amputé, et le gauche, paralysé).

Malgré la reprise de ses activités, le POA se trouvait dans

une *impasse** et ne pouvait tirer parti de ses meilleurs atouts. Défait sur le terrain des armes, incapable de briser le monopole *gachupín* dans le commerce, limité à une politique municipale "contrôlée" par l'interventionnisme, depuis l'année précédente il avait progressivement déplacé son combat vers la destruction des propriétés foncières et le partage des terres. Mais là non plus le rapport de forces ne lui était pas favorable et il lui fallait se replier sur les voies bureaucratiques d'une légalité qui fonctionnait au ralenti – quand elle fonctionnait. Dans un article anonyme de *Regeneración*, probablement écrit par Juan, on lançait un appel à la patience, demandant qu'« on ne tienne pas compte des propos des *gachupinistes* prétendant que ceux qui réclament des terres récolteront des balles ».

Dans de telles conditions, les élections fédérales du 5 juillet 1922 pour désigner les députés et les sénateurs permirent au POA de se remobiliser. Avec les listes combinées des Escudero et de Miguel Ortega comme candidats, ils déployèrent une vaste campagne sur la côte du Guerrero.

La position des propriétaires terriens, des gros commerçants et de leurs alliés s'apparenta à un repli. Face à l'impossibilité d'offrir une opposition dans le premier district, ils s'essayèrent au boycott. Dans certains cas, ils n'ouvrirent pas les bureaux dont ils avaient la responsabilité. Contrairement à leur habitude, ils ne tentèrent pas de mettre en place des bureaux de vote pour leur propre compte ; le pro*gachupín* Butrón ne se présenta même pas. Ailleurs ils se livrèrent à quelques manœuvres très grossières, comme celle du troisième bureau d'Acapulco que les *gachupinistes* Sabás Múgica et Ramón Córdoba n'ouvrirent même pas pour brandir ensuite un procès-verbal selon lequel personne ne s'était présenté pour voter.

Le POA mobilisa très largement à Acapulco, Coyuca, Tecpan et Atoyac. À Tecpan, trois cents paysans manifestèrent derrière les drapeaux rouges et noirs du parti.

Les provocations se multiplièrent. Muñúzuri, le rédacteur en chef d'*El Suriano*, tira un coup de pistolet sur le dentiste González Sánchez ; la voiture d'un important commerçant *gachupín* fut la cible de jets de pierres de la part d'enfants d'Acapulco, et à Tecpan les *gachupinistes* qui soutenaient Pino et Valverde, hommes de paille du propriétaire terrien espagnol Garay, tirèrent en l'air pour intimider les votants.

À Coyuca de Benítez, ils s'efforcèrent d'entraîner derrière eux les électeurs avec une fanfare, mais ceux qui suivirent les musiciens pour prendre du bon temps votèrent ensuite contre eux. Ailleurs, ils firent passer leurs candidats Pino et Alfonso Uruñuela pour des agrariens en les présentant comme des représentants du Partido Nacional Agrarista. Dans le premier district, ces manœuvres échouèrent : Juan R. et son frère se virent élus députés titulaire et suppléant.

Le parti s'était renforcé dans les villages de la côte et la victoire confirma la ligne électorale préconisée par *Regeneración* : « Par chance notre peuple commence à se rendre compte de ce que le droit de vote conféré par la Constitution est un moyen pacifique de désigner ses représentants. »

Encouragés par leur succès électoral, les membres du POA relancèrent leur offensive dans les campagnes et le journal entreprit de publier la loi agraire de l'État pour donner une base légale à la mobilisation.

De la fin juillet à la mi-octobre 1922, les provocations et les affrontements ne manquèrent pas sur le port. Certains se révélèrent cocasses, d'autres faillirent glisser jusqu'à la tragédie. Tous eurent en commun une alcoolémie importante chez les pro*gachupín*.

Fin juillet, tandis que le POA fêtait sa victoire à Acapulco par un bal, le député Luis G. Martínez se présenta à moitié saoul à l'entrée des locaux du parti.

> Que ce soit parce qu'il est de notoriété publique que Martínez est *gachupiniste* ou parce qu'il a participé à l'annulation des élections, ou bien encore parce qu'il y avait largement assez d'hommes dans ce bal, toujours est-il qu'on lui dit qu'il n'y avait plus de place, tout en laissant entrer ceux qui l'accompagnaient. Que ça lui serve de leçon !

Deux mois plus tard, l'ivrogne était cette fois l'administrateur des douanes Juan B. Izábal. Il licencia Bernáldez, le vigile (la scène eut lieu à la *cantina* des frères San Millán, où il installait souvent son bureau), après l'avoir balancé contre la table de billard, tout cela parce qu'il avait été recommandé pour ce poste par Tellechea, un dirigeant du POA. Selon la version de *Regeneración*, Bernáldez était en train de secouer la poussière de ses vêtements après avoir été jeté à terre quand il effleura son pistolet : cela suffit à ce qu'on se précipite sur lui pour lui confisquer son arme et l'emprisonner pendant vingt-quatre heures. Dans le même article, Izábal était accusé par Escudero de contrebande d'armes, d'être « un pro*gachupín* et un fainéant doublé d'un crétin alcoolique, car il n'arrive à son travail qu'à midi, encore à moitié dans les vapes. »

La troisième scène d'éthylisme a pour protagoniste l'éternel major Flores, qui envoya la soldatesque se jeter sur Felipe Escudero alors qu'il écoutait une sérénade. Après avoir été violemment frappé, Felipe, le successeur indiscutable de Juan dans les rues du port, fut enfermé dans les locaux des douanes maritimes.

Juan B. Izábal, acheté par l'or des gros commerçants qu'il servait en fermant les yeux sur leur contrebande, était devenu, avec Flores, l'un des pires ennemis de l'escudérisme acapulquien. Depuis juillet 1922, il retenait les 2 % des fonds de la douane qui devaient légalement revenir à la municipalité. Agissant en qualité de maire, E. Lobato s'en plaignit amèrement à Obregón dans un télégramme daté du mois d'octobre, où il signalait qu'on cherchait à asphyxier économiquement la municipalité.

Fin novembre, Lobato, Obregón et le ministre De la Huerta (dont dépendaient les douanes) échangèrent de nombreux câbles, jusqu'à ce qu'Izábal expliquât sa position dans un télégramme à Obregón :

> Considère Juan et Felipe Escudero pires ennemis gouvernement inutile prendre armes. Chef opérations sur place même avis. Municipalité manipulée par ces individus sans personnalité car rejet *amparo* par cour suprême justice 22 septembre dernier contre disposition irrecevabilité congrès [...]. Cette année frères Escudero lancé quatre *amparos* contre vos décisions sous prétexte craindre pour leur vie.

Le message s'achevait en demandant si l'on devait remettre les fonds à Felipe Escudero, trésorier municipal.

Il ne fallut qu'un jour à Obregón pour répondre : il ordonna à Izábal de ne pas remettre l'argent.

Simultanément, le POA connaît un nouveau succès dans une autre bataille électorale : réunissant plus de deux mille sept cents votes, son candidat Santiago Solano est élu député pour le district d'Acapulco au congrès régional, avec Juan R. Escudero comme suppléant. L'un des frères Vidales, représentant le POA, remporta la mairie de Tecpan et le parti triompha à Tololapan, réussissant à empêcher les caciques de prendre le pouvoir, malgré la fraude qu'ils avaient organisée.

Finalement, la première semaine de décembre vit se profiler les élections tant attendues pour le rétablissement d'une municipalité légale à Acapulco ; Juan Escudero prit la tête de la liste du POA et assista aux réunions de son parti en fauteuil roulant. Il dictait ses discours et les faisait répéter devant lui par les jeunes gens qui l'accompagnaient, pour qu'ensuite ils les prononcent en public sous son regard attentif.

Étrange tableau sous le soleil d'hiver à Acapulco que celui de cet homme paralysé du côté gauche, le bras droit amputé, assis dans un fauteuil roulant, flanqué d'un adolescent juché sur une caisse qui parle en son nom, avec derrière lui une jeune fille originaire de la côte (Anita Bello) portant un pistolet automatique de calibre 32 glissé entre sa jupe et son chemisier en dentelles.

Étrange tableau que celui de cet homme approuvant de la tête ses propres phrases dites par la bouche d'enfants et toujours prononcées après le refrain *Juan dit que*, pour clamer un discours incendiaire qui promet la fin de l'injustice dans ce paradis corrompu.

Et Juan Escudero remporta une fois de plus les élections, mettant en déroute le traître pro*gachupín* Martiniano Díaz.

Le 7 décembre, les militaires envahirent la rue, cherchant à provoquer les vainqueurs. Mais la population leur opposa le vide. Le jour de l'an 1923, Escudero fut nommé maire. Brandissant son moignon droit, avec des phrases inintelligibles arrachées par la force de l'émotion à sa gorge paralysée, Juan R. Escudero prêta serment. La séance solennelle se tint à 11 heures dans sa propre maison, transformée pour l'occasion en salle du conseil municipal. Le procès-verbal précise que le nouvel élu ne put signer "en raison d'une incapacité momentanée".

En mars 1923, Francisco, le père des Escudero, mourut. Il avait subi de fortes pressions tout au long de la carrière politique hasardeuse de ses fils, harcelé par ses compatriotes avec lesquels il avait dû rompre toute relation, détruit par l'attentat perpétré contre Juan et par les multiples menaces de mort dirigées contre Francisco et Felipe.

Un vieil escudérien rapporte, entre autres souvenirs, celui du discours de Juan sur la tombe de son père, prononcé de sa faible voix d'infirme :

> Camarades dans la vie / camarades dans la mort / les mots qui jaillissent aujourd'hui de ma gorge / sont les mots que mon père vous adresserait / si en cette heure pour nous sacrée / Dieu le ramenait à la vie. / Le cœur blessé, il nous laisse avec fierté sur cette terre / où il vécut la moitié de sa vie / à aimer ses enfants / et le Dieu qui est aux cieux (à ce moment, il eut une sorte d'étourdissement et parvint seulement à prononcer : "adieu père vénérable / repose en paix" avant de tomber évanoui, victime d'une attaque).

Très affecté, Juan R. dut abandonner la mairie à Cirilo Lobato et Ernesto Herrera. Le major Flores, de son côté, faisait face depuis le début de l'année à l'insurrection paysanne déclenchée sur la côte. Le 18 janvier, il désarma la police de La Sabana et menaça de marcher avec la garnison sur l'hôtel de ville d'Acapulco. Quatre jours plus tard, Escudero télégraphiait à son ami Adolfo Cienfuegos, qui vivait dans la capitale, pour lui demander d'intervenir auprès du président de la République afin d'empêcher une échauffourée comme celle du 11 mars de l'année précédente.

Cependant Flores n'attaqua pas la mairie, préférant se déplacer vers les régions agricoles où le POA avait établi sa nouvelle base de soutien. Selon les termes de l'agrarien Francisco Campos Flores :

> Il se mit à collecter les armes et les permis municipaux de tous les paysans de la région d'Acapulco jusqu'à Unión de Montes de Oca, ainsi que tout le parc d'artillerie qu'il put trouver. Une fois la réquisition des armes des paysans opérée, il s'installa à Tecpan de Galeana et, inventant la menace d'un probable soulèvement, il emprisonna à San Luis de la Loma le maire de Tecpan, don Amadeo Vidales [...] ; cet homme est un honorable commerçant qui achète au meilleur prix le sésame comme le coton et que les Espagnols haïssent sous prétexte qu'il a ruiné leur négoce [...]. Cette explication donnée, il demeure manifeste que le major Flores est posté dans cette région pour sauvegarder les intérêts espagnols, car il inculpa monsieur Vidales de rébellion.

Flores poursuivit ses raids dans la région et le 10 mars, accompagné par les gardes blancs des caciques, il assassina Lucio de los Santos Vargas, président du Comité Agrarista de San Luis de la Loma en lui lançant : « La voilà, ta terre, fils de pute ! » alors que sa victime le suppliait de l'épargner. Flores agissait pour défendre les intérêts du propriétaire terrien espagnol Ramón Sierra Pando.

Au port, *Regeneración* subissait le harcèlement d'une multitude de journaux financés par les commerçants *gachupines*. Dans les pages de *El Suriano*, dirigé par Muñúzuri, de *El pueblo*, de H. Luz, de *El Rapé*, de Reginaldo Sutter, de *El Liberal*, de Carlos Adame et de *El Fragor*, de Domingo González, on tirait à vue sur l'administration municipale acapulquienne tout en louant les “forces vives” de la région qui avaient “tiré Acapulco de la misère”. Parmi les calomnies les plus fréquentes, il y en avait une qui présentait les Escudero comme les promoteurs d'une rébellion militaire en cours de préparation.

Plus l'année avançait, plus les tensions augmentaient. Felipe et Francisco Escudero s'attendaient à tout moment à être victimes d'un attentat. Par leurs fonctions, ils se voyaient contraints de parcourir les rues du port : Felipe en tant que trésorier municipal et Francisco parce qu'il travaillait au service de la perception du district. Gómez Maganda se souvient :

> Fin 1923, ils accomplissaient tous deux leur trajet quotidien armés de pistolets, avec un fusil de calibre .44 à la main. Parfois, lorsque Felipe allait diligenter une requête en appel auprès du juge du district, il me confiait sa carabine en me disant : « Si nos ennemis surgissent en faisant mine d'attaquer et que tu n'as pas peur, tire ! Sinon, rejoins-moi au plus vite et donne-moi le fusil ! »

Les provocations des militaires étaient fréquentes. Le 29 août, vers 21 heures, au jardin Álvarez, le sous-lieutenant Castellblanch et le caporal Linares avaient frappé et menacé de mort deux membres du POA. Lorsque, le lendemain, la municipalité les mit à l'amende pour ces faits, ils se présentèrent accompagnés de la bande d'Otero et la mairie fut sur le point de devenir le théâtre d'une terrible bagarre.

C'est ainsi qu'arriva le 16 septembre, date à laquelle, sous couvert des fêtes patriotiques, Juan R. lançait des discours incendiaires contre le régime colonial espagnol encore en vigueur à Acapulco. L'année précédente, malgré l'attentat perpétré récemment contre lui, il avait "parlé par la bouche de ses assistants" au cours de la manifestation par laquelle, pour la première fois, la commune d'Acapulco avait célébré la fête nationale sans recevoir aucune sorte de subvention de la part des commerçants. Cette année-ci était spéciale et Escudero, avec le soutien de sa "voix" (Alejandro Gómez Maganda), prononça une allocution plus brûlante encore que d'habitude. Si les tensions étaient terribles dans le port, dans les régions agricoles elles ne l'étaient pas moins. Le vice-consul nord-américain informait Washington que « des rumeurs courent selon lesquelles un soulèvement anti-agrarien ayant pour centre Atoyac va incessamment éclater sur la Costa Grande. »

Le 10 novembre, avec la complicité du maire d'Atoyac, le major Flores avait assassiné le leader agrarien Manuel Téllez. Pour dissimuler son geste, il accusait Escudero d'encourager la guérilla armée dans cette région.

Début décembre, les événements nationaux commencèrent à s'enchaîner pour créer le cadre dans lequel la tragédie d'Acapulco allait se dérouler. Le 1er, le général Figueroa prit les armes dans le Guerrero, soi-disant pour affronter le gouverneur Neri et non le gouvernement central. En réalité, il agissait en tant que fer de lance d'un soulèvement de généraux regroupés derrière la bannière d'Adolfo de la Huerta, alors candidat à la présidence. Peu de temps après, à Veracruz, le général Guadalupe Sánchez suivit le mouvement. Le 5 décembre, Juan R. écrivit au colonel Crispín Sámano, chef de la garnison d'Acapulco et envoya une copie de son courrier au gouvernement fédéral. Dans cette missive, il informait le militaire qu'il savait que les frères Osorio étaient armés et encerclaient la mairie et qu'il estimait que le traître Ismael Otero risquait de provoquer une rébellion qui servirait de prétexte au déclenchement d'affrontements entre le POA et les militaires. Sámano ignora la lettre, car en plus d'être compromis dans la future mutinerie, il entretenait des liens avec les commerçants *gachupines* du port qui réclamaient la tête de Juan R. Escudero.

La deuxième mort de Juan R. Escudero

Suivant la politique définie par Juan R. dans sa lettre à Sámano, au début du mois les escudériens réclamèrent des fusils aux militaires du port pour défendre le gouvernement contre la révolte delahuertiste. Julio Diego représenta le POA lors de la rencontre, au cours de laquelle on exigea trois cents carabines et quantité de munitions. Le gouverneur avait approuvé cette livraison d'armes, mais le colonel Crispín Sámano refusa d'accéder à la demande et prétendit, pour tenter de dissimuler ses intentions, qu'elles risquaient d'être utilisées contre le gouvernement lui-même.

L'affrontement était inévitable. Peu importait le contexte national, il ne constituait guère que la toile de fond de la lutte des classes qui se livrait à Acapulco et dans les régions alentours. Si à l'échelle nationale il s'agissait de se disputer la succession présidentielle et que des militaires lésés opposés à l'obregonisme se soulevaient autour d'Adolfo de la Huerta, ce qui se jouait à l'échelle des régions côtières, c'était la prédominance du POA et de l'agrarisme sur les établissements de commerce et la propriété foncière, maîtres de l'appareil militaire de la zone. Les faibles liens de l'escudérisme avec le pouvoir central et son soutien électoral à la campagne de Calles pour la présidence, exprimé dans *Regeneración*, poussa les militaires d'Acapulco au soulèvement dans une bien plus grande mesure que leur delahuertisme ; et évidemment, derrière cette action, l'or des commerçants *gachupines* était le guide resplendissant de Crispín Sámano et Juan Flores.

Malgré cela, les militaires hésitèrent avant de se jeter à corps perdu dans une mutinerie. Au cours des premières semaines du mois de décembre, ils purent suivre l'évolution du mouvement dans le Guerrero, sans doute grâce au contrôle du télégraphe. Privilège interdit aux escudériens, leurs télégrammes au gouvernement fédéral furent bloqués, malgré les tentatives d'Amelia Liquidano, la télégraphiste du POA.

Voyant la violence sur le point de se déchaîner dans le port, les membres du POA menés par Escudero se rendirent dans les différents quartiers pour parler. Juan R. avait transformé sa maison en quartier général du mouvement (la "place rouge" en face de chez lui était constamment couverte d'escudériens, dont certains étaient armés). Malgré le blocus télégraphique, Escudero, artisan depuis son fauteuil roulant de la résistance populaire, parvint à faire passer un message aux frères Vidales à Tecpan et à Rosendo Cárdenas à Coyuca de Benítez. Codé, le télégramme adressé à Cárdenas l'invitait à venir armé au port.

Tout au long de la semaine, les parties en conflit s'observaient et la tension montait. Les dirigeants des dockers profitèrent de l'arrivée des premiers noyaux agrariens pour improviser une manifestation ; des groupes de paysans et d'ouvriers parcoururent la ville en acclamant le gouvernement et Escudero, en hurlant aussi : « À bas les traîtres ! ». Les soldats demeurant dans leurs quartiers, les heurts furent évités. Ils manquaient de détermination pour se jeter franchement dans l'insurrection et combattre le mouvement populaire.

Malgré la faiblesse politique de l'armée, il était clair pour les escudériens qu'ils avaient militairement le dessous. À ce moment-là, deux stratégies s'affrontaient dans l'esprit d'Escudero et de ses compagnons : soit appeler les agrariens à Acapulco pour renforcer leurs troupes pour attaquer les garnisons, soit se retirer pour se rassembler à l'extérieur du port avant de fondre sur les militaires.

Tandis que les escudériens s'organisaient, les militaires conspiraient ouvertement avec les *gachupines*. Le capitaine Castellblanch raconte une réunion qui se tint dans la salle à manger des établissements La Ciudad de Oviedo, à laquelle assistèrent les militaires Crispín Sámano, le colonel Flores, le capitaine Fausto Morlett et le lieutenant Alarcón, quelques fonctionnaires fédéraux, le gratin du *gachupinisme* (Sutter, Luz, Muñúzuri) et les gérants des firmes commerciales : Marcelino Miaja et Juan Rodríguez, de B. Fernández et Cie, Jesús et Sigfrido Fernández, de Fernández Hermanos (La Ciudad de Oviedo), enfin Pascual Aranaga et Ángel Olazo, de Alzuyeta et Cie. Au cours de cette rencontre, les militaires prompts à se soulever réclamèrent un prêt de 50 000 pesos pour les "avoirs" de la troupe.

Don Marcelino Miaja, le porte-parole des maisons de commerce, déclara qu'ils "se foutaient pas mal" du mouvement delahuertiste et que si on y prenait part, c'était parce qu'on voulait la disparition de Juan R. Escudero, qui représentait pour eux une véritable épine dans le pied.

On raconte qu'il affirma : « Nous accordons les 50 000 demandés par le général Sámano sous forme de prêt, car nous avons foi en sa parole de soldat qui nous garantit qu'après la victoire, il nous les remboursera. »

Et après une pause au cours de laquelle il échangea des regards entendus avec Pascual Aranaga et Jesús Fernández, les autres propriétaires des établissements commerciaux, il ajouta : « Mais nous allons offrir 10 000 pesos sonnants et trébuchants en or, au peso près, à celui qui tuera Juan Escudero et ses frères. »

Peu de temps avant le 15 décembre, Juan, conscient que dès que les soldats se décideraient « ils nous jetteraient hors de la mairie à grands coups de pied », envoya un message au maire (qui le remplaçait depuis le début de l'année), Ernesto Herrera, pour qu'il se prépare à abandonner l'hôtel de ville, à libérer les prisonniers et à rejoindre les agrariens de Coyuca qui attendaient près du port.

Il semble que finalement la position adoptée fut de lancer l'attaque sur Acapulco ; on demanda au jeune Gómez Maganda de porter un message aux agrariens leur demandant de s'abattre sur le port pendant la nuit. L'intervention de la mère d'Escudero, arguant que, vu l'état de son fils, cela équivaudrait à un suicide, empêcha le messager de partir. Juan lui dit alors : « D'accord maman, je ferai comme ça, mais n'oublie jamais que ça nous coûtera la vie. » Il fallut donc élaborer un plan de rechange. Les dirigeants du POA quitteraient Acapulco à cheval la nuit du 15 ; un groupe d'hommes armés protégerait la fuite de Juan, qui monterait en croupe de Julio Diego.

Doña Irene, la mère de Juan R., un personnage jusque-là secondaire perdu tout au fond de l'histoire de l'escudérisme, prit à ce moment une place fondamentale dans le déroulement des événements. Aidée du curé Florentino Díaz, elle se mit à échanger des messages avec les militaires en garnison au fort de San Diego. Ceux-ci proposèrent à Escudero, à travers l'homme d'Église, des garanties s'il restait sur place. Connaissant la valeur de la parole de ses ennemis, Juan R. s'entêta dans la fuite mais sa mère menaça de se jeter dans un puits s'il s'en allait. Ainsi contraint, le chef acapulquien invalide céda et ses frères demeurèrent avec lui. Le reste des dirigeants du POA quitta Acapulco.

Juan ordonna à ses frères de brûler les archives. L'autodafé eut lieu à l'arrière de la cour, où était enterré le bras de Juan.

Quelques heures plus tard, une patrouille envoyée par le capitaine Morlett se présenta devant la maison de la famille Escudero. Juan s'opposa violemment à sa mère en disant : « Où sont les garanties qu'ils t'avaient offertes ? » Doña Irene fit encore tout son possible pour que ses fils se livrent pacifiquement ; elle appela à son secours le curé, que Juan refusa de recevoir. Pour finir, les militaires enfoncèrent les portes et arrêtèrent Juan, Francisco et Felipe Escudero ; tous trois furent conduits au fort de San Diego. L'un des militants du

POA restés en ville fit encore une tentative pour délivrer les frères Escudero, mais leur mère s'interposa de nouveau et l'en dissuada, affirmant qu'en cas d'affrontements armés, on tuerait ses fils. Intervention heureuse cette fois, car la majorité des gens de la côte prêts à se lancer à l'assaut d'Acapulco étaient désarmés.

Le lendemain, à 20 heures, guidés par Amadeo Vidales, les groupes d'agrariens de Tecpan et Atoyac prenaient Pie de la Cuesta et fermaient les voies de ce côté du port. Amadeo appelait les habitants au soulèvement populaire contre les delahuertistes de la garnison d'Acapulco et demandait aux agrariens de la Costa Grande et de la Costa Chica de se rassembler autour de la ville.

Les frères Escudero demeurèrent quatre jours enfermés dans le fort de San Diego. Ce délai permit aux militaires de négocier le prix de la tête des dirigeants populaires acapulquiens avec les établissements commerciaux. Dans les grands livres de compte de ces firmes, de mystérieuses sorties d'argent ont été consignées. Selon Mario Gil, la collecte réalisée parmi les propriétaires des maisons commerciales atteignit 30 000 pesos (une véritable fortune à cette époque), destinés au colonel Sámano et au major Flores. Ils avaient offert au capitaine Morlett la somme de 10 000 pesos de récompense et Reginaldo Sutter y ajoutait la promesse de lui accorder la main de sa fille Ernestina, dont le *pistolero* était amoureux.

Dans le fort de San Diego, Felipe passait son temps à jouer du violon. Il avait convenu avec sa femme qu'il en jouerait à des heures précises, afin que l'on sût qu'ils étaient vivants. Quelques notes de la valse *Evella*, son morceau favori, se répétaient donc.

La transaction prit fin le 20 décembre. Au milieu de la nuit, les frères Escudero quittèrent le fort dans un camion de l'usine La Especial, propriété des *gachupines*. Ils étaient placés sous la surveillance d'un groupe de militaires commandés par le capitaine Morlett et les *pistoleros* de Rosalío Radilla et Reginaldo Sutter. En chemin, Felipe tenta de se rebeller et se battit à coups de pieds avec un soldat, mais il fut maîtrisé.

Le camion s'arrêta à l'endroit où les travaux de la route vers Chilpancingo s'interrompaient et on les conduisit vers la localité d'Aguacatillo. Les deux frères portaient Juan sur leurs épaules. À une heure du matin, les trois Escudero furent alignés devant un buisson et fusillés. Pour s'assurer que leurs fantômes ne reviendraient pas, Felipe, qui avait vingt-deux ans, reçut quatorze coups de feu et Francisco, trente ans, sept balles. Après l'exécution, le capitaine Morlett appliqua le canon de son pistolet à la base du nez de Juan pour lui donner le coup de grâce.

À l'aube du 21, un paysan, Leovigildo Ávila, découvrit les corps. Il s'en approcha et se rendit compte que l'un des trois frères vivait encore : c'était Juan Ranulfo Escudero, qui lui demanda d'aller chercher Patricio Escobar à La Venta, afin de faire une déclaration concernant l'identité des auteurs du meurtre de ses frères. Terrorisées, les autorités de ce village refusèrent d'aller le chercher et de le conduire à Acapulco pour qu'il y soit soigné. Il présentait sept blessures par balles sur l'ensemble du corps, mais le coup de grâce avait ricoché sur l'os sans entrer dans le crâne.

Lorsque la rumeur parvint à Acapulco que Juan et ses frères avaient été assassinés à Aguacatillo, une énorme procession d'hommes et de femmes quitta la ville. Les propriétaires des établissements commerciaux ne purent croire le bruit selon lequel Juan R. Escudero était encore vivant. L'un d'entre eux envoya un homme porter un message au médecin et vice-consul nord-américain Pangburn, l'avertissant que s'il essayait de porter secours à Escudero et de le ramener à la vie, ils le tueraient.

Mais Juan vivait lorsque les premiers groupes arrivèrent en milieu d'après-midi. Peu à peu, une foule se rassembla autour des corps de Francisco, Felipe et Juan. Selon les hommes et les femmes qui se tenaient assez près pour entendre ses étranges balbutiements hachés, le survivant disait : « Continuez, faites que notre mort n'ait pas été vaine. » L'assemblée espérait un second miracle. On embarqua Juan dans une bétaillère conduite par M. Ponce, le beau-frère de Francisco, pour l'emmener à Acapulco. Le peuple marchait derrière le camion.

À 19 heures, soit dix-huit heures après qu'on lui eût donné le second coup de grâce de sa vie au lieu-dit El Raicero, sur la route Acapulco-Chilpancingo pour laquelle il avait tant lutté, Juan Ranulfo Escudero s'éteignit à l'âge de trente-trois ans dans les bras d'amis et de camarades.

LIBRADO RIVERA

ou le retour d'exil du dernier magoniste

Le vieil homme regarde vers le sol comme pour s'assurer qu'il foule vraiment le territoire mexicain. Puis il jette un coup d'œil en arrière, vers les deux agents nord-américains qui l'ont conduit menottes aux poignets depuis Fort Leavenworth, et qui s'en retournent à présent vers les États-Unis d'Amérique. Il a gagné une bataille. Il soupire et sourit. Une petite guerre, personnelle et obstinée. Une infime satisfaction dans une énorme déroute.

Mentalement, il compose son premier manifeste sur le territoire mexicain : Manifeste aux travailleurs du monde deux points à la ligne Je suis le félon forçat de Leavenworth point à la suite Je suis l'insupportable virgule le perturbateur de l'ordre points de suspension J'arrive déporté point d'interrogation inversé (car désormais les machines à écrire doivent comporter des points d'interrogation de début de phrases, n'est-ce pas ?) pour ne plus jamais revenir fin de l'interrogation Cela aussi m'honore devant vous point d'exclamation inversé Au combat frères point d'exclamation Me voici virgule prêt à vous aider dans la poursuite de l'œuvre interrompue...

Parce que c'est de cela qu'il s'agit : renouer, reprendre la guerre sociale. Cette pensée l'a empêché de mourir de tristesse lorsque Ricardo a été assassiné. Cette pensée l'a gardé debout.

Le vieil homme (cet individu qui a fêté ses cinquante-neuf ans voilà à peine deux mois est-il vieux ?) sait qu'il doit se défaire des histoires passées. Ce ne sont pas des histoires mauvaises, bien sûr, mais il faut les abandonner, les laisser reposer dans les nuits de rêves de gloire et de cauchemars. « Il serait lamentable de gâcher le peu de vie qu'il me reste en contemplations ou en plaintes », se dit-il.

Moi non plus, je ne vais pas revenir sur ces vieilles histoires, James D. Cockroft les a déjà racontées et mon ami Jacinto Barrera le fera bientôt. Le vieil homme et moi sommes aujourd'hui réunis ici, sur le papier, soixante-dix ans plus tard, pour raconter une histoire qui s'ouvre lorsque deux agents de police gringos ôtent les menottes à un homme de cinquante-neuf ans, édenté, rongé par la maladie (« Je ne suis plus qu'un déchet humain ; malade, vieux et n'ayant déjà plus de dents »), et le laissent sur la ligne marquant la frontière. Tout commence lorsque Librado Rivera rentre au Mexique après dix-huit ans d'exil, dont onze ans et demi dans les prisons nord-américaines. C'est-à-dire au moment où Librado revient dans son pays pour vivre sa dernière grande aventure, pour donner forme et contenu à l'hallucinante saga dont il sera le protagoniste au cours des neuf années à venir.

De sorte que cette histoire débute à la fin du mois d'octobre 1923, lorsque le dernier magoniste franchit la frontière. Bien qu'il soit sans doute aussi nécessaire de revenir brièvement en arrière, peut-être cinq ans plus tôt, afin de donner un résumé extrêmement concentré des origines de sa détention ainsi que de la guerre privée et publique qui a permis qu'à ce moment précis, Librado marche de nouveau sur le sol mexicain.

En août 1918, Librado Rivera et Ricardo Flores Magón furent condamnés à quinze ans de prison pour des délits de presse aux États-Unis. Leur *Manifiesto a los trabajadores del mundo* devint le prétexte pour qu'au cœur d'une terrible vague de répression qui frappa toute la gauche radicale nord-américaine, les Mexicains fussent arrêtés et le journal *Regeneración* interdit. Leur détention marginalisait très opportunément l'aile la plus radicale de la gauche révolutionnaire mexicaine. Quatre ans plus tard, Pancho Villa mis en déroute, Emiliano Zapata assassiné, les secteurs modérés victorieux, la révolution en processus d'institutionnalisation, les congrès des États se firent l'écho des revendications ouvrières et firent pression sur le gouvernement des États-Unis pour qu'il libère les magonistes prisonniers. En avril 1922, le corps législatif du Yucatán soumit sa propre requête aux autorités nord-américaines et dans les mois qui suivirent, les assemblées de San Luis Potosí, Durango, Sonora, Coahuila, Querétaro, Hidalgo, Aguascalientes et Mexico se prononcèrent dans le même sens. À l'initiative officielle s'ajoutèrent des milliers de lettres d'organisations syndicales, fréquemment accompagnées de mobilisations, d'arrêts de travail et de manifestations devant les consulats nord-américains au Mexique. Ces efforts se révélèrent insuffisants. Ils étaient prisonniers et ils le resteraient jusqu'à nouvel ordre. Seulement prisonniers ? Le 16 novembre 1922, Ricardo Flores Magón mourut dans des circonstances très étranges. Le médecin de la prison produisit un certificat attribuant son décès à une angine de poitrine. Librado Rivera fut contraint de communiquer la nouvelle à l'extérieur sans exprimer ses doutes. Qu'il soit mort par manque de soins médicaux, c'était évident, mais y avait-il eu autre chose ? Dans la prison, des rumeurs selon lesquelles il avait été étranglé par un surveillant commencèrent à circuler. Quelques jours plus tard, un prisonnier mexicain tua l'assassin présumé. Tout demeura obscur : on interdit à Librado non seulement de chercher à en savoir plus, mais également d'informer l'extérieur (« Je regrette de ne rien pouvoir te préciser au sujet de notre frère commun, je n'ai pas la liberté de le faire »).

Pendant deux mois, le vieil homme sombra dans une terrible dépression, prostré au fond de sa cellule, qu'il quittait seulement pour prendre connaissance des nouvelles sur la réception faite au Mexique de la dépouille de Ricardo : « Ces manifestations d'affection de la part de nos camarades, esclaves du salaire, me soulagent beaucoup et m'apportent la tranquillité d'esprit. »

Après tout, la mort ne condamne pas à l'anonymat, à la solitude définitive. Ces "autres", qui n'avaient été que des images pendant les derniers jours du magonisme, existaient bel et bien. C'étaient des ouvriers, des paysans, des communautés agraires, des syndicats, des drapeaux rouges et noirs dans les gares, des cris « *Vive Tierra y Libertad* ! », une rumeur de foules.

Librado Rivera frissonnait, agité par le cri ou par le silence des groupes de travailleurs qui veillaient le corps de Ricardo, de l'autre côté de la frontière. Le dernier magoniste vibrait de l'hommage rendu et se préparait pour le prochain combat, celui qu'il mènerait quand il traverserait le Río Bravo.

En avril 1923, la chambre des députés de l'État de San Luis Potosí approuva une pension de 5 pesos quotidiens pour Librado Rivera tant qu'il demeurait en prison ; il refusa cet argent : « Je ne veux rien de la part de l'État », déclara-t-il. À cette période, réaffirmant son anarchisme, il écrivait :

> On exige que j'obéisse à la loi, mais quelle loi est faite pour aider le pauvre ? Toutes les lois sont faites pour protéger le riche, et la plus inique de toutes est la loi qui considère comme sacré le droit à la propriété privée, qui est la base de toutes les inégalités sociales et de toutes les injustices [...]. Si cette loi n'existait pas, nos difficultés se résoudraient facilement et de manière satisfaisante pour le bien de tous [...]. Mes sentiments et mon amour de l'humanité se tiennent bien au-dessus de toute loi.

Les mobilisations au Mexique, la mort de Ricardo, le caractère de "précurseurs de la révolution" (de *cette* révolution qui est aujourd'hui un pouvoir) à travers lequel le gouvernement voulait institutionnaliser les magonistes pour les tirer de la lutte quotidienne et les placer dans les livres d'histoire, permet à un front très large de se créer pour la libération de Rivera. Aussi bien les anarcho-syndicalistes de la CGT que les syndicats de cheminots, la direction corrompue des syndicats officiels de la CROM, les anciens magonistes qui avaient rejoint l'aile gauche du gouvernement comme Díaz Soto y Gama ou Villarreal, le président Obregón en personne ou l'ex-chef de l'État, De la Huerta, tout le monde se mobilise à un degré plus ou moins important pour faire pression sur les Nord-américains.

Au début du mois de mai 1923, l'ambassadeur mexicain à Washington sollicite la grâce de Rivera auprès du département d'État. Ce dernier ajourne sa réponse, le temps de mandater des hommes pour aller sonder le vieux détenu de Leavenworth. Le 9, on lui propose la liberté conditionnelle, qu'il refuse. Il ne se reconnaît pas coupable, il ne reconnaît pas le crime pour lequel il a été emprisonné (« Ce n'est pas un acte criminel mais un acte de justice louable »). Le 27, les autorités insistent pour qu'il accepte une remise de peine dont la condition tenait à la reconnaissance de son délit. Pour toute réponse ils n'obtiennent que ceci : « Loin de mon esprit l'idée d'abandonner la lutte entamée il y a tant d'années en faveur du pauvre. Les menaces et les châtiments ne me rendent pas lâche et ne me découragent pas ; vous parviendrez encore moins à me convaincre que j'ai mal agi. Ce genre de tactique ne produira de bons résultats que sur des gamins [...]. Je ne courberai pas l'échine, je ne me repentirai jamais. »

Le département d'État décide alors de ne pas accorder la grâce que Rivera refusait d'accepter et en informe l'ambassade mexicaine en juin. Mais les pressions continuent. Finalement, le 6 octobre, les autorités nord-américaines, relativement lasses de "l'affaire Rivera", décident de commuer la peine de quinze ans d'incarcération en bannissement. Librado a gagné. L'ambassade mexicaine lui offre, à travers le consul du Mexique à Kansas City, le règlement des frais de transport jusqu'au point du Mexique de son choix.

Librado répond : « Je ne suis pas disposé à l'accepter, malgré ma pauvreté et le peu de moyens dont je dispose » ; et plus tard il écrira à un camarade : « J'ai préféré revenir en prisonnier, isolé, exactement comme m'ont traité les policiers de ce pays, jusqu'à ce qu'ils me livrent aux mains des autorités mexicaines à la frontière. »

Là, le dernier magoniste se retrouve sans argent, malade,

sans projets – à moins que l'intention de se rendre à San Luis Potosí pour voir sa vieille mère (« Je crains que la pauvre femme ne me reconnaisse plus ») puisse être appelée projet. Pendant son incarcération aux États-Unis, son épouse est morte et ses enfants sont restés là-bas ; ses camarades de lutte sont tombés au combat au cours d'innombrables soulèvements et affrontements armés pendant les vingt dernières années, et quand ce n'est pas le cas, ils se sont rendus face au réalisme cynique de cette demi-révolution. Mais Librado, entouré de défaites et de morts, qui veille sur des principes et des cadavres touchants, ne s'est pas rendu. N'importe quel observateur impartial pourrait détecter un éclat dans les yeux de ce visage buriné et anguleux, une force qui irradie de cette figure couronnée d'une mèche de cheveux crépue moutonneuse, à présent presque blanche, le corps dans un costume qui n'a pas l'air à sa taille. Dans une lettre, Librado dira en se référant à sa situation : « Ça n'a pas d'importance, mon frère, j'ai de l'énergie à revendre pour continuer la lutte. »

Désespérément, Nicolás T. Bernal, l'homme-orchestre du comité de soutien aux prisonniers de la CGT, offre des livres gratuits à ceux qui accepteraient d'envoyer une petite aide économique à Librado. Il semble que le plan fonctionne car Rivera se rend à San Luis Potosí et s'installe dans sa maison de famille, au numéro 16, Tercera de Vallejo. Presque immédiatement, il prononce dans un club d'ouvriers un discours sur les prisonniers du Texas, des magonistes encore détenus. Il publie un *Manifiesto a los trabajadores del mundo*, dans lequel, après s'être déclaré prêt à poursuivre la lutte, il annonce qu'il est en train de travailler à un texte sur la mort de Ricardo Flores Magón, mais que la maladie et le manque de moyens l'ont empêché de l'achever.

Au cours de cette première étape, où il se consacre à rétablir des relations épistolaires avec les groupes anarchistes dispersés dans le pays et avec ses vieux amis nord-américains ou européens, il paraît recouvrer des forces et se replacer dans le paysage politique national. On voit les choses d'une manière totalement différente lorsque les barreaux et la distance n'altèrent ni ne déforment la vision du pays lointain : Obregón et les anciens magonistes sont au pouvoir, on assiste au triomphe de la révolution des mensonges. Il observe attentivement aussi l'opposition ouvrière anarcho-syndicaliste, la CGT. Elle présente probablement des affinités avec lui. Mais Librado est de retour après de nombreuses années de vie de sectaire dans le sanctuaire magoniste nord-américain violé, et il n'est pas question de s'associer au premier venu. Les projets varient, les noms changent : il y a le syndicalisme jaune, que depuis leur prison Flores Magón et lui ont considéré comme un allié potentiel en raison du soutien qu'il apportait à la cause des prisonniers. Mais vue de plus près la CROM lui apparaît davantage comme un nid de vipères qui a usé et abusé du prestige de Ricardo à seule fin de créer un syndicat allié du gouvernement ; il y a les groupes syndicaux autonomes de cheminots ; il y a l'agrarisme avorté, domestiqué de Soto y Gama ; il y a les groupes anarchistes, surtout celui de Nicolás T. Bernal, avec son travail de diffusion de la pensée magoniste ; enfin, il y a Enrique Flores Magón, le frère du chef historique, le dernier déserteur, un homme qu'il faut surveiller de près, surtout à présent qu'il s'est embarqué dans une tournée de soutien à la république, qui si elle ne lui a rapporté aucun succès, lui a fait beaucoup de publicité.

Il faut examiner minutieusement tout cela avant de prendre des décisions, se dit le vieux Librado, tandis que le bon air de San Luis Potosí associé à une nourriture saine lui redonnent des forces.

"L'ennemi" s'avance vers lui et tente de le séduire. L'opération d'institutionnalisation des "précurseurs" se rapproche. Obregón pratique une méthode que ses héritiers appliqueront officiellement pendant des décennies :

> Durant mon séjour à San Luis Potosí on m'a proposé un poste de sénateur, un autre de député et, finalement, l'un de mes élèves, actuel directeur de l'École normale, m'a offert les chaires de philosophie et de pédagogie, moyennant un salaire régulier. Mais je n'ai rien accepté de tout cela malgré la misère dans laquelle j'ai toujours vécu.

Que cherche Librado tandis qu'il se remet physiquement ? La poursuite du projet magoniste. Par où cela passe-t-il ? Que peut représenter le magonisme sans sa raison d'être originelle, à savoir l'opposition à la dictature de Porfirio Díaz ? La lutte contre le gouvernement réactionnaire de Carranza qui a tourné casaque ? Quelles sont les voies de la prochaine révolution, celle qui détruira l'État, la propriété privée et apportera le règne de la solidarité sur terre ?

Certains de ses amis l'encouragent à chercher un accord avec Enrique Flores Magón, qui a parcouru le pays pendant toute l'année 1923 en une tournée d'agitation, en faisant la promotion d'un nouveau lancement de *Regeneración*. On lui suggère même la possibilité de prendre la tête d'une Fédération de Grupos Anarquistas Mexicanos, pour réunir les deux douzaines de groupes où s'est réfugié ce qu'il reste du mouvement magoniste, avec les nouveaux hommes qui surgissent dans la chaleur du syndicalisme libertaire de la CGT et qui le revendiquent comme l'un de leurs tuteurs idéologiques. Librado se montre réticent devant ces propositions. Il n'a pas l'air de croire aux organisations centralisées, et refuse cette fédération. Néanmoins, il est convaincu des vertus de la propagation des idées, de la magie de la parole écrite. Il sympathise avec la CGT, mais sans pour autant rejoindre ses rangs. Les tensions entre le passé et le présent sont très importantes.

Vers la fin du mois de juin, son ami Pierre constate que le vieil homme se trouve « en meilleure santé et que l'équilibre vital se rétablit progressivement dans son organisme brisé par sa longue détention à Leavenworth. »

Un mois plus tard, Librado participe à la mise en place du groupe anarchiste Tierra y Libertad dans la ville de San Luis Potosí. Sa fonction essentielle sera d'assurer "la propagande révolutionnaire parmi les paysans". Il compte quinze jeunes militants.

L'heure de renouer avec la lutte approche. San Luis Potosí n'est qu'une scène limitée pour les actions à venir. De plus, dans son foyer, Librado est l'objet d'importantes pressions de la part de sa vieille mère : prise d'une crise de sénilité, elle s'efforce de faire revenir son anarchiste de fils dans le giron de l'Église. Les conditions pour quitter la ville semblent favorables lorsque José C. Valadés, le responsable de la CGT, passe par San Luis Potosí. Il revient de Tampico et se dirige vers la capitale. Le port pétrolier se trouve alors en pleine effervescence de syndicalisme révolutionnaire, et il n'est pas difficile de reconstituer les arguments de Valadés : Tampico représente un véritable bastion pour la confédération, non par le nombre d'adhérents (près de douze mille) mais grâce à leur valeur morale. D'abord, dans leur puissante et courageuse conviction anarchiste (c'est la seule partie du pays où il y a des camarades venus de différents endroits du monde, même de l'Asie) ; et ensuite, l'organisation ouvrière de Tampico affecte les grands intérêts de Wall Street.

Le principal obstacle, économique, semble se résoudre grâce à une invitation du florissant syndicat anarcho-syndicaliste du pétrole à se rendre à Tampico pour commencer à donner des conférences dans les différentes sections de l'organisation. Librado n'hésite pas une seconde ; après une conversation avec Valadés (la deuxième semaine de septembre 1924) il boucle ses valises et part pour l'épicentre de la guerre sociale : Tampico !

Le port et sa ville jumelle, Villa Cecilia, sont sans nul doute le cœur non seulement de la région pétrolière et portuaire mais également de l'ascension des luttes ouvrières. Les anarchistes se disputent âprement avec quatre autres tendances la direction idéologique du mouvement. Un phénomène qu'on n'a constaté que dans cette région : dans d'autres endroits du pays, la lutte tend à opposer seulement trois forces : les jaunes de la CROM, les blancs du patronat et les rouges (anarchistes, communistes ou *woblies)*. À Tampico tout est plus complexe : certains jaunes de la CROM utilisent leurs relations avec le gouvernement central pour se ménager un espace de manœuvre. Librado ne les connaît pas très bien à ce moment-là ; leur radicalisme déclaré, leur hommage aux personnalités magonistes le troublent, il ne les comprend pas encore pour ce qu'ils sont : une partie du processus d'institutionnalisation des "précurseurs", où ne demeurent que les apparences et les mots, mais pas l'engagement dans les idées et les actes. Le centrisme, connu à Tampico comme un autonomisme, trouve son point d'appui dans la grande organisation des dockers, qui entretient des relations assez peu transparentes avec la grande figure politique locale, Emilio

Portes Gil. Autour d'eux et de leur pouvoir s'articulent de multiples syndicats. Le parti communiste a avancé quelques pions dans le mouvement à travers sa branche locale, dans laquelle militent quelques cadres importants du syndicalisme pétrolier. En outre, il existe aussi dans le port une tendance liée aux IWW.

Dans le camp anarchiste, certains groupes se démarquent des autres : les Frères Rouges, de Villa Cecilia, une équipe qui se consacre à la propagande et a démontré sa constance en éditant d'abord *El Pequeño Grande* puis *Sagitario* ; Les Égaux, un corps complètement dévoué à l'organisation de la fédération locale de la CGT, qui est parvenu pendant l'année écoulée à mettre en place la coordination anarcho-syndicaliste, après deux combats terribles (la grève des travailleurs des eaux minérales et celle des pétroliers de la Huasteca).

Curieusement, Librado choisit de rejoindre les Frères Rouges. Le travail de propagande est plus près de son expérience, de son entendement. En se liant à l'anarchisme le plus strict, cet anarchisme plus "de groupe" que de "ligne de masse", il retrouve un nouveau souffle.

Un compte-rendu du secrétaire de la CGT à l'Internationale anarcho-syndicaliste (AIT) rapporte le changement intervenu en seulement un mois : « Par exemple, les camarades qui éditent *Sagitario* à Tampico, enfermés dans leur politique de groupe et qui avaient complètement abandonné le mouvement ouvrier, ont maintenant compris leur erreur. Le dernier numéro de *Sagitario* illustre ce virage. »

Librado, aidé de la petite équipe de *Sagitario*, où on remarque Pedro Gudiño, incarne brusquement le centre du mouvement syndical antigouvernemental du pays. Immédiatement à son arrivée, un événement va le bouleverser profondément, et en même temps démontrer que le vieil homme est au mieux de sa forme, prêt à passer à l'action et à faire entendre sa voix dans la lutte. Le 1er octobre, des forces de l'armée ouvrent le feu sur une manifestation des travailleurs en grève de la Mexican Gulf. La répression s'exerce contre le second grand syndicat pétrolier monté par les anarchistes. En quinze jours, Librado publie trois articles à propos de cette tuerie qui provoquent des étincelles, dénonçant particulièrement le fait que les gens sur lesquels on a tiré (parmi lesquels il y a un mort et plusieurs blessés, en plus des arrestations ultérieures) n'étaient pas armés au moment des heurts. Son langage n'a rien perdu de sa force (« Nous protestons contre cette maudite soldatesque assassine ») et son style rompt avec la tradition de *Sagitario* tendant au journalisme d'idées, pour se concentrer sur un journalisme de dénonciation et d'information.

Le sang coule à nouveau dans les veines du vieil homme. Une adresse à Villa Cecilia apparaît sur ses circulaires. Il s'agit d'une pièce ronde, suffocante, avec seulement une espèce de matelas en paille recouverte d'une peau de bœuf en guise de lit. C'est là que se trouve également l'imprimerie : cinq ou six boîtes de caractères et une petite presse à pédale sur une étagère. Rivera et Gudiño écrivent. Le premier compose et met les pages en forme ; le second pédale sur la presse, après sa journée de travail.

C'est ainsi que naissent *Sagitario* et ses cinq mille exemplaires distribués aux groupes anarchistes du pays et aux militants étrangers. De quoi vit Librado ? Son travail de typographe lui permet sans doute de toucher une petite somme sur ce que rapporte le journal. Mais cela ne suffit même pas à couvrir les plus petites dépenses de sa vie misérable. Il retire également quelque argent de la vente de diverses choses liées au Groupe Ricardo Flores Magón, que Nicolás T. Bernal lui fait parvenir de Mexico : à soixante ans, Librado est vendeur ambulant aux portes des usines et des ateliers, sur les barques qui traversent le fleuve pour emmener les ouvriers dans les raffineries des textes de Magón, de Reclus, de Praxedis Guerrero, des biographies de Bakounine.

L'image du vieil anarchiste commence à devenir populaire dans les réunions, les grèves, les meetings et les événements culturels.

Ses articles, deux ou trois dans chaque numéro, sont publiés dans les pages de *Sagitario* et d'*Alba Anárquica* de Monterrey, d'*Horizonte Libertario* d'Aguascalientes et de *Nuestra Palabra* ou de *Verbo Rojo*, édités à Mexico.

Bien qu'absorbé par ces tâches journalistiques, Librado trouve tout de même le temps de solder ses dettes affectives :

il monte le comité de défense des magonistes prisonniers au Texas. Le groupe est chargé de faire connaître les raisons pour lesquelles Rangel et ses camarades sont incarcérés, de faire circuler des pétitions réclamant leur libération et de collecter des fonds.

Autour de lui, de grandes agitations secouent la région pétrolière de Veracruz et de Tamaulipas, au milieu de laquelle se situe Tampico. La grève de la Mexican Gulf échoue mais presque aussitôt celle de la Huasteca Petroleum, également menée par les anarchistes, débute (février 1925). Puis l'agitation gagne les champs de la Corona et de la Transcontinental, où préexistait déjà une branche de l'IWW. Librado affine ses positions face au mouvement syndical et commence à dénoncer les malversations de la CROM, ses alliances avec le gouvernement et les capitalistes pour prendre la tête du mouvement protestataire.

En février 1925, le vieil anarchiste s'engage pleinement dans la grève des professeurs de l'enseignement primaire de Villa Cecilia, dirigé par la fédération locale de la CGT.

Durant les six premiers mois de 1925, la question de savoir quelle force syndicale serait déterminante dans la région pétrolière demeure sans réponse. Librado met son grain de sel dans l'affaire, en soutenant les anarcho-syndicalistes avec sa machine à écrire et *Sagitario*. En huit mois, il édite en collaboration avec Pedro Gudiño onze numéros du journal, où il écrit vingt-six articles. Ce n'est pas assez. De même que la ténacité propagandiste de Librado est insuffisante, le travail des cadres de la CGT, Ríos, Valadés et Antonio Pacheco (restés à Tampico plusieurs mois pour essayer de consolider le mouvement) ou les terribles grèves des dragueurs, des enseignants, des ouvriers agricoles et pétroliers ne suffisent pas non plus. Victimes de la répression, attaqués par les syndicats blancs, la CROM et les autonomes, objets de pressions de la part des compagnies comme du gouvernement, les anarcho-syndicalistes sont laminés. En août, le mouvement est réduit à sa plus simple expression. Librado et le groupe Frères Rouges tiennent encore debout et continuent à faire paraître *Sagitario*, mais avec moins de régularité et en drainant moins de force derrière lui.

En mai, Librado avertit que l'arrivée de Plutarco Elías Calles à la présidence de la République marquerait une étape noire, tant pour le mouvement ouvrier et paysan que pour son courant le plus radical. Dans un article significativement intitulé "À bas tout gouvernement", il écrit : « Nous vivons en plein despotisme. Nous entrons dans la période glaciaire de la tyrannie. » Et, comparant le nouveau chef de l'État à son vieil opposant, il ajoute : « Díaz ne se faisait pas appeler révolutionnaire ni ami des travailleurs, lui. »

La crise du syndicalisme rouge dans la région pétrolière ne décourage pas le vieux magoniste, qui en matière d'échecs a acquis bien de la sagesse. En 1925 et 1926, il se lance dans plusieurs croisades. La plus importante est probablement celle qu'il engage pour la libération de Nicola Sacco et de Bartolomeo Vanzetti. Elle ne s'achèvera qu'en 1927, avec l'exécution des deux anarchistes italo-américains. Entré en relation avec eux à travers le réseau de publications anarchistes existant aux États-Unis, Librado échange avec les deux détenus une correspondance personnelle, dont il publiera certains fragments pour servir leur cause.

Vanzetti écrit à Librado, au milieu de 1925, une lettre dans laquelle il le remercie pour le travail des groupes de Tampico et de Villa Cecilia, et se préoccupe du sort des prisonniers du Texas. Il achève en demandant : « Déposez en mon nom une fleur rouge sur la tombe de notre inoubliable Ricardo. » Sans doute Librado n'a-t-il jamais apporté la fleur de Bartolomeo Vanzetti à Mexico, mais une chose est sûre : il n'oublie pas les deux anarchistes italiens. La campagne menée par *Sagitario*, à laquelle se joignent d'autres journaux anarchistes mexicains, sensibilise les syndicats rouges.

En janvier 1926, des manifestations ouvrières se déroulent à Puebla, devant le consulat nord-américain. Au mois de mai, Vanzetti adresse un courrier à Rivera, reproduit dans *Sagitario* :

> Mon cher camarade Rivera,
> Aujourd'hui le tribunal de la Cour suprême de l'État du Massachusetts a rejeté notre appel. Lorsque ces nouvelles vous parviendront, elles vous surprendront autant qu'un éclair dans un ciel limpide. Toi, tu connais trop bien ce pays pour ne pas

comprendre ce que ce refus signifie. Il ne faut pas se faire d'illusions ! Il n'y a plus que les travailleurs du monde entier avec vous tous, nos camarades, qui puissiez nous sauver de la chaise électrique et nous rendre la liberté. Courage, camarade Rivera, et que notre sort ne t'attriste pas. Nous saurons être des hommes jusqu'à la mort. Notre devise est et sera toujours : la liberté ou la mort. Souvenirs fraternels à tous les travailleurs du Mexique...

L'appel désespéré de Vanzetti et le combat de Librado sont à l'origine d'un mot d'ordre de la section locale de la CGT de Tampico appelant les travailleurs à boycotter les marchandises nord-américaines, ainsi qu'un accord du congrès cégétiste de juillet 1926 pour intensifier la campagne de solidarité avec Sacco et Vanzetti. Les IWW manifestent et le PCM intervient largement dans l'affaire à travers sa ligue internationale de soutien aux hommes qui luttent et sont persécutés. Malgré la mobilisation internationale, dont les actions mexicaines ne représentent qu'une infime partie, l'heure de "l'assassinat légal" approche. Vanzetti et Sacco adressent une nouvelle lettre aux anarchistes mexicains :

La date de notre exécution a été fixée au 10 juillet : l'ennemi ne nous a laissé que quelques jours à vivre [...]. Nous emporterons votre souvenir au fond de la tombe. Mais permettez que nous vous parlions aussi de la vie. Camarades et amis : vivez heureux et fiers. Il ne faut ni plier ni renoncer face à la douleur ou à l'échec [...], l'ennemi ne peut détruire des idées, des droits, des vérités ou des causes.

La réponse de la CGT consiste en une grève d'un jour, le 15 juin 1927, avec mobilisations devant les consulats nord-américains, envoi de messages et de télégrammes. La grève se répète le 10 août (douze jours avant l'exécution), avec la participation des syndicats de la CROM.

La fin de 1925 et l'année 1926 voient Librado se concentrer sur des activités de propagande idéologique, car le mouvement syndicaliste révolutionnaire de la région pétrolière est en crise. Pendant ces quinze mois, il publie des articles sur "la farce de la répartition des terres", avançant une position antipolitique, coopérativiste et anarchiste quant au problème de la distribution de la terre et appelant à la défense armée des paysans contre les agressions des militaires et des mercenaires à la solde des propriétaires fonciers. Il soulève une violente polémique avec les communistes et prend la défense des Indiens Yaquis en guerre contre le gouvernement central.

À cette même époque, la répression calliste commence à frapper les groupes anarchistes de la région, laissant toutefois en paix les "petits vieux" de *Sagitario*. En octobre 1925, la police fait irruption dans un meeting du groupe Afinidad, provoquant un échange nourri de coups de feu. Incident qui se termine par l'arrestation de trois organisateurs et d'un distributeur de *Sagitario*. En janvier 1926, Román González, qui diffuse la propagande anarchiste des groupes Afinidad et Luz al Esclavo, est jeté en prison. Finalement, le 31 mars 1927, la police met la main sur Florentino Ibarra, l'un des vendeurs de *Sagitario*.

Librado a déjà publié treize numéros de *Sagitario* à cette date. À la une de la dernière livraison du 26 mars, s'étale une virulente attaque contre la politique gouvernementale consistant à faire la guerre aux Yaquis dans l'État de Sonora.

Le 1er avril 1927, vêtu d'un costume malpropre, un vieil homme décharné se présente dans le bureau du chef de la police de Tampico. Face à lui, "un individu de très petite taille, à la figure ronde, au teint jaunâtre" : le colonel Rivadeneira.

Librado dit : « Je désire connaître la raison de l'arrestation du travailleur Florentino Ibarra. » Le colonel répond qu'il l'ignore et envoie le sexagénaire s'entretenir avec le prisonnier. Dans sa cellule, Ibarra raconte qu'il a été appréhendé alors qu'il vendait *Sagitario*. Cela ne satisfait pas Librado qui retourne voir le colonel. Il lui est rétorqué que le chef de la police ne peut pas conserver en mémoire les raisons de toutes les détentions, et qu'on n'est pas au bureau des renseignements. Les policiers présents s'efforcent de faire taire le vieil homme qui continue à protester. Librado les traite de "pauvres flics". Il est écroué pour outrage à agents. Librado demande : « Qu'est-ce que vous avez l'intention de faire de moi ? » Un long silence s'abat. « Vous pouvez vous en aller », réplique l'un d'eux. Mais le vieil homme n'en reste pas là. Il rend visite au juge du district, qui affirme ne rien savoir. Il se rend de nouveau à la police et voici son propre récit de l'épisode :

> Je retournai voir le chef de la police, à qui je rapportai ce que le juge du district avait dit.
> — Bien, fit-il, c'est vous qui écrivez ce journal ?
> — Oui, c'est moi. Et s'il y a quelque chose qui ne va pas dans ce journal, j'en suis le seul et unique responsable, aussi je désire que vous libériez Ibarra sur-le-champ.
> — Qu'on arrête cet homme, sur ordre du tribunal du district.
> — Le tribunal du district ne sait rien de cette affaire, fis-je remarquer, à moins que ce ne soit vous qui donniez vos ordres au juge du district.
> — Nous sommes l'autorité, et c'est l'autorité qui commande.

Librado est conduit à la prison d'Andonegui. Le 3 avril, il comparaît devant le représentant du ministère public. Une commission de la ligue internationale de soutien aux hommes qui luttent et sont persécutés vient alors exiger la libération des deux détenus. Pour leur faire peur, le procureur leur demande s'ils partagent les idées de *Sagitario*. L'un des membres de la commission, Francisco Flores, répond par l'affirmative et se retrouve immédiatement incarcéré ; deux autres éludent la question en déclarant défendre la liberté d'expression et les travailleurs.

À partir de ce moment, un duel s'engage entre le magistrat et le vieil anarchiste, une joute verbale des plus captivantes :

> — Connaissez-vous ce journal, monsieur Rivera ?
> — Oui, je le connais, puisque que c'est moi qui l'ai fait. Et pour ce qui concerne les articles qui ne sont pas signés, il s'agit d'un oubli de ma part, j'en suis également l'auteur.
> — Le premier article, intitulé "Par la raison ou par la force", contient, tout comme le suivant, des propos calomnieux à l'égard du président, en particulier quand il est écrit que c'est un assassin.
> — Un assassin, c'est quelqu'un qui tue une autre personne de

manière totalement préméditée, avec traîtrise et inégalité des forces. Aujourd'hui Calles a ordonné l'assassinat et l'extermination des Yaquis, et s'il ne le commet pas personnellement, il est le premier complice de ce crime.

— Votre prétention à nier la nécessité d'un gouvernement est en totale contradiction avec la réalité. L'homme a toujours eu un gouvernement.

— Cela n'est pas exact. L'homme primitif n'a jamais eu de gouvernement, il est né libre, complètement libre dans les jungles et dans les forêts des montagnes. Ou alors, de quelle nature a bien pu être ce gouvernement ? Si vous le savez, dites-le-moi !

— J'estime indispensable d'ordonner votre détention, monsieur Rivera, parce que je considère que vous êtes un charlatan et un exploiteur des travailleurs. Vous les trompez en leur réclamant de l'argent ou en les utilisant pour qu'ils vendent votre journal, comme c'est le cas de ce pauvre ouvrier, Florentino Ibarra, qui souffre ici à cause de vous. Et d'importantes sommes d'argent apparaissent également dans la gestion du journal. Par exemple Manuel Rizo a envoyé 2 pesos...

— Et quelle est la part de cet argent que j'ai touchée personnellement ? Pouvez-vous me le dire ?

— Vous qui vous prétendez ennemi de l'assassinat, vous l'avez autorisé pour éliminer certaines personnes. Comment expliquez-vous cette contradiction manifeste dans votre manière de penser ?

— Nous les anarchistes, nous sommes d'accord pour faire usage de la force des armes pour renverser la force organisée du gouvernement. Sans l'armée et ces sbires qu'on appelle la police, les gouvernements tomberaient en moins de vingt-quatre heures sans que le recours à la force soit nécessaire.

— Je pense que vous êtes un malade mental, un clown, et que vous vivez de la sueur des travailleurs crédules que vous parvenez à embrigader en leur prêchant l'égalité, etc. Si vous conseillez ces théories, pourquoi ne commencez-vous pas par les appliquer à vos propres amis ? Je vois que vous portez une cravate et que vous ne la donnez pas à votre camarade qui n'en a pas ; vous devriez également lui donner votre chemise. Allons ! Vous qui aimez tant l'égalité, pourquoi ne le faites-vous pas ?

— Parce qu'en procédant à cette répartition-là, je n'arriverais à rien, si ce n'est au profit d'un seul camarade. Les choses continueraient à être ce qu'elles sont : la portion d'humanité affamée et dans le besoin demeurerait exactement dans la même situation qu'avant. Notre lutte ne vise pas à remédier à la misère de quelques-uns, mais à celle de tous les habitants de la Terre [...] Un changement radical [...], un monde sans frontières et sans patries [...] dont les représentants sont les gouvernements et vous, monsieur le procureur, l'un des fondements ; vous êtes également l'un de ces parasites sociaux qui vivent en suçant le sang de ceux qui travaillent.

— En avez-vous fini avec les insultes, monsieur Rivera ?

— Oui, bien que je ne considère pas comme des insultes les vérités que je suis en train d'énoncer.

Le 8, l'emprisonnement de Rivera est officiellement décidé. Et presque immédiatement, dans la presse ouvrière ou anarchiste internationale, les protestations se multiplient, ainsi que les mobilisations pour sa libération.

Les charges d'"outrage au premier magistrat de la république" ne sont pas suffisantes pour le maintenir en détention et le juge se décrète incompétent. L'affaire passe donc entre les mains des juges de droit commun. Les détenus demeurent au pénitencier d'Andonegui.

Le gouvernement de Calles se montre disposé à payer le prix que coûterait à son prestige la réclusion du vieux combattant social, pour asseoir en revanche le précédent suivant : la guerre contre les Yaquis est sacrée.

Le nouveau numéro de *Sagitario* paraît, reproduisant les articles à l'origine de l'arrestation de Librado, grâce au travail clandestin de Pedro Gudiño. Une livraison supplémentaire sort encore en mai, dans laquelle figurent les nombreuses protestations des syndicats nationaux et la profession de foi réitérée de Librado.

Je ne retire pas un mot de ce qui a été écrit dans les articles dénoncés. Ils ne contiennent aucune espèce de calomnies. Ils ont au contraire le mérite d'exposer des vérités qui ont blessé la susceptibilité de l'actuel président, qui n'est guère entouré que d'une troupe de flagorneurs serviles.

Librado passe les mois d'avril à novembre 1927 dans un cachot humide de la prison d'Andonegui. Les appels et les lettres adressés à Calles par des organisations mexicaines et étrangères se révèlent inutiles. Sa plus grande douleur tient à l'impossibilité de pouvoir soutenir la campagne pour la liberté de Sacco et Vanzetti, qui a atteint pendant cette période son niveau le plus élevé avec les grèves générales. Lorsque leur exécution a lieu, Librado est en prison.

C'est en juin que sort l'ultime numéro de *Sagitario*. Une bonne partie de ses membres incarcérés et le reste persécutés, le groupe est asphyxié sur le plan financier et ne peut plus mener à bien son travail éditorial. Librado trouve un nouvel espace (bien que peu efficace) pour transmettre son message aux travailleurs mexicains : depuis sa prison, il écrit quelques articles dans *Cultura Proletaria* de New York. Dans l'un de ces papiers il déclare : « Les vérités que je lançais en chaire contre la dictature de l'époque, à présent je les lance depuis mon pénitencier contre la dictature d'aujourd'hui, et je continuerai à les lancer tant qu'on me laissera un souffle de vie dans ces geôles régénératrices. »

Après sept mois de prison, le 4 novembre, Librado Rivera recouvre la liberté. Devant son refus de bénéficier d'une libération conditionnelle, on est obligé de décréter un "non-lieu dans cette affaire". Il a fêté ses soixante-trois ans en prison.

Le jour précédant sa sortie, un projet journalistique qu'il a encouragé naît à Monterrey. Le nouveau journal, baptisé *Avante*, inclut dans son premier numéro deux longs articles du magoniste : l'un reproduisant un discours qu'il a prononcé en prison le 16 septembre, dans lequel il établit sa version singulière de l'indépendance du Mexique, et l'autre consacré à l'analyse d'un parallélisme entre sa première détention de 1902 et celle qu'il subit actuellement. Le syndicat métallurgique de la ville se tient derrière le journal, mais il ne survit pas plus de trois numéros. En février 1928, il renaît à Villa Cecilia, avec Librado Rivera comme directeur. Commence alors une trajectoire proche de celle de *Sagitario*. Un poème à l'obstination et à l'irréductibilité.

Avante reprend la tâche de propagande et de diffusion des idées : circulaires de groupes anarchistes, campagnes pour la libération de prisonniers, textes "classiques". Dans la forme, c'est un journal supérieur à *Sagitario* : quatre pages seulement, mais de plus grande taille. Pourtant Librado ne doit pas être bien fier de son nouveau rejeton. Ce n'est plus un organe de combat, tout juste un organe de propagande idéologique, de dénonciations isolées, de résistance. Face aux attaques continuelles des gouvernements d'Obregón et de Calles, la CGT s'est repliée ; théoriquement elle maintient sa ligne d'indépendance absolue à l'égard du pouvoir central et d'action offensive permanente contre le capital, mais l'organisation est exsangue. Nombre de ses meilleurs cadres l'ont abandonnée, ses branches syndicales sont diminuées par des dizaines de luttes, des licenciements et des fermetures incessantes dans l'industrie. La crise de la CROM la fera revivre temporairement, mais elle ne récupérera pas son ancienne ligne directrice.

Librado persiste. Les rythmes du mouvement ne sont pas les siens. Lui, il ne connaît qu'un seul rythme : continu et en avant.

À la mort d'Obregón, le 17 juillet 1928, Librado signe un article intitulé “La mort d'Álvaro Obregón”, dans lequel il déclare : « L'humanité des opprimés se félicite, un tyran a disparu. » Ses lointains amis de *Verbo Rojo* à Mexico suivent son exemple et publient “Un tyran de moins”, qui conduit ses auteurs en prison. Cela semble prémonitoire. Laissons Librado nous faire le récit des événements :

> Le 22, vers 13 heures, un individu qui avait l'air d'un ouvrier se présenta dans mon modeste bureau, porteur d'un message oral selon lequel les camarades de l'imprimerie me demandaient de toute urgence.
>
> Quelque chose d'extraordinaire est en train de se passer, pensai-je, car les camarades ne me font jamais appeler [...]. Mais en chemin je remarquai la présence de plusieurs flics postés à chaque angle du pâté de maisons. En me voyant tourner le coin de la rue, l'un d'eux se dirigea vers moi en m'appelant par mon nom ; il m'interpella en me présentant un mandat d'arrêt [...]. En arrivant à la préfecture de police de Cecilia [...], la personne qui m'avait lu l'ordre du général Benignos, chef des opérations militaires dans le port, me demanda d'ôter mon chapeau.
>
> — Je n'ai pas pour habitude de le faire sur ordre, répliquai-je,

mais plutôt quand j'en ai envie. Ne luttez-vous pas pour établir la démocratie au Mexique ?
— Ça suffit, me répondit-il.
— Alors d'accord, maintenant je l'enlève, mais c'est par pure politesse.
Après qu'il m'eut donné lecture du mandat qu'il avait entre les mains je fus emmené par quatre ou cinq flics qui me conduisirent dans la cellule de la préfecture de police de Tampico, où l'on me boucla dans une cellule surveillée par des gardes armés jusqu'aux dents, comme s'ils avaient affaire à un assassin féroce. Cinq heures plus tard, on me fit venir dans le bureau du général, qui était en train de lire *Avante*. Sur la première page on voyait, entourés en rouge, les articles "La mort d'Álvaro Obregón" et "Le désordre politique".
— C'est vous qui publiez ce journal ?
— Oui.
— Vous y calomniez le général Obregón. Pourquoi faites-vous une chose pareille ?
— Je ne le calomnie pas, je ne dis que la vérité.
— Étant donné que vous êtes l'un des précurseurs de la révolution aujourd'hui au pouvoir, respectez les lois qui émanent de cette révolution.
— C'est là que vous faites erreur, lui rétorquai-je, dans le fait de croire que nous avons déclenché la révolution pour prendre le pouvoir à Porfirio Díaz et mettre quelque chose d'équivalent à la place.

Le général Benignos, après d'autres interrogatoires similaires de Rivera par deux de ses subordonnés, l'informe qu'il restera sous les verrous. Pourtant, quelque temps après on le sort de son cachot en lui annonçant qu'il est libre. Huit jours plus tard, il raconte son histoire dans le numéro 13 d'*Avante*.

Librado poursuit sa tâche éditoriale. En 1928, il publie vingt numéros d'*Avante* et un supplément ; il lance une campagne contre la politique de Calles dans le conflit religieux et dénonce les répressions locales contre les anarchistes.

Le débat dans lequel il intervient au sujet de l'éventuelle création d'une Fédération de Groupes Anarchistes en México est très révélateur de sa position de l'époque. Répondant à l'initiative de *Verbo Rojo*, *Avante* se prononce contre cette fédération, « car il s'agit fondamentalement d'une idée anti-anarchiste ». L'ancienne époque de la propagande est de retour, mais pas celle de l'organisation.

Depuis décembre 1928, à la suite de la mort d'Álvaro Obregón, Emilio Portes Gil assure l'intérim à la présidence. Il s'agit d'une vieille connaissance de Librado, il a fondé le parti socialiste du Tamaulipas, l'État dont il était gouverneur. Mais il a également été l'avocat des syndicats sous Carranza, le parrain de la tendance syndicale neutre avec laquelle se sont violemment heurtés la CGT et les groupes anarchistes. Si dans le reste du pays sa première politique de l'emploi a ouvert un large champ d'action aux courants de gauche (à ce moment-là, l'exécutif se libère de la CROM), allant jusqu'à tenter de les récupérer, dans le Tamaulipas l'offensive contre la gauche dépasse ce qu'on a connu auparavant.

Le maître des basses œuvres sera le général Eulogio Ortiz, chef militaire de la région. Librado raconte :

> Je fus arrêté le 19 février ; le soir, on me fit sortir de mon cachot pour me conduire dans les bureaux du général Eulogio Ortiz, chef de la garnison militaire du port de Tampico. Prenant un ton autoritaire, il me posa la question suivante :
> — Alors comme ça vous êtes un ennemi du gouvernement ?
> — De tous les gouvernements, répondis-je.
> S'adressant ensuite à son secrétaire, il lui ordonna en termes énergiques :
> — Demain vous me ferez un rapport complet sur la déclaration que vient de faire ce vieux saligaud [...].
> Le matin du 20, je fus ramené dans le bureau du général Eulogio Ortiz qui arpentait la pièce, *Avante* entre les mains. On me désigna un siège et l'interrogatoire débuta.
> — Qui a écrit cet article : "Attentat à la dynamite" ?
> — Moi.
> — Lisez-le afin de bien vous rappeler ce que vous dites.
> Comme je refusai de m'exécuter, sûr de son contenu, le général furieux se jeta sur moi, en me criant :
> — Écoutez, vieux salaud ! Maintenant vous allez me dire toute la vérité !

— Chaque fois que j'ai jugé bon de la dire, je l'ai dite et je la dirai, dût-il m'en coûter la vie.
Cette réponse s'acheva par deux formidables coups de poing sur mon visage. Puis, il saisit une ceinture de cuir et prit une attitude menaçante.
— Bordel de merde, pourquoi traitez-vous le président de la République de parasite, espèce de vieux salaud ?
Sa question s'accompagna de violents coups de lanière sur ma tête.
— J'estime mon critère de jugement concernant l'utilisation de ce terme être bien différent du vôtre. J'appelle parasite celui qui vit du travail des autres, répondis-je.
— Dans ce cas, vous êtes également un parasite puisque vous vivez sur le dos de ceux qui vous envoient de l'argent pour publier ce journal ! raisonna le policier.
— Vous ne trouverez au journal aucun argent qui me soit destiné personnellement. Les travailleurs qui envoient de l'argent pour la publication de leur journal le font par amour des idées et à seule fin de contribuer à l'éveil du peuple, pour propager et amener la lumière dans l'esprit de leurs camarades exploités.
— Allez, apportez-moi le fouet que je m'occupe de ce fumier sénile, ordonna Ortiz à ceux qui l'entouraient.
Un adjudant se présenta soudain avec un dictionnaire :
— Anarchie, lut-il, absence de tout gouvernement, désordre et confusion faute d'autorité.
— Cette définition-là, ce n'est pas autre chose que l'intoxication des écrivains bourgeois, elle ne correspond pas à l'anarchie telle que je la défends dans *Avante*, où l'on démontre que l'action violente des gouvernements est confirmée par les faits. Je désire connaître votre nom, à vous qui m'avez outragé de manière si infâme, interpellai-je le général Ortiz.
— Votre père, ordure, répondit le policier.
— Mon père n'était pas aussi brute que vous.
— Qu'est-ce que vous dites ?
Et il se précipita sur moi pour m'assener plusieurs coups de fouet et de nouvelles insultes.
— Et quelle opinion avez-vous de l'armée ?
— L'armée sert à maintenir les gouvernements au pouvoir.
— L'armée sert à défendre la patrie et ses institutions, corrigea Ortiz.
— L'armée est en outre le socle sur lequel reposent toutes les

tyrannies et je considère que les juges qui me jugent en ce moment sont mes plus féroces ennemis.

Lorsque je sentis que le sang coulait sur mes tempes, je me levai, indigné, en demandant à mon bourreau de me tuer d'une balle, mais d'arrêter de me frapper si lâchement. Et profitant d'un instant de distraction de ma part, le monstre sortit son revolver et me tira dessus. Je crus une seconde être blessé à la tête : à cause de l'engourdissement provoqué par la surdité après la détonation, je ne sentais plus rien. Mais après quelques secondes, je compris qu'il s'agissait juste de me torturer pour provoquer chez moi un signe de lâcheté ou de regret.

Puis Ortiz et ses acolytes s'empressèrent de rechercher la balle perdue. Comme elle était écrasée, ils en conclurent qu'elle avait frappé quelque chose de dur. Tandis que tout cela avait lieu dans mon dos, je demeurai ferme et calme, aussi ferme et calme que si rien ne s'était passé. La noble cause que je ressens et aime dans mon cœur, me maintenait bien au-dessus de ces loups.

— Je vais vous lire la déposition pour que vous la signiez, me dit le secrétaire.

— Je désire la lire moi-même pour m'informer de son contenu, lui répondis-je. Et comme la rédaction de ce document était faite de telle façon que je m'y présentais moi-même comme coupable, je refusai absolument d'y apposer mon nom, mais en signai deux que j'avais écrites de ma propre main.

De retour dans mon cachot, je passai la journée torturé par l'insomnie provoquée par un cauchemar. Le lendemain, on nous sortit de la caserne, le camarade Santiago Vega et moi, encadrés par une forte escorte qui nous conduisit en direction de la plage. Au début nous crûmes que ce serait là notre dernière demeure ; mais on nous fit embarquer dans un train de voyageurs à destination de Monterrey.

Partie de Tampico, la rumeur selon laquelle Librado a été arrêté et frappé par les militaires se répand dans tout le pays. À Mexico, le conseil fédéral de la CGT se réunit le 26 février pour discuter de l'éventualité de décréter la grève générale. « On a osé frapper le vieux ! » s'indigne d'une seule voix un mouvement syndical qui, bien que sur la défensive, n'a cependant pas perdu toute sa force d'autrefois.

Où Librado se trouve-t-il ? Le président Portes Gil affirme qu'il l'ignore, alors que c'est sur ses instructions personnelles que le général Ortiz a procédé à cette arrestation. L'imprimerie d'*Avante* est confisquée par l'armée, on pourchasse les groupes anarchistes de Tampico et de Cecilia. La question demeure : mais où est donc Librado ?

Le vieil homme a été emmené dans une propriété de Calles appelée El Limón, puis de là vers une nouvelle maison nommée La Aguja, appartenant à l'ancien président, le temps que les militaires décident quoi faire de lui. Librado raconte :

> Il y avait là un campement militaire dans lequel on nous séquestra pendant huit jours ; c'étaient les soldats ou leurs femmes qui nous donnaient à manger. Les Chinois furent pourtant ceux qui se comportèrent le mieux avec nous, par exemple en nous faisant passer de la nourriture supplémentaire. Nous retournâmes à El Limón, où on nous proposa la liberté en échange de notre départ de l'État de Tamaulipas. Comme je refusai d'accepter la liberté à de telles conditions, nous fûmes relâchés le lendemain, cette fois sans aucune contrepartie.
> Nous étions fiers de notre victoire inespérée [...]. Abandonnés dans cette campagne, sans argent, nous eûmes la chance de tomber tout de suite sur de bons amis qui nous donnèrent la somme suffisante pour assurer notre retour.

Relâché le 1er mars, il rentre chez lui, où il découvre que l'imprimerie d'*Avante* n'existe plus. Un mois plus tard exactement, il est de nouveau écroué pendant quelques heures. Mais si l'on croit pouvoir l'empêcher d'accomplir sa tâche, on se trompe. Le 15 avril paraît un nouveau numéro d'*Avante*, fabriqué sur une presse sortie qui sait d'où... Tous ces événements y sont relatés dans un article signé de Librado en personne, écrit dans son fameux style, en détails.

Les protestations des groupes anarchistes montent de tout le pays et les autorités sont submergées de courriers exigeant que l'on rende son imprimerie à Librado Rivera. La police de Cecilia, celle de Tampico et l'armée se mettent à pourchasser l'équipe éditrice et différents militants : c'est ainsi qu'Emeterio de la O est appréhendé, puis emmené à Mexico pour être livré aux autorités militaires. La mort du leader jaune Isauro Alfaro, le 14 avril, au cours d'une rixe avec le docker rouge Esteban Hernández, à la sortie d'une réunion, sert de prétexte à l'arrestation de Leandro Porras, battu et laissé pour mort ; et bien qu'Hernández ait affirmé dans sa déposition que son geste était un acte individuel relevant de la légitime défense, quarante autres membres des groupes libertaires sont placés en détention, parmi lesquels onze sont envoyés à Mexico.

Avante continue clandestinement à rapporter tout cela dans ses numéros du 15 mai et du 10 juin ; ce qui vaut à Librado d'être dénoncé par les dirigeants jaunes Serapio Venegas et Nicolás González : il est replacé en détention le 11 juin.

De nouveau, la CGT proteste et des organisations syndicales, des communautés paysannes et des groupes anarchistes de tout le pays lancent des actions en faveur de la libération du vieil anarchiste.

Librado sera très vite remis en liberté après ce qui est donc sa troisième détention pour les quatre derniers mois. Mais il ne restera pas longtemps dehors. Le fait qu'*Avante* poursuive sa parution est vécu par les autorités comme une offense. Le 14 juillet à 11 heures, Librado est arrêté et conduit dans les caves de la préfecture de police de Tampico. Là, on le laisse quatre jours sans manger ni boire. Comme il refuse de fournir des informations relatives à la presse sur laquelle on fabrique son journal, après quatre jours de torture, les militaires l'escortent jusqu'à Cerritos, dans l'état de San Luis Potosí, où ils l'abandonnent sans argent.

Le 20, alors qu'il distribue des tracts des groupes anarchistes s'élevant contre la détention de Rivera, Esteban Méndez est appréhendé. On l'enferme dans une cellule avec son fils de huit ans, qui l'accompagnait au moment de son arrestation.

Le général Ortiz en personne le torture le 21, le blessant à plusieurs reprises dans le dos avec son sabre parce qu'il refuse de dire où est dissimulée la presse. Ce jour-là, les groupes anarchistes tiennent un meeting sur la plaza de la Libertad pour dénoncer ces deux détentions. De nouveau, la force publique intervient : elle s'empare de J. Inés Mena. Les interrogatoires sont vains. En revanche, les arrestations sont suivies d'une réaction massive des syndicats du port. Même les organisations les moins dures se prononcent en faveur de la libération des détenus. Librado parvient à se faire prêter assez d'argent pour revenir à Tampico le 22 juillet. Le lendemain, les autres prisonniers sont relâchés. Moins d'un mois plus tard, le numéro 29 d'*Avante* circule, publiant un long récit des faits.

Une fois de plus, le vieil homme a battu les militaires.

En octobre 1929, Librado Rivera fait paraître dans son journal un article qui dénonce l'offensive du gouvernement contre la presse rouge. Un mois plus tôt, le 13 septembre, la diffusion de *Sembrando ideas* de Basse-Californie a été interdite, et le 19 on a démantelé et confisqué la presse de *Defensa Proletaria* à Mexico. Commentant ces faits, Librado écrit : « Aujourd'hui nous vivons en paix au Mexique. Non pas dans la paix que nous, les authentiques révolutionnaires, souhaitons tous [...], mais plutôt dans la paix monotone et sérieuse des morts. »

Le 5 février 1930, Pascual Ortiz Rubio devient président de la République. Son ministre de l'Intérieur n'est autre qu'Emilio Portes Gil. Le jour même de son investiture, le tout nouveau chef de l'État fait l'objet d'un attentat. Son auteur, arrêté, s'avère appartenir à une organisation conservatrice ; c'est donc sans aucune justification qu'une nouvelle vague de persécutions s'abat sur la gauche radicale. Le 11 février on interdit *Avante* (qui avait atteint son numéro 33 en décembre), ainsi que deux journaux de la jeunesse communiste et toute la presse anarchiste en espagnol distribuée au Mexique, en particulier celle qui provient d'Argentine et d'Uruguay.

Librado raconte :

> Comme si cela ne suffisait pas, la police viola mon domicile, détruisant tout ce qu'elle trouva chez moi, où j'avais deux mille cinq cents volumes dans ma bibliothèque, puisqu'il s'agissait en même temps des bureaux d'*Avante* [...] Elle saisit de l'argent (près de 500 pesos), du linge et d'autres effets personnels et on ne me laissa pour m'habiller que les vêtements que je portais sur moi [...] je fus conduit à la caserne de la préfecture de police où leurs délits atteignirent leur comble par le vol de mes lunettes, du peu d'argent et des quelques timbres que j'avais dans les poches, ponctionnant sur cette somme (en dépit de mes protestations) les frais de transport jusqu'à la préfecture de police de Tampico.

Dans l'obscurité de son cachot, Librado s'efforce de faire le décompte des dommages provoqués chez lui par la descente de la police. Ont été perdus : une collection inestimable de *Regeneración*, une autre de *Revolución*, plusieurs dictionnaires, ses deux paires de lunettes...

Le vieux s'arrache les cheveux. C'est vrai que le combat qu'il a mené contre l'État est inégal.

Pedro Gudiño, Ángel Flores et Osvaldo Manrique sont aussi placés en détention : ce qui restait du groupe *Avante* a été démantelé. Mais les représailles ne s'arrêteront pas là. Le 1er mars, une escorte de vingt-cinq soldats prend en charge le vieil homme, le tire de la prison et l'emmène vers une destination inconnue. Il est accompagné de sept autres détenus, des ouvriers membres du parti communiste. Ils sont emmenés à la gare ferroviaire et embarqués dans un wagon de marchandises qui fera route pendant des heures loin de la région pétrolière.

Le lendemain, Librado est vu au pénitencier de Mexico. On dit qu'il sera envoyé dans les Islas Marías.

> À Tampico on ne donna la raison de notre arrestation à aucun de nous et ici non plus. On ne nous la communiqua jamais. Simplement, à notre arrivée on nous fit prendre nos quartiers à la préfecture de police de la capitale et de là, on nous conduisit au pénitencier de Mexico, et plus précisément directement à l'hôpital de la prison, car nous étions arrivés dans un état de santé plutôt délicat.

La CGT intervient auprès du président de la République pour que le vieil homme soit libéré. Le 5 mars ils s'entretiennent avec le secrétaire d'Ortiz Rubio, qui leur dit que l'on ne peut rien faire pour le moment ; que le ministre de l'Intérieur, Portes Gil, est très en colère à cause d'un article de Librado dans lequel il l'accuse de s'être vendu à une compagnie étrangère d'eau potable lorsqu'il était à la présidence. Trois jours plus tard, une commission se rend à la maison d'arrêt mais une consigne du ministre stipule que Librado Rivera doit rester au secret.

Le 20 mars :

> [...] je fus remis en liberté. Apparemment les enquêtes n'avaient pas fourni d'éléments permettant de justifier ma détention. Je me retrouve à Mexico sans argent ni aucun moyen de subsistance, étant donné mon âge. J'essaye de me loger chez mes amis, que je trouve heureusement toujours bien disposés à mon égard, partout où je vais. On veut me soumettre par la faim parce que dans les prisons ils ont été incapables de me convaincre que je me trompe, qu'il faut que je change ma ferme conviction qu'aucun gouvernement ne pourra résoudre le problème de la misère.

À partir de cette date, le bruit court dans la presse du nord du pays que Librado Rivera a disparu de Mexico. Plusieurs journaux se font l'écho de cette nouvelle : « Il a disparu sans laisser de trace. » Les rumeurs rapportent qu'il a probablement été déporté dans les Islas Marías. Manuel del Río, le coordinateur des groupes anarchistes de la zone pétrolière, écrit : « Ces imbéciles ne savent pas que Rivera mort est plus redoutable et plus immédiatement dangereux pour leur stabilité. »

Mais Librado est sain et sauf. À Mexico, un traminot nommé Vega l'a conduit chez Nicolás T. Bernal, qui a mis à sa disposition une petite pièce.

Un mois et demi plus tard, il donne à nouveau signe de vie au public en publiant un article intitulé "De basses vengeances" dans *Verbo Rojo*. On peut y lire : « Les menaces et les persécutions de nos ennemis, loin de nous effrayer, renforcent notre courage, car elles démontrent que nous ne sommes pas si insignifiants que cela. »

Que va-t-il se passer ensuite ? se demande Librado Rivera en août 1930, alors qu'il fête ses soixante-six ans. Il vit en reclus dans le petit espace que lui cède Bernal, entouré des chers livres de Ricardo Flores Magón, que Nicolás continue à distribuer à un mouvement syndical de plus en plus restreint. Son unique moyen de subsistance consiste à vendre de la graisse à chaussures. Il s'efforce de récupérer l'imprimerie d'*Avante* pour poursuivre sa tâche journalistique, mais les autorités n'acceptent de la lui rendre que s'il « ne s'en sert pas pour mener des activités subversives ». Il refuse de se soumettre : l'engin est donc vendu aux enchères à Cecilia. L'heure de la reddition a-t-elle sonné ? Librado fréquente les milieux syndicaux rouges de Mexico. Au sein de la CGT on manifeste de fortes tendances conciliatrices, et les radicaux sont isolés. Mais même ainsi, il y a encore des militants et des combats. Librado se propose de créer un nouveau journal.

Cela lui prend un an. Une année entière. Le 1er mai 1931 *Paso !* paraît à Mexico. Librado va avoir soixante-sept ans et il a passé deux cent soixante dix jours en prison au cours des quatre dernières années. Il n'a ni emploi fixe ni revenus d'aucune sorte ; il n'a même plus sa bibliothèque, toujours aux mains des policiers à Tampico. Mais le revoilà, à présent avec *Paso !*. Au départ, c'est un périodique isolé des luttes sociales, en une large part consacré au souvenir magoniste (regarde-t-il en arrière, durant ces dernières années ?), exprimé dans de longs articles aux titres suggestifs : "Éclairage sur des faits qui se sont déroulés il y a trente ans", où Ricardo et Enrique Flores Magón, Praxedis et Saravia se tiennent de nouveau aux côtés de Librado ; les revoilà conspirant, éditant des journaux, mettant au point le réseau qui parviendra à abattre la dictature porfiriste. Dans *Paso !*, paraissent également des informations concernant la vente des brochures, les comités de soutien aux prisonniers, ainsi que des articles idéologiques qui traitent du caractère des enfants, de la nocivité intrinsèque de l'État...

Mais il n'en restera pas là. Rapidement, *Paso !* commence à intervenir dans la polémique sur la situation à la CGT, appuyant le groupe anarchiste. Il rend compte de luttes et de répression touchant des ouvriers de Basse-Californie, et des instituteurs de San Luis Potosí, et de la scission de la fédération anarchiste de Mexico, qui quitte la CGT. À partir du numéro 8, en décembre 1931, le journal dirigé par Librado devient l'organe du groupe anarchiste le plus intimement lié au mouvement syndical, le groupe Ideas y Acción.

Au même moment, sans prévenir, le gouvernement retire la franchise postale de *Paso !*. Le numéro 9 de janvier 1932 est interdit et ne peut plus être distribué par correspondance.

Librado imprime une feuille volante ajoutée à l'exemplaire, qui présente son récit de la fin du projet, étouffé par la censure et par « ce qui nous afflige le plus, c'est-à-dire nos faibles moyens pécuniaires. »

Et maintenant, quoi ? Que se passe-t-il ? Quel nouveau projet ? Le 19 février 1932, Librado quitte à pied le quartier du textile, au sud de Mexico, où il récolte des fonds pour un nouveau projet journalistique. Une automobile conduite imprudemment le renverse alors qu'il traverse l'avenida San Ángel. Il est transporté à l'hôpital Juárez. Un vieux camarade, le général Juan José Ríos, ordonne son transfert à l'hôpital de Fabriles y Militares, à La Ciudadela. Ses compagnons souhaitent qu'il porte plainte contre le chauffeur qui l'a renversé. Librado refuse : il explique qu'il ne gagnerait rien à faire du tort à un travailleur qui a peut-être une famille à charge. Dans le rapport de police, il se déclare responsable de l'accident. Pendant deux semaines, il souffre de vives douleurs. Un médecin, ami du général Villareal, vient l'examiner et se rend compte que faute de soins médicaux, il a attrapé le tétanos. Les docteurs dissimulent, il est trop tard pour faire quelque chose. Un après-midi, l'infirmière qui s'occupe de lui tente de lui couvrir le visage pour éviter que les mouches ne le dérangent. Librado repousse son bras d'un revers de main.

— Alors comme ça, vous continuez à lutter, camarade ?

— J'ai toujours lutté contre les injustices sociales des puissants.

Quelques heures plus tard, il entre en agonie.

Librado Rivera meurt le 1er mars 1932.

Après neuf ans d'une hallucinante guerre personnelle contre l'État, une guerre souvent vécue en solitaire, au fond d'un cachot, une guerre dans laquelle l'obstination et le style ont toujours été ses meilleures armes, Librado Rivera connaît enfin le repos.

Le 3 mars, la dernière livraison de *Paso !* sort, imprimée anonymement. L'ours cite encore « Directeur : Librado Rivera » avec le numéro de sa boîte postale à Mexico, la 1563. Le journal ne comporte qu'un article : "Librado Rivera est mort" et appelle les ouvriers de la ville de Mexico à accompagner sa dépouille qui doit partir du local de la fédération des travailleurs, dernier réduit de l'anarcho-syndicalisme, pour rejoindre le cimetière de Dolores. L'auteur termine par une phrase très conforme au lyrisme rouge de l'époque : « Qu'une interminable pluie de fleurs rouges pleuve sur son cercueil. »

Le dernier magoniste se retire de la scène.

Le vide demeure.

On ne fait plus d'hommes comme lui. Les meilleurs d'entre nous ne sont que de pâles ombres à côté du vieux Rivera.

Nous devrions au moins recouvrir cette tombe aujourd'hui disparue, cette tombe inexistante, d'une interminable pluie de fleurs rouges.

Heureusement qu'il reste l'histoire.

Heureusement qu'il reste la mémoire.

Buenaventura Durruti au Mexique

Une histoire de désinformation

Depuis qu'on sait que
la propriété privée est un vol,
les seuls voleurs qu'il reste,
ce sont les propriétaires.
Rodolfo Gonzalez Pacheco

(extrait d'un article publié dans *La Antorcha* en mai 1921, pour défendre les anarchistes expropriateurs)

Ce qui aurait pu être la version du chroniqueur judiciaire de *El Democrata*

Qui était l'homme au visage carré et menaçant, engoncé dans un costume noir mal coupé – évidemment mal coupé –, avec des revers trop larges et les ourlets du pantalon à des hauteurs différentes ? Cet homme au torse déformé par les deux pistolets glissés dans ses poches, qu'il caressait du bout des doigts ? Cet homme descendu de la Packard arrêtée à l'angle d'Uruguay et Isabel la Católica – en chaussant des lunettes noires pour protéger ses yeux du soleil ?

Et l'autre, celui qui le suivait à quelques pas de distance, plutôt grand, avec des yeux au regard froid, des cheveux blonds un peu décolorés comme ceux d'un ouvrier qui aurait eu à souffrir de la vie, qui était-il ?

Enfin, qui étaient ces hommes armés qui marchaient à quelques mètres derrière eux ? Pour quelle raison pénétraient-ils, en ce 23 avril 1925 à 15 h 45, dans les bureaux de l'usine textile La Carolina (célèbre pour la beauté de ses étoffes et la finesse de ses filés) ?

Les Errants

Un matin, fin 1924, le propriétaire d'une hacienda sucrière cubaine située entre Cruce et Palmira dans la province de Santa Clara fut retrouvé poignardé. Sur son corps, une note disait : *La Justice des Errants*.

La veille, la victime avait brisé une grève de coupeurs de canne en ordonnant à la garde rurale de rosser les meneurs.

Parmi les travailleurs de la région, la rumeur se répandit comme une traînée de poudre : une bande d'anarchistes espagnols se faisant appeler Les Errants était arrivée à Cuba pour tuer les propriétaires qui maltraitaient les employés. Simple justice.

Tandis que la police se lançait à la recherche des auteurs de cet assassinat, un contremaître connu pour son despotisme envers les ouvriers agricoles fut découvert mort, dans le district de Holguín cette fois, c'est-à-dire bien loin des lieux du premier crime. Lui aussi portait une note signée Les Errants.

Ce qui aurait pu être la version du chroniqueur judiciaire de *El Democrata*

Le groupe d'hommes à l'origine de l'un des actes les plus scandaleux de ces deux dernières années perpétré hier, 23 avril à 15h45, au 50 calle de Isabel la Católica (quartier historique du centre de Mexico), ne peut être qu'une bande d'agresseurs professionnels parfaitement organisée.

Quelques heures après les faits, notre reporter s'est rendu sur les lieux pour exercer son métier et a pu, au milieu d'une nuée encombrante d'agents de police, faisant beaucoup de bruit pour pas grand-chose et dont la présence bourdonnante ne pouvait qu'embrouiller les preuves et entraver le travail des journalistes, procéder à la reconstitution de ce qui s'était passé.

Le bureau est grand, il mesure plus de vingt mètres de

long sur cinq de large. Les portes n'en sont ouvertes qu'à 15 heures précises ; moment du ramassage de l'argent, produit des recouvrements, par les nombreux receveurs arrivant chacun avec leurs sacs. Ce qui explique que la pièce ne compte pas moins de quatre coffres-forts de taille moyenne.

À 15 heures 50, le caissier, Ángel García Moreno, et les employés, Felipe Quintana, Manuel Abascal et Antonio Saro, se trouvaient donc logiquement à l'intérieur du bureau de la prestigieuse usine textile. Quintana, l'un des receveurs, remettait une somme oscillant entre 2 000 et 3 000 pesos. Le gérant, Manuel Garay, se tenait au fond. C'est à cet instant que six individus armés ont fait irruption sur les lieux avec à leur tête l'homme vêtu de noir mentionné plus haut à l'air manifestement étranger, ses deux pistolets automatiques au poing. Derrière lui, un deuxième individu au visage en lame de couteau, blond, a pointé son arme sur Abascal.

Effrayé par l'apparition des malfaiteurs, le jeune Quintana a tenté de fuir. On a tiré un coup de feu en l'air. Profitant de l'occasion, Ángel García Moreno a essayé de sortir par la porte de derrière. Découvert, il a été atteint par un coup de feu de l'homme en noir. Bien que mortellement blessé, il s'est traîné jusqu'à la porte de la cour, où la mort a mis un point final à son effort. Une vie sans passions qui ne méritait pas d'être perdue s'est arrêtée...

Brandissant sauvagement leurs pistolets, les six agresseurs ont dévalisé le coffre-fort ouvert et se sont rués hors du bureau sans même essayer de se faire ouvrir les trois autres. Ce qui démontre que, tout en connaissant les habitudes de l'usine – ils étaient arrivés à l'heure de l'encaissement –, ils ignoraient tout de la disposition des coffres-forts. Comme on dit : un travail complètement raté.

On évalue le montant du butin à 4 000 ou 5 000 pesos.

Les personnes ayant assisté à la scène s'accordent à désigner les deux individus ayant fait feu, l'un et l'autre incontestablement espagnols, comme les meneurs du groupe. Lorsqu'on a demandé aux témoins sur quoi reposait cette certitude concernant leur nationalité, ils ont pataugé dans une mer de contradictions sans parvenir à s'expliquer. Considérons donc comme acquis qu'ils sont effectivement espagnols en raison de leurs sourcils broussailleux.

Les Errants

Fin 1924, les deux anarchistes espagnols connus sous le nom de Les Errants avaient réussi à échapper à la police et à gagner La Havane où, pistolet à l'appui, ils contraignirent le propriétaire d'une barque à les conduire en haute mer jusqu'à un bateau de pêche. Utilisant la même méthode, ils obtinrent des pêcheurs qu'ils les emmènent et les débarquent sur les côtes mexicaines de la péninsule du Yucatán.

Arrêtés par des agents de la douane mexicaine qui croyaient qu'il s'agissait de contrebandiers, ils parvinrent à éviter la prison grâce à quelques pots-de-vin. Ils furent dirigés sur le port de Progreso via Mérida ; ils y prirent un vapeur pour Veracruz.

Là, un anarchiste espagnol nommé Jesús Miño les attendait. Les trois hommes repartirent, pour la capitale de la République cette fois. Ils furent reçus par le vieil anarcho-syndicaliste Rafael Quintero qui les cacha dans le local de son imprimerie, au numéro 13 de la plaza de Miravalle.

Les Errants s'appelaient Buenaventura Durruti et Francisco Ascaso.

Ce qui aurait pu être la version du chroniqueur judiciaire de *El Democrata*

Lorsque hier, c'est-à-dire le lendemain des événements que nous avons rapportés dans nos précédentes éditions, nous nous sommes rendus dans les bureaux de La Carolina, une foule de curieux se pressait devant la porte. Toute la cour et une partie de la maison, où était installée la chambre mortuaire, avaient été littéralement envahies par des couronnes mortuaires. Des personnalités éminentes de la communauté espagnole avaient fait le déplacement.

Le gérant de l'entreprise, M. Manuel Garay, nous a avoué que ces témoignages de sympathie lui faisaient très plaisir :

tous les présidents des cercles espagnols et des maisons de commerce d'importance – de toute nationalité – s'étaient en effet empressés de manifester leur peine face à un si déplorable incident.

Nous avons recueilli cette curieuse confidence du personnel : hier, c'est-à-dire le 23 avril, cela faisait exactement dix ans, jour pour jour, que l'épouse du défunt Ángel García Moreno était décédée ; la coïncidence étant d'autant plus remarquable que la dame en question avait succombé à 16 heures, soit approximativement à la même heure que celle où le caissier tombait sous les balles des criminels.

Au cours de l'entretien qu'il nous a accordé hier au sujet de l'affaire de La Carolina, le colonel inspecteur de police a expliqué qu'il avait donné des ordres pour que ses services travaillent activement et sans relâche. Il a affirmé avoir déjà de fortes présomptions concernant l'identité des bandits, mais qu'il était nécessaire de réunir des preuves définitives.

En parlant avec l'un des hommes chargés de l'enquête, nous avons pu confirmer notre propre impression : les forces de l'ordre se trouvent dans le noir le plus complet et ignorent par où commencer leurs investigations. Nous espérons nous tromper, mais je crains bien qu'elles fassent une fois de plus la preuve de leur inefficacité habituelle.

Les Errants

Pour le jeune métallurgiste de vingt-neuf ans originaire de León, Buenaventura Durruti, l'Amérique représentait un pas supplémentaire sur un long parcours de quêtes et de rendez-vous manqués avec la révolution sociale. Après l'échec du soulèvement anarcho-syndicaliste contre la dictature de Primo de Rivera en septembre 1924, c'est avec le garçon de café aragonais Francisco Ascaso et dans le but de rassembler des fonds destinés à la révolution qu'il avait décidé de traverser l'Atlantique.

Les deux Espagnols ne craignaient pas la violence ; elle était solidement ancrée dans leur vie depuis l'étape des affrontements armés qui ensanglanta le territoire espagnol – particulièrement la Catalogne – entre 1918 et 1923 : heurts avec la police, échanges de coups de feu avec les milices patronales, explosions de bombes dans des usines qui fermaient leurs portes, affrontements contre des jaunes, tirs contre les groupes armés du syndicat “libre” appuyé par Martínez Anido, le gouverneur sanguinaire de Barcelone. On pouvait également mettre à leur actif des attentats personnels contre des patrons, des dignitaires de l'Église ou d'importants dirigeants de l'autorité civile et militaire, ainsi que des casses dans des banques, etc. Une longue liste d'actions violentes associées à la lutte syndicale.

Voilà ce qu'avait été leur trajectoire, à laquelle on devait encore ajouter leur passage à Cuba.

Ce qui aurait pu être la version du chroniqueur judiciaire de *El Democrata*

Trois jours après les tragiques événements de La Carolina, confirmant les pires prévisions de l'auteur de cet article, une seule déposition importante a pu être versée au dossier.

Habilement interrogé par un agent de la police secrète, le tout jeune Manuel Cortés, témoin de la fuite des assaillants, a déclaré que l'automobile utilisée (au moins par l'un d'entre eux) était une Packard bleue immatriculée 19652.

Fait étrange, il faudrait ajouter que le butin de ce vol ne dépasse guère 4 000 pesos. Les agresseurs n'ont emporté en effet que des sacs de petite monnaie, croyant qu'il s'agissait de pièces d'argent, et ont laissé dans la partie supérieure du coffre près de 30 000 pesos en coupures de cent : dans leur hâte, ils ne les ont pas vus.

On a montré les portraits des délinquants déjà fichés aux employés de La Carolina ainsi qu'à Manuel Cortés : au premier abord, ils n'ont reconnu personne.

Par ailleurs il semble, selon des impressions recueillies dans les milieux policiers, que la mise en détention d'Antonio Francia, malfaiteur bien connu des services concernés, pourrait avoir un lien avec l'affaire et constituer un pas décisif dans l'enquête.

Francia, membre d'une bande de voleurs de coffres-forts, est accusé de l'assassinat du chauffeur Ignacio Maya, perpétré le jour même de l'attaque dans les calles Dos de Abril et Santa Veracruz. L'auteur présumé du crime a été arrêté par hasard par les agents 795 et 796 alors qu'il s'éloignait précipitamment de la voiture où Ignacio Maya gisait mort, atteint de deux balles. Les vêtements de Francia étaient maculés de sang. La présomption de sa participation au hold-up de La Carolina se base sur la proximité des lieux des faits et sur l'hypothèse formulée par les autorités, selon lesquelles il pourrait s'agir d'une dispute ultérieure au sujet du partage du butin.

Les Errants

Quelques jours après leur arrivée à Mexico, Durruti et Ascaso, accompagnés de Quintero, se rendirent dans les locaux de la Confederación General del Trabajo, la centrale anarcho-syndicaliste mexicaine. On discutait ce jour-là des problèmes économiques rencontrés par *Nuestra Palabra*, l'organe de presse du syndicat. Sans un mot, les deux Espagnols firent un don de 40 pesos.

Le milieu syndical mexicain dut paraître surprenant aux anarcho-syndicalistes espagnols. Au sein de la CGT, la ligne prônant l'action directe et la violence individuelle avait été écartée en 1920, et la centrale avait opté pour une action de masse dans laquelle elle était d'ailleurs profondément engagée en 1925 : luttes dans le secteur textile, dans les régions pétrolifères, organisation d'un congrès agraire...

S'efforçant de se rendre utiles, Les Errants proposèrent dans les pages de *Nuestra Palabra* la réalisation d'un congrès régional anarchiste et prirent en charge l'édition de *Rusia Trágica*, un petit mensuel qui dénonçait la persécution des anarchistes par les bolcheviks en Union soviétique.

Ces deux démarches ne rencontrèrent qu'un faible écho dans le milieu syndical.

Fin mars, deux nouveaux militants anarchistes espagnols arrivèrent à Mexico pour intégrer le groupe : Alejandro Ascaso et Gregorio Jover, membres du groupe Les Solidaires, compagnons d'aventures syndicales et de combats de rue de Durruti et Francisco Ascaso à Barcelone.

Réunis sur l'initiative de Quintero, ils allèrent vivre à Ticomán, dans une ferme dont le propriétaire, Román Delgado, appartenait à la jeunesse communiste anarchiste. C'est là que se forma le groupe qui devait attaquer les bureaux de La Carolina : les quatre Espagnols, Román Delgado, le Péruvien Alejandro Montoya (né Víctor Recoba), dirigeant en vue de la CGT, et un septième personnage, un Mexicain membre de la confédération dont le nom est inconnu.

CE QUI AURAIT PU ÊTRE LA VERSION DU CHRONIQUEUR JUDICIAIRE DE *EL DEMOCRATA*

Des fuites issues des milieux policiers permettent à votre informateur d'établir en toute certitude la liste des délinquants actuellement recherchés pour l'attaque de La Carolina, survenue voilà une semaine. Les malfaiteurs dont le nom suit ont presque sans aucun doute pris part au hold-up : Manuel López San Tirso, de nationalité espagnole ; Mario Fernández Frank, de nationalité espagnole ; un Cubain fils d'Espagnols, connu dans le milieu sous le surnom de El Kewpie. Par ailleurs, le *modus operandi* rend indiscutable la présence de deux membres de la bande dite des Texans.

L'auteur de cet article voudrait apporter un élément supplémentaire aux investigations de la police en ajoutant les noms de Cerefino Vázquez ainsi que ceux des membres du gang de Pollán. Enfin, une personne qui veut garder l'anonymat s'est présentée à notre rédaction pour désigner le Français Pierre Laney comme chauffeur de la Packard avec laquelle le hold-up a été commis.

Luis Lenormand (alias Antonio Francia), arrêté pour l'assassinat d'un chauffeur et accusé d'avoir participé au vol, a été lavé de tout soupçon : il n'a en effet pas été reconnu par les employés de La Carolina. Il n'en demeurera pas moins incarcéré pour l'assassinat d'Ignacio Maya.

Le chef de la commission de sécurité, Luis Mazcorro, dirige toujours l'enquête. Pas moins de cent soixante agents travaillent – ou font semblant de travailler, pratique courante parmi nos forces de l'ordre – sous son commandement. Ils doivent avoir bien de l'ouvrage étant donné la longueur de la liste des suspects.

Les Errants

La décision d'attaquer La Carolina est probablement venue de Montoya. En tant que dirigeant syndical, il avait en effet assisté pendant toute l'année aux répugnantes manœuvres du patronat, avec la complicité de la CROM, pour détruire le syndicat anarchiste créé dans l'usine textile.

L'action fut menée en marge de l'organisation, qui n'eut pas connaissance des faits. Montoya se trouvait à ce moment-là dans l'impossibilité d'agir ouvertement : deux arrêtés d'expulsion pesaient sur lui, en raison de ses activités syndicales à Mexico et Tampico. Il en allait de même pour Román Delgado : la jeunesse communiste anarchiste avait été persécutée par l'armée et la police quelques années plus tôt.

Pendant l'attaque, c'est Durruti qui tira sur l'employé tentant de fuir et Francisco Ascaso qui fut l'auteur du coup de feu en l'air.

Leur forfait accompli, les membres du groupe se réunirent dans la maison de Delgado pour s'entendre sur le destin du maigre butin récolté. Après une brève discussion, ils décidèrent de l'affecter à la fondation de l'école rationaliste dont la CGT faisait la promotion et de participer, dans une moindre mesure, à la publication de *Nuestra Palabra*.

Durruti et Francisco Ascaso se présentèrent à une réunion du comité de la CGT pour faire don de l'argent. Leur présence et l'origine des fonds provoquant une certaine méfiance, Durruti produisit une lettre du patriarche anarchiste Sébastien Faure dans laquelle ce dernier disait lui remettre une certaine somme, destinée à la Biblioteca Social.

Cette missive dissipa les doutes : on accepta l'argent volé dans les bureaux de La Carolina. Les dirigeants cégétistes n'en connurent donc pas l'origine exacte, tout en se doutant bien qu'il avait dû être obtenu dans une action violente.

Ce qui aurait pu être la version du chroniqueur judiciaire de *El Democrata*

Tandis que certains membres de la vénérable communauté espagnole (offensés que les auteurs de l'attaque soient de leurs compatriotes) réunissent 20 000 pesos de récompense pour toute personne indiquant une piste ou arrêtant les agresseurs de La Carolina, les tensions continuent à s'intensifier dans les rangs de la police en raison de la lenteur avec laquelle progresse une enquête qui, en apparence, n'offre pourtant pas de difficulté. Hier, six agents de la police secrète ont été mis à pied pour manque d'efficacité.

Les recherches effectuées par mes soins en marge des institutions policières tendent à associer le groupe de La Carolina à la récente attaque perpétrée contre la personne du général Francisco Romero, auquel on a extorqué 20 000 pesos après lui avoir brûlé les pieds pour le contraindre à révéler la présence de cette somme dans son coffre-fort.

Les auteurs d'un attentat aussi bestial sur la personne du général Romero étaient trois hommes masqués dont la description physique coïncide avec au moins deux des meneurs de l'affaire de La Carolina.

La démission de Luis Mazcorro, chef de la commission de sécurité, ne tient plus qu'à un fil : les pistes que suivent ses troupes n'aboutissent effectivement nulle part. Hier, par exemple, un coup de filet a été opéré dans les académies de billard du théâtre Colón : trente-cinq Espagnols ont été arrêtés ; dès 21 heures, ils étaient tous relâchés faute de preuves.

Les investigations concernant Fernández Frank et El Kewpie se sont maintenant déplacées vers le port de Veracruz et un nouveau nom s'est ajouté à la liste des personnes recherchées par la police : Leandro Alonso.

Les Errants

Durruti expliqua aux membres du comité de la CGT :

— Ces pesos, je les ai pris à la bourgeoisie... Logiquement, si je les leur avais seulement demandés, ils ne me les auraient pas donnés !

Le montant du butin atteignait 4 000 pesos, ceux-là mêmes qui furent versés à la confédération.

Ce qui aurait pu être la version du chroniqueur judiciaire de *El Democrata*

Après trois jours de suspense, une opération de police inattendue s'est achevée par une arrestation fertile en informations tout à fait sensationnelles. L'enquête concernant le vol à La Carolina sort ainsi de l'enlisement où elle se trouvait.

Hier, José Greco et Carlos Pavía ont été appréhendés dans une maison de la calle República de Cuba ; le premier est argentin et le second français. Bien qu'ils n'aient pas été identifiés par les témoins, leur culpabilité ne fait aucun doute.

On parle également de la capture prochaine de Sansan, l'acolyte de Lenormand lors de l'assassinat du chauffeur, sans nul doute l'homme qui peut permettre d'établir un lien avec l'attaque des bureaux de La Carolina. Ses vêtements couverts de sang ont été découverts au cours de la perquisition menée au 18, callejón de Medinas.

Pour finir, je souhaite faire remarquer que cette fébrile activité policière a permis une autre arrestation sensationnelle à l'hôtel Juárez de Veracruz : celle de Manuel López San Tirso, un dangereux délinquant espagnol.

Les Errants

Après l'attaque, Durruti et Ascaso se réfugièrent à l'hôtel Regis où ils séjournèrent quelques jours ; en lisant avec étonnement la presse de la capitale, ils furent effrayés par les multiples arrestations auxquelles on avait procédé.

Dissimulés sous la fausse identité de deux Péruviens du nom de Mendoza, propriétaires de mines, ils ne furent pas inquiétés. Le hold-up avait presque été un échec, mais ce qui gênait le plus l'élaboration de futurs projets, c'était l'impossibilité de trouver du soutien chez les Mexicains : agir pour son propre compte, sans l'appui d'un groupe national, devenait très dangereux. L'action des anarchistes locaux était toute tournée vers le travail syndical et l'action directe de masses ; de sorte que monter une branche d'anarchistes expropriateurs s'avérait trop compliqué.

C'est pourquoi, à la fin du mois de mai, Les Errants décidèrent de poursuivre leur voyage à travers l'Amérique.

Ce qui aurait pu être la version du chroniqueur judiciaire de *El Democrata*

Manuel López San Tirso, quarante-neuf ans, connu sous le sobriquet de El Gorra Prieta ou de El Gallego Grande, a été reconnu par le petit jeune homme qui l'avait vu sortir des bureaux de La Carolina avec les sacs d'argent.

— Regarde bien ! a crié San Tirso, furieux.

— Oui, monsieur, c'était bien vous.

C'est sur cette scène dramatique que la première arrestation décisive opérée par la police s'est achevée avec succès. Dans le même temps, Francisco Rojas est tombé à Pachuca : il était probablement l'un des chauffeurs lors de l'attaque. Finalement, oui je dis bien finalement, après une fausse piste qui l'avait conduit à Teziutlán, le sieur Mazcorro a vu ses désirs comblés en mettant la main sur Mario Fernández Frank, Nicolás Elosague alias El Kewpie, Antonio le Cubain et Luis Sansan, capturés à Nautla, Veracruz. Ils ont été emmenés à Mexico par une escorte de cinquante dragons à cheval.

Épilogue

Les quatre Espagnols poursuivirent leur périple expropriateur après avoir vendu la voiture qu'ils avaient utilisée pendant l'attaque. Ils passèrent par le Chili, où ils cambriolèrent une autre banque, puis par l'Argentine, avant de rentrer en Europe pour renouer avec leur projet révolutionnaire.

Les innocents malfaiteurs jetés en prison subirent des peines d'emprisonnement variées. L'un d'entre eux, Mario Fernández Frank, "manifestement fou" selon les hommes qui l'avaient appréhendé, se suicida dans sa cellule.

Le sieur Mazcorro obtint une promotion. L'école rationaliste de la CGT vécut deux ans.

À PROPOS D'ITALIENS ET DE SOUVENIRS

1.

Le père du père du père de ma mère était italien. Je sais seulement qu'il était marin. Au milieu du siècle dernier, il a fait naufrage sur les côtes de la mer Cantabrique, au nord de l'Espagne, est tombé amoureux d'une femme, l'a mise enceinte et a disparu. Des années plus tard, son fils s'enfuit lui aussi en abandonnant une femme enceinte, qui allait par la suite mourir en couches. Son fils, Adolfo, mon grand-père, a grandi dans un orphelinat qu'il a quitté tout jeune pour devenir marin à son tour.

Ma mère a modifié son nom au cours de l'adolescence, intercalant un "h" dans Maojo, qui a donc donné Mahojo. Ce n'était pas la première fois que ce patronyme changeait, avant d'être Maojo, ç'avait été Malochio. Mon arrière-grand-père avait été le fils sans père d'un Malochio, « mauvais œil », le surnom de l'Italien de l'origine.

Dans les années 1960, ma mère a fait de la contrebande de vêtements pour enfants, métier dont j'ai toujours été très fier. Bien plus tard, j'ai découvert qu'elle l'avait hérité de son père qui en avait lui-même hérité de son grand-père, l'Italien. Adolfo, mon grand-père, capitaine de marine marchande dans les années 1930, s'occupait de contrebande de broderie de Bruges et de Malines, de sucre de canne raffiné et d'alcools. Un jour, dans le quartier gijonais de Cimadevilla, j'ai entendu un vieux marin raconter, admiratif, l'un de ses exploits : arrivant près de la côte avec une cargaison de sucre, quand le capitaine contrebandier Adolfo Maojo s'est vu sur le point d'être capturé par les carabiniers (à cette époque-là, le gouvernement espagnol protégeait par des impôts le sucre de betterave local, de moins bonne qualité et plus cher que le sucre de canne), il s'est mis à alimenter les chaudières de son bateau avec la poudre blanche. Laissant derrière lui un puissant panache de fumée noire à l'odeur de mélasse et de caramel, le vapeur est fièrement entré dans le port de Gijón, à la barbe des gardes de l'État et au grand délice des enfants.

En 1934, Adolfo s'est consacré à la contrebande de pistolets belges pour les groupes de la jeunesse anarcho-syndicaliste qui préparaient la révolution. Il a été découvert et arrêté après qu'une fouille à son domicile a permis à la police de découvrir des dizaines d'armes de poing dans une caisse dissimulée par une grande persienne en bois. À la caserne de la garde civile, on l'a torturé pour qu'il confesse à qui était destinée sa marchandise. Pendant une semaine, on l'a attaché à une table, déchaussé et frappé sur la plante des pieds. S'il a avoué faire de la contrebande d'armes, d'après les procès-verbaux, il n'a jamais révélé pour qui. On a dû le porter pour le reconduire chez lui, quelques jours plus tard. C'était un contrebandier qui avait des principes et pour lui, on ne devait jamais divulguer le nom de ses clients.

Pendant la guerre civile, il s'est engagé dans la marine de guerre rouge et a commandé un petit bateau de pêche de vingt-cinq mètres armé de pièces d'artillerie, le *José María Martínez*, qui se livrait à des incursions sur la côte galicienne pour rompre le blocus de l'armée franquiste. Il se consacrait essentiellement à infiltrer des guérilleros et à voler des vaches pour améliorer l'alimentation de l'armée des miliciens. Lors de l'une de ces actions, par une nuit de janvier, son navire a été attaqué et coulé par un destroyer.

Ma mère conserve de son père une seule photo, sur laquelle mon grand-père sourit ; elle se souvient aussi qu'un jour il lui avait rapporté le jour des Rois des bottes en plastique à l'époque où le plastique n'existait pas encore, ainsi qu'une poupée russe.

C'est empli d'amour pour les miens que je reconstruis l'histoire familiale, et comme toujours, je ne sais plus quelle est la part de la vérité et celle de la légende familiale, matériau à partir duquel les tribus comme la nôtre se construisent. Je reviens au marin Malochio, le contrebandier d'origine, alors que, dans mon souvenir, il se mêle à l'histoire d'un autre Italien : Malalengua ou Malaboca, comme on l'appelait.

2.

Une guerre éclata en Espagne.

On me l'a toujours racontée et je l'ai toujours interprétée comme étant notre guerre. Ses chants ont traversé les générations : soixante ans après le siège de Madrid, ma fille les chante avec son grand-père et nous les entonnons lorsque la tribu se réunit. « *Y con el quinto quinto quinto, con el quinto regimiento* » hurlent Sepúlveda et Arpaía. Laura Grimaldi et Tropea connaissent les paroles de « *la fonda donde se reparte metralla* », et le Gros Chavarría reprend avec beaucoup de sérieux « *los cuatro generales que se han alzado que se han alzado* ». Paloma se rappelle comment « *con las bombas se hacen, mamita mía, tirabuzones, las madrileñas.* »

Ce fut la guerre des hommes libres contre tout le reste : les propriétaires fonciers, les obscurantistes, les généraux, les militaires professionnels, les avions de Hitler, les blindés de Mussolini, les phalangistes et consorts.

Les nôtres, c'étaient les armées populaires, le front, l'ultime rempart antifasciste. Plus tard, nous apprendrions à connaître la complexité des histoires, les nuances. Mais même ainsi, cela resterait notre guerre.

En juillet 1936, les généraux se soulevèrent et après une

semaine de tromperies et de manœuvres tordues, de combats de rue, d'hésitations et de définitions, on pouvait dessiner une carte politique du pays : les grandes capitales, Madrid, Barcelone, Valence, étaient tenues par la République, qui conservait aussi l'Aragon, le Pays Basque, la côte Est et les Asturies, à l'exception d'Oviedo. Alors que la Galice, la Navarre, une partie de l'Andalousie, l'Estrémadure, un morceau de la Castille et le territoire du Maroc, où stationnait l'ancienne armée coloniale, étaient aux mains des militaires.

À la fin de 1936, Madrid, sa défense ou sa conquête, était devenue le cœur de la guerre. Une intervention allemande, à peine masquée, ainsi qu'une puissante participation italienne donnaient l'avantage aux militaires insurgés. Le fascisme avançait ses pièces sur le grand échiquier européen. La République pouvait compter sur un appui limité des Français, des Soviétiques et sur les Brigades internationales constituées de volontaires antifascistes du monde entier. En décembre, on livra la première bataille pour la défense de Madrid, puis les combats du Jarama ; plus tard, grâce à un important corps expéditionnaire italien, Malaga fut prise par les fascistes.

3.

En juin 1965, ma mère est allée à l'Hôpital Espagnol de Mexico pour avoir son troisième enfant. La poche des eaux s'étant rompue, l'accouchement avait été avancé d'au moins un mois, et elle s'était vue contrainte de rester au repos à la maternité, dans l'attente de la naissance de celui qui allait être mon frère, Carlos.

L'Hôpital Espagnol constitue une île étrange au milieu d'une ville hallucinée, même en ces années plus tranquilles : il se situe d'un côté sur les contreforts de la colonia Polanco, un quartier huppé de riches commerçants et d'usuriers, et de l'autre, à la frontière d'une zone industrielle d'usines d'assemblage automobile et de brasseries. Entouré d'un énorme mur de briques, il est fait côté intérieur de nombreux pavillons isolés les uns des autres, éparpillés au cœur d'un gigantesque jardin. La vie tend à en faire des îlots et à ignorer qu'à trente mètres du brouhaha de la maternité, s'élève le pavillon des malades en phase terminale.

J'avais quinze ans, encore bien des livres à dévorer, et je profitais de ces longues après-midi d'attente pour me promener dans le parc, lire et fumer la pipe, un vice un peu imbécile mais intéressant du point de vue esthétique, ainsi que par l'odeur de tabac qu'on laisse derrière soi. Je pensais que fumer la pipe me donnait l'air important du futur écrivain, dont j'avais besoin à cette époque, à défaut d'écrire.

C'est en traînaillant de la sorte que j'ai rencontré Eusebio Carranza. Il s'arrangeait pour échapper à la vigilance de quelques bonnes sœurs car, malgré sa tuberculose très avancée, il tenait à mourir en fumant. Carranza devait alors avoir dans les soixante-cinq ans. Je lui fournissais des cigarettes en cachette, et en échange il m'offrait quelque chose de bien plus important : il me racontait des histoires. Petit, il portait un pyjama bleu clair mal boutonné sous une robe de chambre grise dont la ceinture, défaite, le faisait toujours trébucher. Il avait un regard terrible, effrayant lorsqu'il se fixait sur moi, jusqu'à lentement devenir affectueux, à mesure que la lumière diminuait et que je passais du statut d'ennemi à celui d'allié flou. C'était l'un de ces narrateurs essentiels capables de plaquer l'adjectif clé au milieu des souvenirs, la métaphore qu'on garde à l'esprit de nombreuses années et qui permet d'expliquer bien des choses. Nous fumions, nous jouions aux échecs et il me racontait des histoires. Je devais être le seul interlocuteur intéressant qu'il avait dans le coin car ses enfants ne venaient pas le voir (un épisode bizarre de ruptures familiales terribles, vraiment terribles avait entraîné son isolement, mais il ne m'en expliqua jamais grand-chose). Après s'être assuré que j'étais de gauche à la suite d'un épuisant interrogatoire au cours duquel il m'a fallu confesser que je croyais aux vertus du socialisme et que j'adhérais à l'idée de l'existence de la lutte des classes, Eusebio m'a raconté la bataille de Guadalajara.

4.

À soixante-cinq kilomètres de Madrid, sur la route du nord-est reliant Saragosse à la France, le secteur du front de Guadalajara a été très calme au cours des derniers mois, à peine agité de quelques escarmouches en décembre 1936, au moment de la première grande offensive contre Madrid. C'était tellement tranquille qu'on s'échangeait journaux et cigarettes entre lignes ennemies.

La bataille du Jarama avait laissé les forces républicaines exsangues et certaines brigades, après avoir subi des pertes approchant les 50 %, se remettaient dans des villages entre Alcalá de Henares et Madrid. Elles ne s'attendaient pas à être les protagonistes de la future histoire. Parmi elles, la XIIe Brigade internationale dirigée par un Hongrois qui a combattu pendant la révolution d'Octobre, le mythique général Lukacs ; son commissaire politique, l'Allemand Gustav Regler, se révélera être un magnifique écrivain. À la base, elle est composée du bataillon Garibaldi, qui réunit les Italiens antifascistes de la brigade, et d'un groupe de cavaliers slaves. Pour la bataille à venir, on adjoindra au bataillon Garibaldi deux régiments espagnols. Les Italiens de la XIIe viennent des quatre coins de la planète, de cet exil nourri des persécutions de la dictature de Mussolini. L'exil antifasciste a amené ces hommes de Paris et Bruxelles, mais également de Los Angeles et New York, d'Argentine, d'Afrique et d'Australie.

Le 8 mars, l'aviation républicaine a détecté une surprenante avancée sur un large front, s'étendant sur la route de Sigüenza à Guadalajara, un haut plateau avec une forêt dense à mi-chemin. Trois colonnes motorisées avec tanks et camions progressent en éventail. Les rumeurs parlaient d'une puissante concentration du corps expéditionnaire italien, le CTV, qui avait assuré le succès de Franco et des généraux dans la récente bataille de Malaga. Mussolini veut effectivement gagner la guerre d'Espagne. Si Franco et ses troupes d'élite se cassent le nez sur Madrid, il pourra, lui, grâce à une stratégie anticipée, faire pencher la balance à l'aide de l'armée fasciste italienne, qui a fait ses preuves pendant les guerres coloniales.

À la mi-février, le CTV abandonne les positions de Malaga à des réserves espagnoles et se mobilise pour ce qui doit être sa glorieuse opération, la rupture du front madrilène du nord-est et la prise de la capitale. Les expéditionnaires italiens comptent quatre divisions blindées et deux mixtes, sous le commandement du général Roatta, soit deux cent cinquante blindés légers Fiat Ansaldo et mille trois cents camions.

Le travail de réorganisation a été très sérieux, quoique marqué par un excès de confiance. La ligne de front qu'ils attaqueront et qui fait partie de la défense globale de Madrid, n'est couverte que par des positions fixes assez pauvres, quelques nids de mitraillettes. L'avancée italienne prévoit une rupture du front à Mirabueno et un déploiement par les routes et les chemins secondaires pour l'ouverture d'un passage vers Guadalajara. Deux divisions et les corps d'artillerie interviendront. On en garde deux autres en réserve pour une deuxième attaque. Quatre-vingt-dix avions, chargés d'empêcher l'arrivée de renforts républicains, participeront à l'opération. Le mot d'ordre de Roatta est extrêmement euphorique : « *Domani a Guadalajara, dopo domani à Alacalá de Henares e tra due giorni a Madrid.* »

Un pilonnage d'artillerie de quarante minutes marque le début de l'offensive, sur un terrain boueux et par un froid extrême.

À la surprise générale, la rupture du front échoue le 8. Les forces républicaines se retrouvent sans munitions ; dans certains secteurs, elles contre-attaquent à la baïonnette. On observe des replis, mais dans l'ordre. La pression des forces fascistes est atroce. Le deuxième jour, le front est enfoncé. Pour la République, la situation est terrible, les renforts que l'on peut envoyer sur place ramènent la situation à dix mille contre cinquante mille.

Sachant que l'avenir immédiat de la guerre se joue dans cette opération, le commandement républicain dépêche sur place ses meilleures troupes, les XIe et XIIe Brigades internationales ainsi que les divisions de Lister, Mera, Galán et Nanetti. Ce sont des forces en cours de réorganisation qui étaient au repos après des combats. Elles avancent par les routes, sous la pluie, la neige et les bombardements.

Malgré ce que dit le mythe, mon mythe, notre mythe, les combattants internationaux ne sont pas sans connaître le découragement. Dans les premiers jours de 1937, trois douzaines d'entre eux partent pour la France. En Espagne, ils n'avaient ni famille, ni lettres, ni nom, ni arrière-garde, ni enfants, ni passé. Juste des pseudonymes et les souvenirs d'une guerre terrible qui n'a plus l'air aussi romantique que dans les premières semaines.

Le 9, les renforts républicains cherchent à établir le contact dans un froid terrible et une neige boueuse.

Lukacs, à la tête des Brigades internationales, a une étrange conversation avec Aldo Barontini, qui dirige provisoirement le bataillon Garibaldi en l'absence de son chef : « Combattront-ils contre des Italiens ?

— Évidemment, nous avons hâte de nous battre contre les fascistes.

— Respecteront-ils les prisonniers ?

— Bien sûr. Nous allons même les récupérer pour les incorporer dans nos rangs. »

La rencontre a lieu dans l'après-midi du 9, alors que la XIe Brigade internationale mène des petites escarmouches pour freiner l'attaque italienne. Gustav Regler écrit : « Toutes nos batailles avaient commencé de la même manière, dans le chaos. » La division fasciste Fiamme Nere parvient au Palacio Ibarra, une série d'édifications au milieu de la forêt, ruines d'un domaine aristocratique et seigneurial. Sous la pression, les Allemands internationalistes du bataillon Thaelman se replient. Au matin du 10, aux alentours de Brihuega, les garibaldiens se heurtent à l'avant-garde des Italiens et font leurs premiers prisonniers.

Il neige de nouveau dans la matinée du 11 mars. Pour la première fois de la guerre, la République a le contrôle de l'air : les pistes d'atterrissage des fascistes sont inutilisables à cause de la boue. Les républicains, qui arrivent des environs de Madrid et d'Alcalá de Henares, peuvent, eux, faire décoller leurs avions et bloquer ainsi l'avancée des colonnes blindées italiennes. L'attaque entre Trijueque et Torija est bloquée. Le 12, les fascistes font une nouvelle tentative et sont encore arrêtés par les troupes républicaines. Hans Beimler remarque qu'entre « la défaite et la météo, nous sommes en train de les démoraliser. »

Herbert Matthews, le journaliste nord-américain, a vu bien des guerres. Il n'a pas été surpris de l'ordre avec lequel on a rangé les cadavres des soldats italiens : il y a un certain respect pour la mort dans la manière dont ils sont empilés devant la cathédrale. Les obus de mortiers tombent avec une régularité étonnante, chaque demi-minute ; l'officier italien qui dirige cette batterie est d'une précision effrayante : toutes les trente secondes. La première contre-attaque républicaine est un succès. Le commandement va-t-il en profiter ? Dans les jours qui suivent, Matthews voit l'offensive s'interrompre. Il pense que c'est une erreur, car cela permet aux Italiens démoralisés de creuser des tranchées et de consolider leurs positions. Puis il se rend compte que deux autres guerres sont en train de se dérouler : l'une dans laquelle, pour la première fois en Espagne, la République profite de sa supériorité aérienne et décharge sur les environs de Brihuega huit cent quatre-vingt bombes de deux cent cinquante kilos ; la seconde, encore plus étrange, est une guerre de mots.

5.

Je crois me rappeler qu'au cours de ces après-midi, assis sous les arbres de l'Hôpital Espagnol, Carranza m'a expliqué son rôle sur le front de Guadalajara : il faisait en quelque sorte le lien entre les bataillons espagnols de la XIIe Brigade et le bataillon Garibaldi, un lien qui servait aussi de guide, parce qu'il connaissait à peu près le terrain. Je me rappelle que Carranza me faisait plus l'effet d'être andalou que castillan, je n'ai jamais très bien su pourquoi, mais le fait est que la région lui était familière et qu'il recherchait un emplacement pour une batterie Skoda lorsqu'il rencontra Malaboca pour la première fois.

C'était un Italien si petit qu'il ressemblait à un gnome, il avait toujours froid et jouait très bien au football. Selon Carranza, il possédait un incroyable pouvoir verbal : il insultait comme personne, il était incapable d'aligner une demi-douzaine de mots corrects sans y ajouter une obscénité. Tant et si bien que ses camarades l'appelaient Malaboca.

Je crois me rappeler que dans les souvenirs de Carranza le petit Italien avait pour sobriquet Malaboca ou Malalengua, peut-être parce qu'il a porté indistinctement les deux noms. J'avance une explication : Malaboca pour les Italiens, Malalengua pour les Espagnols. Il me semble que selon Carranza, cet Italien s'appelait Piero, était vénitien (et je le sais parce qu'Eusebio m'a raconté Venise telle que je devais la découvrir des années plus tard, et telle que la lui avait racontée Malaboca), cordonnier, et avait été animateur de radio jusqu'à ce que les fascistes le mettent à la porte de son studio à coups de pied. Il avait passé quelque temps en prison avant de s'échapper en Suisse, où il avait vécu avec une choriste d'opérette espagnole, qu'il détestait profondément.

Comment Carranza savait-il toutes ces choses sur Malaboca, cet homme qu'il devait connaître seulement pendant les douze jours de la bataille de Guadalajara ? Comment savait-il toutes ces choses, et d'autres encore, qu'il m'a racontées et tant d'autres qu'il avait dû oublier, ou que ma pauvre mémoire a perdues ?

Malaboca chantait en dormant. Heureusement, il dormait peu et chantait très bas. Il fumait d'horribles cigares qui se défaisaient rien qu'à les regarder tellement ils étaient secs, alors même que la pluie et l'humidité inondaient la forêt. Malaboca mangeait avec désespoir, ce qu'il justifiait ainsi : « Je mange toujours comme si c'était la dernière fois. »

Il était assis dehors tandis que le commissaire du bataillon interrogeait les premiers fascistes qu'ils avaient capturés. C'est là que Carranza l'a vu. Ensuite, tous deux ont circulé parmi les prisonniers et Malaboca a tiré d'eux toutes les informations, apparemment inutiles, qu'il a pu : le nom de la mère du capitaine de la deuxième compagnie, la rue où habitait le commandant...

Tout cela allait lui servir dans la guerre des mots.

Entre le 13 et le 18, la première offensive des divisions fascistes contenue, sous un climat inhabituel pour un mois de mars qui cause plusieurs morts de froid parmi les gardes, la direction des Brigades internationales met en branle sa machinerie de propagande. Aidés par le journaliste et romancier russe Ilya Ehrenburg et par Camen (le journaliste italien Giuliano Pajetta), Luigi Gallo et Teresa Noce commencent à produire des tracts, imprimés à Madrid et à Alacalá de Henares, qui, au début, sont largués par les avions en même temps que les bombes.

Les premiers mégaphones arrivent. Regler, collaborateur de cette étape de propagande, décrira le tableau suivant. Quelqu'un lit en italien. La neige tombe, le message dans l'air froid, les Polonais à gauche du petit palais de Ibarra en train d'installer des mitrailleuses, les fascistes à l'intérieur, à gauche les garibaldiens.

— La haine de l'Espagne s'abattra sur vous. Frères italiens, le peuple d'Espagne lutte pour sa liberté. Désertez. Venez à nous, nous vous recevrons comme des camarades, nous, les hommes du bataillon Garibaldi.

Une balle fait exploser des morceaux de mur à quelques mètres de Regler. « Pas mal, comme réponse », pense-t-il. Un Français des Brigades propose qu'on en finisse avec toutes ces histoires et qu'on réponde par le feu. Plusieurs Italiens le font taire, souhaitant qu'on continue la propagande. Ils s'expriment avec une certaine jubilation. Gustav Regler s'efforce de comprendre ce sentiment. « Il y avait des larmes, mais de joie, les exilés retrouvaient leur langue, ils parlaient de nouveau à ceux qui, des années auparavant, n'avaient pas voulu les écouter. »

Pendant ces premiers jours, tous les moyens sont bons : pamphlets enroulés autour d'une pierre et jetés comme des grenades à main, porte-voix, bombardements aériens. Deux haut-parleurs et un micro sont apportés d'Alacalá de Henares. Ils permettent de lire des communiqués, on réunit des chœurs improvisés qui reprennent *L'Internationale* ou *Fratelli nostri*.

Giuliano Pajetta, connu en Espagne sous le nom de Camen (qui achèvera son long périple européen à Mathausen, et y survivra), est chargé des haut-parleurs ; mais c'était là la voix officielle des communiqués envoyés par le siège des brigades. C'est à ce moment-là que Malaboca entre en action.

Au milieu de la nuit, on a approché tous les porte-voix le long du front et soudain, on entend la *Bandiera Rossa*. Une camionnette qui avait servi autrefois pour faire la publicité d'un cirque, équipée de deux gros haut-parleurs sur le toit, est arrivée de Madrid. Le véhicule est livré avec ses accessoires, et l'annonceur conserve le style « ... dix magnifiques éléphants, dix... », en apprenant aux Italiens à utiliser le système.

Malaboca s'approche du commissaire et lui demande de le laisser travailler, expliquant qu'il a été animateur de radio. Pendant un moment, il lit les communiqués. Puis, il se met à improviser :

« Rends-toi Mariani ! Ta femme est un peu pute sur les bords, si tu crois qu'elle t'attend, elle t'a déjà fait cocu avec Alfredo le pharmacien... Leone, espèce de pédé, tu as beau être capitaine, tu abuses quand même des recrues... Soldats de la deuxième compagnie, si vous avez froid, vous inquiétez pas, le capitaine Barone se fera un plaisir de vous mettre un doigt dans le cul. Il l'a déjà fait à l'arrière ! Roselli, t'es là ? Tu fais toujours des cauchemars ? Voleur, cochon, et dire qu'au village tu trichais en pesant la viande. Fasciste de merde, tout le monde te déteste ! »

Et il est déchaîné, il a l'air de connaître les noms de tous les officiers et tous les soldats des lignes ennemies, et d'être au courant d'une histoire terrible sur chacun. Après avoir assisté à ce manège avec amusement pendant un quart d'heure, le commissaire Barontini s'approche et suggère sur le ton de l'ordre :

— Malaboca, lis le communiqué et arrête de les insulter. Si tu continues comme ça, il va falloir qu'on les tue tous avant qu'ils ne se rendent.

Et Piero s'en tient au texte quelques minutes, mais quelque chose de plus fort que lui le reprend :

— Capitaine Pierini, t'es un porc, tu te laves jamais. C'est l'exemple que vous donne Mussolini ? Leone, tu te désignes toi-même officier et tu te cures le nez devant tes soldats. Tu te prétends officier, sale pédé, et tu détales quand on te bombarde ?

L'apparition de Barontini met fin à la fête. Le lendemain on doit tester les défenses des fascistes.

— Piero, allons dormir.

— Nous, les vrais Italiens, les hommes du bataillon Garibaldi, on vous laisse pour l'instant. On va bientôt venir vous voir personnellement. Et n'oubliez pas, chiens fascistes, que le capitaine Aldo vole les boîtes de bouffe – ajoute Malaboca, cela ou quelque chose dans le genre, avant de permettre qu'un disque de *L'Internationale* chantée en italien, miraculeusement découvert par quelqu'un, inonde l'air glacé de la forêt.

Quelques heures plus tard, un commissaire politique italien venu d'une autre section du front fait la leçon à Piero.

6.

Le 14, la XIe s'empare de Trijueque et récupère un énorme butin de guerre. Le même jour, dans la zone Garibaldi, le premier assaut contre le Palacio Ibarra a lieu.

Regler, le commissaire politique de la XIIe Brigade, est préoccupé. Quand les troupes allaient prendre position sur les lignes de départ, l'un des Abyssiniens du bataillon Garibaldi a fait le geste de la tête coupée, ce geste universel d'un doigt tendu qui parcourt lentement la gorge.

Regler s'est adressé à l'homme au moyen d'un interprète :

– Il faut respecter les blessés et les prisonniers, pas de brutalité. Nous, nous ne sommes pas comme eux.

Le jeune Abyssinien a acquiescé.

Quand les premiers accords de *L'Internationale* commencent à résonner dans le camion aux haut-parleurs, les Polonais ajustent leurs baïonnettes. Barontini se plaint de la théâtralité de la scène à son commissaire politique : « Qu'est-ce que c'est que ça, un assassinat avec fond musical ? » Regler tempère un peu : « Pourquoi on ne combattrait pas au son des hymnes ? Quitte à se faire tuer, autant que ce soit en musique ! » Barontini propose qu'on passe du Verdi. Regler lui répond qu'en tant que commissaire politique il est d'accord, mais qu'il n'a pas de disque de Verdi.

Le premier affrontement est terrible, on se bat d'abord dans la forêt, en avançant mètre après mètre, arbre après arbre. Les fascistes se replient lentement. On parvient aux bâtiments. Les garibaldiens sont accompagnés de tanks. La première offensive oblige les chemises noires à se réfugier dans le palais.

Au cours de la nuit, un Asturien parvient à s'infiltrer et à jeter à l'intérieur du camp retranché un paquet de cartouches qui provoque une terrible explosion.

Les échos de la déflagration n'ont pas fini de se dissiper que, de l'intérieur, s'échappent les accords de *L'Internationale,* tant entendus ces derniers jours. Rien n'est clair, les tirs se poursuivent mais le chant continue. Les fascistes sont-ils en train de chanter ? Est-ce une plaisanterie ? La direction du Garibaldi mandate une commission pour parlementer. À sa tête, Nunzio Guerrini. Lorsqu'il ne se trouve plus qu'à quelques mètres du palais, un officier lui lance une grenade qui le tue sur le coup. Le fasciste tente de fuir mais il est pris en chasse par la mitrailleuse du tank qui protégeait la délégation. Les garibaldiens pénètrent dans le palais : ils sont face à face avec leurs ennemis. Une terrible tension règne. Le doigt sur la gâchette, personne ne baisse les armes. Brignoli intervient : il ordonne aux garibaldiens de ne pas tirer et aux fascistes de jeter leurs armes. À cet instant, l'artillerie républicaine, qui ignore que ses troupes ont déjà investi le palais Ibarra, tire une salve. Les coups de canons mettent un point final à l'indécision, les fascistes laissent tomber leurs fusils et les mitrailleuses sur le sol ; ils sont conduits à l'arrière, précédés par le cadavre de Guerrini sur un brancard.

Regler voit passer son Abyssinien qui lui désigne, tout joyeux, les trois prisonniers qu'il conduit, attachés par une corde.

7.

Entre le 15 et le 18, le front de Guadalajara se stabilise. On a consumé brutalement les premières énergies dans l'offensive et la riposte. Un résultat nul représente une victoire pour la République, pour les Brigades internationales et en particulier pour les garibaldiens.

Les médias du monde entier le comprennent ainsi. Un document du haut commandement fasciste affirme : « Il y a quelques lâches, même dans les meilleures et les plus courageuses des troupes. De sorte que nous ne devons pas être surpris qu'il s'en trouve également parmi nous. Mais nous allons nous en débarrasser. »

Roman Karmen, le cinéaste soviétique, capture avec sa caméra l'image des combattants du bataillon Lister en train d'effacer les « *Viva Mussolini* » peints sur les murs du village de Brihuela. Les soldats espagnols grattent soigneusement la chaux des murs blancs.

C'est le moment crucial de la guerre des mots.

Pendant cette période, Malaboca lit des communiqués officiels, des appels à la reddition, des offres de cent pesetas pour chaque déserteur et la promesse de les incorporer à l'armée républicaine s'ils le souhaitent, des évocations de la condition sociale des soldats des divisions fascistes. Mais chaque fois qu'il le peut, sa langue verte reprend ses attaques. Les informations des prisonniers d'Ibarra lui sont extrêmement précieuses. Il raconte qu'un capitaine ennemi s'est chié dessus pendant un bombardement, les maladies vénériennes d'un officier des services sanitaires, les vols de ravitaillement, les détails de la vie intime d'un lieutenant qui ne se lave pas les pieds et dont la bite ne mesure pas plus d'un centimètre, et même l'histoire d'un fasciste génois qui est venu au front directement depuis la prison où il était enfermé pour vol. Son truc, c'est la médisance, les ragots et l'insulte. Et à ce petit jeu-là, il est très fort. Carranza se rappelait Malaboca, réussissant un jour à créer une insulte de dix mots, quelque chose du genre « Fils de ta traînée de pute syphilitique de minable de pauvre conne de mère ! »

Carranza croyait se souvenir qu'à un moment, on lui avait interdit de prendre le micro du camion de cirque, ou que pendant l'un des déplacements de la compagnie, le véhicule en question avait été cantonné à l'arrière.

8.

L'offensive tant attendue a lieu le 18 mars. C'est l'anniversaire de la Commune de Paris. Les bataillons républicains attaquent sur tout le front des Italiens, démoralisés. La prise de Brihuega par la brigade du Campesino et le bataillon

Commune de Paris des troupes internationales constitue le moment culminant de la contre-attaque. Deux cents Italiens de l'armée fasciste sont capturés.

L'assaut se poursuit sur l'ensemble de la ligne de feu en se servant de la route d'Aragon comme axe. Quatre ou cinq jours plus tard, le front sera stabilisé. La bataille de Guadalajara s'achève sur une victoire pour la République.

À Brihuega, lorsqu'il passe en revue les affaires laissées par les Italiens, Matthews découvre un groupe de gamins ravis, à qui il demande comment ils se sentent :

« On est très contents, les avions ont détruit l'école ! »

Carranza racontait qu'après la bataille, son bataillon avait été incorporé aux forces de Mera et qu'il n'avait plus revu Piero.

9.

Malaboca existait-il, ou s'agit-il de l'une de ces inventions gratuites que le passage du temps forge dans la tête de celui qui écoute comme dans celle de celui qui raconte ? Lui, Eusebio Carranza, croyait se le rappeler ainsi et moi, je me le rappelle comme lui se le rappelait. J'ai raconté souvent cette histoire, et à force de la répéter, en l'améliorant, en l'affinant, en usant de l'art de l'orateur, des moyens de l'historien qui retrouve dans des lectures des éléments qui rendent une atmosphère, l'anecdote s'est constituée comme elle a été racontée quelques paragraphes plus haut.

En 1974, j'ai décidé de retrouver mon interlocuteur de l'Hôpital Espagnol et d'écrire l'histoire de Malaboca. Mais Eusebio Carranza avait disparu. Je ne l'avais plus revu depuis la naissance de mon frère. Je crois que tout s'est mélangé dans ma mémoire : l'envie de raconter et le désir de le revoir. Quand ma fille Marina est née, au cours d'un merveilleux séjour parmi ces pavillons, lorsque Paloma et moi allions tous les jours rendre visite à notre bébé dans la salle des couveuses, j'en ai profité pour fouiller dans les archives. Ça n'a pas été chose facile, malgré les bonnes relations que j'entretiens avec le syndicat des employés de l'hôpital, avec lequel j'avais collaboré. Carranza Eusebio n'existait pas. Son nom ne figurait nulle part, pas plus que sa fiche ou le moindre détail concernant sa maladie. Personne ne savait s'il était mort, s'il s'était échappé, s'il avait guéri. Finalement, j'ai découvert un dossier aux archives centrales qui semblait coïncider : un homme appelé Arturo Carranza avait été traité pour une tuberculose aiguë en 1965, de juillet à septembre. C'était tout. La raison pour laquelle on lui avait donné l'autorisation de sortir n'était même pas claire.

Des années plus tard, supposant que Carranza avait été communiste, j'ai parlé de lui à mon vieil ami Juan Ambou. Le monde de l'exil espagnol au Mexique est immense et petit tout à la fois : une espèce de famille d'amours et de rancunes, dans laquelle tout le monde est au courant des petites et des grandes histoires et où l'on se connaît presque tous, même si certains prétendent le contraire. Bizarrement, Ambou ne savait rien. Il m'a suggéré d'interroger les anarchistes, car il s'agissait peut-être d'un homme de la brigade de Cipriano Mera. J'ai continué à mener mes recherches de cette manière négligée qu'ont les livres de faire leur chemin. Rien.

En 1988, Silverio Cañada, qui m'aime beaucoup, m'a envoyé d'Espagne l'excellente œuvre de García Durán sur les sources pour l'étude de la guerre civile espagnole. Cela m'a ouvert une série de nouvelles portes.

Les archives du centre d'études Piero Gobetti à Turin avaient réalisé, depuis le milieu des années 1970, une série d'entretiens avec des combattants italiens des brigades, en particulier les garibaldiens, et avec d'autres antifascistes qui s'étaient battus en Espagne dans des formations anarchistes au sein de bataillons républicains. Lorsqu'il est allé assister à la Biennale de Venise en 1976, mon père a recueilli pour moi un résumé de ces premières entrevues. J'ai parcouru avec soin ces matériaux. Pas de Malaboca, ou de Malalengua, comme le surnommaient les Espagnols, ni aucun Piero vénitien et cordonnier.

J'ai tenté ma chance dans les archives historiques de Salamanque, mais il n'existait aucune liste des membres du bataillon Garibaldi. J'ai parcouru la bibliographie considérable qui existe sur la bataille de Guadalajara et si j'ai trouvé des traces de la guerre des haut-parleurs et des micros, il n'y avait rien concernant la langue verte de Piero. J'ai renoncé pendant un temps.

Des années plus tard, au cours d'un séjour à Rome, je me suis présenté à l'*Associazione italiana combatenti volontari antifascisti di Spagna*, où l'on conserve d'importantes archives de notes biographiques sur les combattants. J'en ai parcouru quelques-unes avec mon pauvre italien de touriste turc. Sans résultat.

L'unique clé, je l'ai trouvée bien après, dans quelques longueurs de pellicule des archives Gaumont à Paris. Il s'agit de trente-sept mètres de film, par erreur répertoriés sous le titre *Sur le Front de Madrid* et qui contiennent quelques scènes de combats de la bataille de Guadalajara. Vers la fin, on peut voir un camion avec deux haut-parleurs sur le toit, presque cloué dans une tranchée. Un homme au nez en lame de couteau, petit, le cheveu rare et frisé, avec un sourire malicieux, parle. Il est vêtu d'une veste fourrée et ses jambes de pantalon sont enveloppées dans des chiffons, comme s'il s'était fabriqué des guêtres. J'ai demandé qu'on me passe l'extrait une demi-douzaine de fois. J'étais convaincu qu'il s'agissait de Malaboca. Il tenait le micro négligemment, comme s'il y était habitué, et non pas avec la crispation de celui qui ne sait pas s'en servir, et qui a besoin de faire des gestes pour appuyer ses discours parce qu'il doit se concentrer pour se représenter ses auditeurs fictifs. C'était lui.

Soixante ans ont passé depuis que mon grand-père, Adolfo Maojo, a disparu en mer, un peu plus depuis la bataille de Guadalajara, et trente-deux ans qu'Eusebio m'a raconté pour la première fois l'histoire de Piero Malaboca. Avant de me mettre à écrire, je doute plus que d'habitude, et ce doute est plus profond que de coutume. *Archanges* devra être un livre d'histoires de l'Histoire, et celle-ci a vraiment trop l'air fantaisiste. Pourtant, je m'assois devant mon ordinateur et je tape, je réunis Malochio et Malaboca, mes Italiens essentiels, ceux qui m'ont légué l'amour de la contrebande et des gros mots. Je raconte leurs histoires, qui sont aussi les miennes.

Ce qui est raconté ici est bien trop beau pour n'être que mensonges.

L'Homme qui inventa le maoïsme

P'eng P'ai et la révolution prolétaire qui venait de la campagne (une autobiographie apocryphe)

1.

Mon histoire personnelle est celle d'un éternel combat contre les dragons qui dévoraient les récoltes, réduisaient en esclavage des enfants de cinq ans, consumaient les hommes pour les laisser dans un état proche de l'imbécillité absolue, et détruisaient la moindre étincelle de vie dans leurs yeux. Pour les abattre, je grandis et me recouvris de leur sang qui, dans une certaine mesure, était aussi le mien.

Je naquis le 22 octobre 1896 à Haiphong, à moins de deux cents kilomètres à l'est de Canton, dans la province du Kwangtung, au sud de la Chine. Bien que né sous le nom de P'eng Han Yu, je le changerais à l'adolescence et me ferais appeler P'eng P'ai. À la mort de mon père j'avais dix ans. Mon grand-père prit la haute main sur ma vie et mon éducation. Il m'entoura de précepteurs, de tuteurs et de surveillants. Il décida que j'étais intelligent et que je devais l'être plus encore.

Mon grand-père était le maître de la vie, du destin, du futur et surtout du présent de mille cinq cents paysans pauvres et de leurs familles. Il décidait où ils vivaient, s'ils pouvaient se marier, à quelle période ils devaient semer et quoi, quand ils pouvaient célébrer des fêtes et à quel moment le soleil marquait la fin de la journée. Il pensait qu'ainsi allait l'ordre naturel des choses. Il allait me falloir quelques années pour comprendre la signification de tout cela, puis quelques autres encore pour me rebeller ouvertement contre l'esclavage agraire. Faire de cette rébellion un destin.

En 1912, lorsque j'eus seize ans, suivant les traditions féodales, ma famille décida de me marier avec Tsai Su-Ping, une adolescente de la bourgeoisie locale. Les affrontements naturels d'un jeune rebelle avec un monde conservateur et fermé, qui refusait toute réponse aux questions et imposait comme solution la force de la coutume, avaient été fréquents. Mais c'est peu de temps après mes noces que le premier choc sérieux avec ma famille se produisit : je refusai que Su-Ping suive la tradition et déforme ses pieds avec des bandages, se rendant invalide. Les paysans ne le faisaient pas, chez les Haka il n'existait pas de coutume aussi absurde, leurs femmes travaillaient aux champs avec eux. Je m'y opposai fermement et parvins à imposer mon point de vue. Non seulement elle abandonna ses bandes, mais encore nous nous montrions fréquemment en public dans les rues du village en nous tenant par la main et je commençai à lui apprendre à lire. Je ne voulais pas d'une esclave de luxe pour compagne. Notre attitude provoqua scandale, émotion et embarras parmi l'oligarchie agricole.

J'avais grandi dans un pays en révolution où, dans le domaine politique, le vieux régime féodal volait en éclats. Mais il était préservé dans l'économie et s'ancrait farouchement dans le passé pour les coutumes. Ce système se refusait à mourir, conservait et conserverait, pour de longues années encore, les tristes liens coloniaux du passé. J'avais grandi dans un monde dominé par le lointain écho des nouvelles de triomphes ou de revers des seigneurs de la guerre qui régnaient sur des provinces entières, dans un pays qui était apparemment infini et dont les maux semblaient incurables.

Au cours de ces premières années, mes rébellions s'étaient limitées à combattre les symboles. Je m'étais refusé à cesser de penser. Un jour, armé d'un ciseau, j'avais détruit la statue que l'on voulait inaugurer à Haiphong, représentant un chef militaire pour lequel je n'avais aucun respect.

À l'âge de vingt et un ans, je me rendis à Tokyo pour étudier une année à l'académie Seijo, avant de me consacrer à l'économie politique à l'université de Waseda. Je le pus grâce à une bourse du gouvernement de Chen Chiu-Ming, le seigneur de la guerre de ma région. Il accordait beaucoup d'importance à l'éducation des fils des classes supérieures car il l'envisageait comme la condition nécessaire à la modernisation de la Chine. Opposée à ce projet, ma famille avait refusé de participer aux dépenses, de sorte qu'à Tokyo je menai la vie d'un étudiant pauvre.

Une certaine effervescence régnait dans le monde estudiantin japonais. Je me liai à des groupes socialistes et agrariens qui voyaient dans la destruction du féodalisme de leur pays la clé du changement et du développement. J'entrai en contact avec une société beaucoup plus moderne et, en même temps, aussi dangereuse que la nôtre en matière de traditions conservatrices. Mais j'étais entouré de jeunes gens qui croyaient dans le futur et avaient une conscience politique qui me manquait. C'est avec mes condisciples que pour la première fois j'entendis parler de syndicats paysans et de communes agraires.

La nouvelle Chine naquit le 4 mai 1919. Dans la région la plus développée du pays, les ports du Sud, de puissantes mobilisations et grèves d'étudiants se développèrent pour protester contre le traité de Versailles. Sans la moindre considération et sans tenir compte de nous, les Chinois, il cédait en effet des concessions allemandes – véritables enclaves coloniales extra-nationales dans nos ports – aux Japonais. Cette vague de grèves et de manifestations estudiantines entraîna avec elle des travailleurs ainsi que des petits commerçants et représenta, d'une certaine manière, la naissance de la conscience de la nation.

Nous aussi, les Chinois venus au Japon pour étudier, nous descendîmes dans la rue. Le 7 mai, je fus blessé à la tête et aux côtes par la police. Ce jour-là, une centaine de mes compatriotes furent également malmenés par les Japonais.

J'obtins mon diplôme en juillet 1921 et revins alors en Chine. Je me rendis à Canton où, par le plus grand des hasards, je rencontrai Ch'en Tu-Hsiu, qui peu de temps auparavant avait participé à la formation du parti communiste chinois, créé dans la chaleur de la révolution soviétique par une douzaine d'étudiants et de professeurs de Shanghai et de Pékin. Il m'offrit un avenir lumineux d'engagements et de souffrances au service des misérables. À cette époque, j'étais prêt à donner ma vie, je n'avais besoin que d'une cause qui en vaille la peine. Nous nous mîmes d'accord pour que mon militantisme demeurât clandestin. Je devais promouvoir à Haiphong l'étude du marxisme, car j'avais déjà eu connaissance de quelques-uns de ses textes au Japon.

Deux mois plus tard, j'avais mis sur pied dans ma région natale un petit groupe d'étudiants structurés au sein de la "Société pour l'étude du socialisme" et je publiai dans le journal *Nouvelle Haiphong* un article intitulé "Appel à tous mes concitoyens". De façon très générale, j'y relevais les vertus d'une société qui abolirait la propriété privée, la loi, le gouvernement, l'État.

Le 1er octobre, Chen Chiu-ming, le seigneur de la guerre local, me nomma directeur du Bureau de l'éducation de Haiphong. Au fait du monde rural comme je l'étais, je savais, bien que très innocemment, que l'éducation pouvait briser la première chaîne qui réduisait en esclavage les paysans et les jeunes fils des propriétaires terriens comme moi. Cet emploi au service du seigneur de la guerre n'avait rien de contradictoire avec mon récent engagement politique. Pendant mes premiers jours de travail, je ne me contentai pas d'encourager le développement des écoles et de surveiller la qualité de l'enseignement ; j'introduisis également dans les études la gymnastique, l'opéra et les danses traditionnelles.

Pendant ce temps, avec quelques camarades, je lançai une revue, *Le Cœur sincère,* qui s'autoproclama : "voix des ouvriers et des paysans". Elle était pourtant fabriquée exclusivement par des étudiants, ni les ouvriers ni les paysans de Haiphong ne savaient lire. Notre revue s'en prit vigoureusement à la presse officielle.

Le 1er mai 1922, je fis représenter une pièce de théâtre et organisai un grand défilé avec les adolescents de l'école secondaire. La marche était précédée d'un drapeau rouge, de pancartes en faveur du bolchevisme, de cymbales, de tambours et de feux d'artifice. Nous ne réussîmes à nous faire accompagner d'aucun ouvrier ou paysan. Ce fut très infantile et je ne parvins guère qu'à susciter une vive réaction contre ma personne.

Quelques jours plus tard, les propriétaires terriens agirent. Ils commencèrent à faire courir la rumeur que mes objectifs étaient l'introduction du communisme et la nationalisation des femmes. Plusieurs délégations se rendirent chez Chen Chiu-ming, porteuses de doléances. Je fus donc renvoyé le 9 mai. Ma charge avait duré sept mois. Dans un certain sens, je me sentais libéré.

2.

À cette époque, le parti défendait l'idée que ses militants devaient promouvoir les cercles d'étude et se lier avec les ouvriers en stimulant l'émergence de syndicats. Mais j'avais l'intuition que la révolution ne pourrait jamais se développer en Chine et encore moins dans ma ville natale si je ne réduisais pas à néant l'esclavage agricole. Ainsi décidai-je d'aller accomplir ma mission à la campagne.

Mes amis de Haiphong m'avertirent : « C'est une perte de temps et d'énergie. Les paysans sont terrorisés et on ne peut pas les organiser. Et puis ils sont si timorés qu'on ne peut pas faire de propagande auprès d'eux. »

Je demeurai seul : ces socialistes de la première heure n'avaient aucune foi dans les gens de la terre. Lorsque chez moi on comprit que j'avais l'intention de créer un mouvement paysan, tous les membres de ma famille, hommes, femmes, vieux et jeunes – à l'exception de deux de mes frères qui réservèrent leur opinion – se mirent à me haïr violemment. Mon frère aîné avait l'air de vouloir me tuer. Mais je n'y attachai pas d'importance.

Fin mai, je décidai de tenter ma chance pour la première fois ; je m'arrêtai aux environs d'un bourg dans le district de Chishan. Je portais un costume de style étranger, du genre de celui des étudiants, avec un chapeau rond en paille. Je rencontrai d'abord un paysan d'environ trente ans qui murmurait près d'un tas de fumier.

— Asseyez-vous, monsieur, fit-il sans cesser de travailler. Vous êtes venu pour les impôts, je suppose, car nous n'avons pas de théâtre par ici.

Je me hâtai de lui répondre.

— Je ne viens pas pour les impôts. Je veux seulement devenir l'ami des paysans. Je sais combien la vie est dure pour vous. C'est pourquoi j'ai pensé... Eh bien, nous pourrions parler de certaines choses.

— Oh oui, la vie est très dure, mais c'est notre destin. Je vous en prie, prenez une tasse de thé, monsieur. Mais nous n'avons pas le temps de parler. Ne vous fâchez pas contre nous, s'il vous plaît.

Sur ces mots, le paysan s'en fut.

Après un moment, un jeune homme de vingt ans s'approcha. Il avait l'air plus intelligent que le précédent. Il commença à me poser des questions :

— À quel bataillon appartenez-vous ? Quel est votre travail ? Pourquoi êtes-vous venu ici ?

— Je ne suis ni officier, ni fonctionnaire, répliquai-je. Je suis étudiant, je suis juste venu me promener et faire connaissance avec quelques-uns d'entre vous.

Mon interlocuteur éclata de rire.

— Oh, nous ne sommes pas assez bien pour vous, en tout cas nous ne sommes pas une bonne compagnie pour un gentilhomme. Peut-être voulez-vous une tasse de thé ?

Et comme le premier paysan, lui aussi il détala sans un regard en arrière. Je voulus ajouter quelque chose, mais il n'aurait pas pu m'entendre.

J'étais tout à fait furieux ; je me rappelais précisément ce que m'avaient dit mes camarades et mon irritation croissait d'autant plus. Je me dirigeai vers le village suivant où je fus reçu par l'aboiement des chiens. Ils me montrèrent les dents, grognèrent. Ces démonstrations étaient suffisamment hostiles pour être claires, mais je me trompai tout de même ; prenant cela pour une manière de bienvenue, je poursuivis mon chemin avec entêtement.

Toutes les portes étaient closes et il n'y avait âme qui vive dans le bourg. Certains étaient aux champs, d'autres au marché. Je gagnai un troisième village. Le soleil plongeait à l'horizon. Comme la nuit tombait, de peur d'éveiller les soupçons des paysans, je décidai de ne pas pénétrer dans l'agglomération et rentrai chez moi.

Dans mon foyer, on me traita comme un ennemi. Personne ne voulait m'adresser la parole. Ils avaient déjà tous dîné et ne m'avaient laissé qu'un peu de soupe. Je mangeai et me retirai dans ma chambre. J'ouvris mon journal intime, pensant consigner les résultats de mon premier jour de labeur, mais il n'y avait aucun résultat. Je me jetai sur le lit et me retournai toute la nuit en pensant à différentes stratégies. Je fus debout dès que je vis la lumière du jour. Je pris un petit-déjeuner et retournai au bourg que j'avais visité la veille.

— Vous êtes venu toucher ce qu'on vous doit, monsieur ? s'enquit un vieux paysan.

— Non, non, protestai-je. Au contraire, je suis venu vous aider à vous faire payer vos dettes. On vous doit beaucoup, vous savez. Peut-être l'avez-vous oublié. Mais j'ai décidé de vous aider à vous le rappeler.

— Ce serait bien si nous ne devions pas d'argent aux autres... Mais qui pourrait bien devoir de l'argent à des gens comme nous ?

— Comment ? Vous ne le savez pas ? Les propriétaires fonciers vous en doivent beaucoup. Ils gaspillent leur temps, année après année, pendant que vous ployez sous le joug de tant de travail. Et ensuite, c'est vous qui devez payer les impôts ? Un *mow* de terre (un sixième d'acre) ne leur a pas coûté plus de 100 dollars. Et vous, paysans, vous devez travailler ce *mow* des centaines d'années. Essayez de calculer combien ils vous volent pendant tout ce temps. Nous avons décidé que ce n'est pas juste. C'est pourquoi je suis venu en discuter avec vous et voir comment il serait possible de récupérer ce que les propriétaires terriens vous doivent.

Le paysan éclata de rire.

— C'est trop beau pour être vrai. Pour le moindre *sheng* de riz que nous leur devons, ils nous battent à coups de bâton et nous jettent en prison. Mais le destin en a décidé ainsi. Certains cultivent le riz, d'autres le mangent. Pardonnez-moi monsieur, je dois aller au marché maintenant.

— Quel est ton nom ? demandai-je.

— Oh, je suis d'ici. Venez quand vous aurez le temps, un jour.

Je compris qu'il ne voulait pas dévoiler son identité et n'insistai pas.

Les hommes travaillant aux champs, seules les femmes étaient demeurées au village. Il aurait été inconvenant pour moi qu'on me vît parler avec elles. Je restai indécis un bon moment, puis poursuivis mon chemin jusqu'à un autre village. De fait, j'en traversai plusieurs ce jour-là mais avec aussi peu de résultats que la veille. Je ne pus pas faire figurer grand-chose dans mon journal.

Pendant la nuit, il me vint à l'esprit que lorsque nous parlons avec les paysans, nous utilisons des expressions complexes. Sans doute une bonne partie de nos discours leur sont-ils incompréhensibles. Je choisis une série d'expressions abstraites et de termes livresques pour m'efforcer de les retranscrire en langage ordinaire. Puis, j'eus l'idée d'un nouveau plan d'action. Je décidai de ne pas entrer dans les villages mais d'attraper ce que la vie m'accorderait en me postant à un carrefour d'où je commencerais ma propagande. Ce que je fis.

Le lendemain matin, je me rendis au temple de Lun-shan. Les principaux chemins menant à différents districts se croisaient à cet endroit. Les paysans qui passaient par là avaient l'habitude de s'arrêter devant le temple pour se reposer. Je commençai à leur parler de leurs conditions de vie, puis des causes de leur pauvreté et de la façon de se libérer de l'oppression. Je donnai des exemples de propriétaires terriens qui les exploitaient et expliquai la nécessité de s'organiser.

Au début, je m'adressai seulement à deux ou trois paysans. Puis graduellement le cercle s'élargit et un petit meeting fut improvisé. Ils écoutaient, mi-dubitatifs, mi-convaincus. Quatre ou cinq, au plus, participèrent à la conversation. Une dizaine se limita à écouter. Mais même cela, ce n'était pas un mince triomphe. Je tâchai d'expliquer pourquoi ils devaient s'organiser :

— Si les paysans s'unissent, ils peuvent obtenir une baisse des impôts. Les propriétaires fonciers ne pourront pas les affronter. Les impôts illégaux et les oppressions en tout genre doivent cesser. Ils ne peuvent pas continuer à faire leur propre loi.

— Qu'est-ce que tu racontes ? cria un vieux paysan, furieux. Tu ferais mieux de demander à Ming-ho de ne pas percevoir les arriérés d'impôts. Alors peut-être qu'on voudra bien croire que tu ne te moques pas de nous !

Marchand et propriétaire, Ming-ho était aussi un parent à moi. J'allais répliquer lorsque, soudain, un jeune homme assis derrière moi bondit :

— Ce n'est pas une façon de parler, sermonna-t-il mon opposant. Tu travailles sur les terres de Ming-ho. Si Ming-ho réduit l'impôt, tu seras le seul à en tirer un quelconque bénéfice. Et moi alors ? Je ne lui paye pas d'impôts, à lui ! Le problème n'est pas de demander quelque chose à quelqu'un, mais de voir si nous pouvons nous organiser. Cela ne te regarde pas seulement toi, cela nous regarde tous !

J'étais fasciné d'entendre une telle réponse. Je m'enquis du nom de celui qui avait fait entendre sa voix et lui proposai de me retrouver pendant la nuit. Il vint effectivement et nous eûmes une longue conversation durant laquelle il me raconta qu'un groupe de paysans était d'accord avec ce que je disais mais que les autres avaient peur. Je lui demandai de m'amener les convaincus. En attendant, je commençai à préparer du thé. L'eau bouillait à peine lorsque Chang Ma-han et ses amis revinrent. C'étaient tous de jeunes paysans, aucun n'avait dépassé la trentaine. Mais à en juger par leurs manières et leur conversation, ils étaient tous très éveillés. J'entrepris de parler de ce qui me semblait être le plus urgent, c'est-à-dire du mouvement paysan :

— Je pars tous les jours faire de la propagande mais les paysans ne font pas attention à moi et ne veulent pas dialoguer. Que dois-je faire ? leur demandai-je.

— L'une des raisons à cela, c'est que les paysans n'ont pas de temps à perdre, expliqua Leng-Pei. L'autre, c'est que tes discours sont très compliqués. Moi, il y a des fois où je ne les comprends pas. En plus, tu n'as pas d'amis parmi eux. Le mieux c'est que nous allions ensemble au bourg un après-midi vers 7 ou 8 heures. C'est à ce moment-là qu'on arrête de travailler. Et tu essaieras de parler simplement. Rappelle-toi, lorsque tu prends la parole au village, laisse le thème des dieux et des saints de côté...

Je n'émis aucune objection. Lorsque mes visiteurs s'en furent, j'écrivis dans mon journal : « Le succès n'est plus très loin. »

3.

Présenté par mes nouveaux camarades, je commençai à pénétrer chez les paysans. Rapidement, nous pûmes organiser un meeting dans le district de Chishan. Je travaillai avec un système de questions et de réponses, parlai de l'esclavage à la campagne, de la cruauté des propriétaires terriens et des chemins conduisant à la libération. Ce fut un succès. Pour la réunion suivante, on me demanda d'apporter un gramophone et de passer de la musique.

D'autres villages suivirent. Tout fonctionnait très bien, mais nous rencontrions quand même un obstacle ; au moment où nous leur proposions de rejoindre l'association, les paysans répondaient :

— D'accord, si les autres adhèrent, je le ferai aussi.

— Si vous attendez tous que d'autres le fassent, mille ans passeront avant que quelqu'un se décide à faire le premier pas. Imaginez de nombreux paysans attendant pour traverser la rivière par un gué, tous ont peur et personne ne se décide à faire le premier pas. Aucun ne pourra franchir la rivière ! Nous devons nous prendre par la main et commencer à traverser. Si l'un doute, s'il est emporté par le courant, les autres pourront le soutenir.

L'exemple fit son effet. Je leur demandai leurs noms et certains acceptèrent de le donner. J'entrepris de les noter dans un petit carnet, mais cela provoqua la méfiance. Je renonçai à cette idée. Le recrutement, de toute façon, fut très lent, et la propagande avait beau être efficace, en un mois nous n'avions fait entrer dans l'union qu'une petite trentaine de membres.

Un événement étrange rompit l'inertie du processus. Nous prîmes part à un conflit entre deux familles sur le point d'en venir aux armes parce qu'elles s'accusaient mutuellement de la mort d'une petite fille. L'intervention de notre groupe empêcha que la querelle prenne trop d'importance. En même temps, nous affrontâmes le délégué des propriétaires fonciers qui voulait intervenir en prenant de l'argent aux deux familles, nous le frappâmes presque. Cela augmenta considérablement notre prestige et de nouveaux sympathisants commencèrent à adhérer.

Nous fixâmes nos premières règles : aucun des adhérents de notre union ne pourrait louer la terre précédemment travaillée par un autre paysan, même si c'était ce que proposaient les propriétaires. Celui qui commettrait une telle erreur se verrait gravement mis à l'amende. Les membres de l'union luttaient contre l'augmentation des fermages et obtenaient de nouvelles terres à ceux qui étaient déplacés. Dans différents districts, nos actions enrayèrent effectivement ces augmentations en évitant la concurrence entre les paysans eux-mêmes.

Il n'y avait pas de jour ni de soir où nous n'organisions un meeting dans un village quelconque. Des paysans se mirent à adhérer à l'association au rythme de deux douzaines par jour. Nous ouvrîmes un dispensaire médical à Haiphong qu'un médecin, qui sympathisait avec notre cause, prit en charge. Nous créâmes une école rurale. Au début, nous enseignâmes aux enfants les rudiments d'arithmétique qui leur permettraient de ne plus être dupés par les propriétaires, ainsi que les caractères de base pour former le nom des céréales et des instruments agricoles. L'école possédait ses propres semis. Les parents des élèves les apportaient et ils étaient cultivées par les enfants eux-mêmes, assurant ainsi la subsistance de l'instituteur. On compta bientôt dix écoles sur notre territoire.

En outre, l'union décida de lancer un programme de reboisement : une résistance se manifesta parmi les paysans. Certains estimaient que nous ne ferions que rendre service aux propriétaires. Mais tous furent rapidement convaincus que cela bénéficiait à ceux qui travaillaient réellement la terre.

L'association des Paysans de Haiphong fut fondée le 1er janvier 1923, autour de près de cent mille membres. Soixante délégués, qui représentaient vingt mille familles, assistèrent à sa constitution. J'en fus élu président au cours d'un banquet de pauvres (beaucoup de riz et pas grand-chose d'autre). Les tambours et les cymbales résonnaient, notre drapeau, orné de carrés rouges et noirs, flottait dans le ciel.

La question centrale du congrès tenait au problème d'organisation. Nous consacrâmes beaucoup de temps à discuter de la façon d'arbitrer les conflits : comment faire pour que l'association intervienne justement en protégeant les paysans dans leurs conflits avec les propriétaires fonciers, et dans quelle mesure elle devait participer aux querelles entre les paysans pour arbitrer le plus équitablement possible les différends. Grâce à l'appui des étudiants, nous renforçâmes beaucoup le département de propagande et les écoles rurales. Nous sentîmes que, malgré cette énorme progression, nous n'avions pas encore la force d'engager la demande qui nous intéressait le plus mais qui aurait conduit à une guerre ouverte avec les propriétaires fonciers : la réduction des fermages. De sorte que l'on tomba d'accord pour laisser un sursis de cinq ans à cette requête. Cette dernière année m'avait enseigné une chose, bouger avec précaution. Mais la pression était très grande et toujours exercée par des grands propriétaires absentéistes qui exerçaient leur pouvoir par l'intermédiaire de juges corrompus, d'extorsions, de tueurs à gages. C'est pourquoi nous réclamâmes une « halte à la corruption » et décidâmes de ne plus payer de pots-de-vin aux policiers ou aux fonctionnaires.

Nous organisâmes une grande fête pour le nouvel an et fîmes la promesse qu'il y aurait une Danse du Dragon comme on n'en avait jamais vu. Près de dix mille paysans se rassemblèrent sur une grande esplanade devant le temple de Ling Tsu. Après la musique, la danse et le discours, nous criâmes : « Vivent les paysans ! » Un cri simple mais qui, de toute éternité, n'avait jamais fendu les airs de cette région et des milliers de voix répondirent à ma voix. Nous avions bâti un pouvoir.

En février 1923, les grands propriétaires passèrent à l'action. D'une certaine manière, l'attitude prudente du magistrat de Haiphong, qui avait conservé une position neutre, avait permis la croissance de notre organisation. Mais tôt ou tard, cela devait arriver, car notre association se développait tous les jours davantage grâce à l'adhésion de centaines de paysans et notre influence se faisait sentir jusqu'à la région voisine, Lufeng.

Chu Mo était un propriétaire foncier qui vivait dans une maison somptueuse en ville. Sans aucune raison, il décréta une augmentation des fermages. L'un de ses paysans, influencé par nos actions, refusa de payer. Chu envoya des percepteurs qui menacèrent et le frappèrent. Celui-ci fit appel à l'organisation. Nous ne pouvions tolérer cela, nous devions agir. Je rencontrai cinq familles qui travaillaient pour Chu et nous les convainquîmes d'abandonner ses terres. Chu leur fit un procès. Mais le juge était l'un de mes anciens condisciples de collège qui, de surcroît, était l'obligé des associations. De sorte qu'exceptionnellement, il ne fit pas cas des requêtes du propriétaire.

Chu convoqua les propriétaires terriens, dont cinq cents se rassemblèrent pour une réunion. Je n'appris que plus tard la tenue de cette assemblée et les arguments qui y furent exposés :

> Nous avons acheté notre terre avec du bon argent et nous payons nos impôts au gouvernement. Ces criminels des associations paysannes veulent notre terre et nos femmes. Ils ont commencé à acheter des juges afin qu'ils maltraitent les propriétaires. Si on ne remet pas à sa place ce vandale local de P'eng P'ai, nous aurons à souffrir de grandes pertes, et le gouvernement autant que nous.

Ils formèrent une société de propriétaires baptisée Société protectrice de l'industrie du grain. Ils réunirent 100 000 dollars pour faire appel dans l'affaire Mo. Le juge prit peur devant les pressions et fit enfermer les six camarades de l'association.

Nous nous attendions à cette réaction : nous réunîmes les masses sur-le-champ. Les activistes de l'organisation parcoururent les villages et, le lendemain, des légions de paysans en guenilles commencèrent à entrer dans la ville pour se concentrer intra-muros. Juché sur une charrette d'herbe, je pris la parole lors de ce meeting. J'affirmai des choses très simples, à savoir que les six prisonniers étaient innocents et que si nous ne les libérions pas, nous nous condamnions à subir le même destin. J'offris ma vie et ma personne contre la leur, et déclarai que je le ferais avec plaisir. C'était ma responsabilité, je devais l'assumer comme telle. D'autres orateurs expliquèrent que l'argent des propriétaires fonciers venait du grain que les paysans récoltaient et ils appelèrent à une grève des fermages. Il y eut même des camarades pour parler de la répartition des terres.

Je me rendis chez le juge en tant que président de l'association. Pris entre deux feux, il était très inquiet et ne savait où se cacher. Il pleuvait lorsque je sortis de sa maison. Je l'avais menacé de brûler les récoltes si justice n'était pas faite. Il céda. Ne pouvant compter que sur une douzaine de policiers mal armés, il lui était difficile de faire grand-chose pour résister, surtout face à ces masses enflammées. Il libéra les détenus et on improvisa une grande fête. Des feux d'artifices explosèrent dans le ciel, résonnant dans toute la ville. Nous les Chinois, grâce à ce bruit, nous effrayons les démons de la peur que nous portons en nous. C'est pour cela que notre peuple a inventé la poudre.

Je demandai à la foule qui était, selon elle, le responsable de la victoire. Certains crièrent mon nom, d'autres désignèrent l'association, d'autres encore les travailleurs. Je leur répondis que sans les six mille paysans présents, un P'eng P'ai était impuissant.

4.

Après cette victoire, en deux mois l'organisation s'étendit aux régions de Ch'aochou, P'uning et Huilai. Au début de l'été 1923, elle couvrait six comtés et comptait cent trente mille membres. Le bureau central comportait dix pièces. Nous éditions nos propres publications, menions nos enquêtes et établissions des statistiques. Nous avions même accompli des miracles : à travers ces associations, nous neutralisions les bandits locaux qui cessèrent de voler les paysans pauvres.

C'est alors qu'un typhon ravagea les côtes et les terres du sud de la mer de Chine. Lorsque l'inondation se résorba, nos quartiers généraux se virent assaillis d'une marée humaine de corps souffrants. Des milliers d'hommes affluaient chaque jour, mendiant ou racontant des horreurs.

Nos cadres se réunirent. Nous craignions, si nous demandions la réduction des fermages, la contre-attaque des propriétaires. Nous risquions de manquer de forces pour les vaincre. Un secteur était d'avis de limiter la réclamation de réduction aux cas extrêmes des familles ayant tout perdu, mais c'était une proposition absurde : l'immense majorité des paysans avait été gravement affectée par les inondations. Nous nous mîmes d'accord pour présenter une demande de 30 % de diminution des fermages. Je dus utiliser tout mon ascendant pour que l'exigence ne soit pas plus élevée. Je sentais qu'aller plus avant nous conduirait à un combat à mort avec les grands propriétaires. J'écrivis à Chen, le seigneur de la guerre, pour lui expliquer la terrible situation que l'on vivait dans les villages, où l'on mourait de faim et de maladie, et l'engager à ne pas accorder de crédit aux rumeurs. Pendant ce temps, les propriétaires fonciers attisaient le feu.

Nous nous livrâmes à un énorme travail de propagande, parvenant à empêcher la levée des impôts dans certaines zones. Nos cadres les plus fragiles démissionnèrent. Parmi eux quelques étudiants, fils de propriétaires fonciers, comme notre secrétaire à l'éducation.

La réaction ne se fit pas attendre. Sous la pression des puissants propriétaires, le magistrat Wang déclara le 15 août : « P'eng P'ai, le chef de bande, est en train de fomenter une révolte » ; et il ordonna à la police d'appréhender les paysans dans les rues.

La réplique des nôtres fut unanime : armés de bâtons et de pierres, les paysans dispersèrent les policiers et déchirèrent la déclaration de Wang. Le juge appela des renforts, s'enferma dans la caserne avec les forces de l'ordre et commença à faire fortifier le bâtiment. Notre victoire fut éphémère. Nous contrôlâmes la cité jusqu'au soir et vingt mille paysans se regroupèrent pour un meeting qui souleva un grand enthousiasme. Mais la nuit même, les troupes de Chen pénétrèrent dans la ville.

Le lendemain, ils passèrent à l'offensive. La troupe, les bandes de grands propriétaires et la police de Wang attaquèrent les quartiers généraux de l'organisation et arrêtèrent vingt-cinq de ses cadres, y compris son président, Yang Ch'i-shan. Je dus fuir par les toits. Au cours de la soirée, je proposai d'armer les paysans, mais d'autres membres de l'association me convainquirent que ce serait suicidaire, qu'il valait mieux parler avec le seigneur de la guerre et gagner du temps.

Je me rendis à Laolung pour m'y entretenir avec Chen Chiu-ming. Je lui présentai trois requêtes : la libération des prisonniers, la permission de réorganiser les ligues et la réduction des fermages aussi longtemps que durerait la situation de catastrophe causée par le typhon. Le seigneur de la guerre accepta de rendre toute sa légalité à l'association et d'abaisser les fermages, mais il déclara que les détenus seraient jugés.

Je retournai clandestinement à Haiphong et rencontrai les dirigeants du mouvement. La situation de nos prisonniers était terrible, on leur confisquait les colis de nourriture. Notre dispensaire avait été détruit et on ne pouvait secourir les blessés. On respirait une atmosphère propice à l'insurrection, mais nous ne pouvions pas avancer seuls. Il fut décidé que je me rendrai dans les villes pour réunir des fonds de soutien aux détenus.

Je travaillai un peu à Hong Kong en liaison avec le parti communiste, mais je consacrai la majeure partie de mon temps à la cause des prisonniers. Au cours de l'une de mes nombreuses visites chez Chen pour réitérer nos réclamations, je vis dans l'antichambre de son bureau les paysans riches, les propriétaires terriens, les capitalistes, les fonctionnaires, les acheteurs. Je me rendis compte que je n'avais rien à faire là. Un tas de gens à la figure replète, de gros monstres hurlaient en se pressant autour de lui comme des mouches. J'écumai de rage. J'eus l'envie d'avoir une mitraillette entre les mains pour en finir avec eux. Je quittai Huichow.

Je commençai à travailler dans les comtés de l'est de Canton en organisant des associations paysannes. Je me faisais passer pour un fonctionnaire de Chen. Je montai des bureaux à Swatow. Là, je m'épris d'une jeune étudiante, Hsü Yü-ching, qui me donna peu après une fille. Plus tard – la vie est étrange – nous devions vivre tous ensemble, avec ma première épouse et nos enfants.

Chen Chiu-ming s'efforça de me récupérer en m'offrant un poste dans son état-major. Je me rendis compte de son ambiguïté face aux demandes paysannes. Je ne lui répondis en aucun sens, maintenant ainsi une certaine proximité avec lui afin de pouvoir faire pression pour les réclamations de l'association. C'est dans cette situation singulière que je rentrai à Haiphong. Les propriétaires n'osèrent pas s'opposer à moi, puisque je paraissais bénéficier du soutien de Chen ; cette confusion me protégeait. Je parlai avec les gens, faisant passer à beaucoup le message de conserver l'organisation, des temps meilleurs viendraient. Je me mis à travailler clandestinement pour créer un bureau sous une couverture quelconque. Au cours de l'une des visites de Chen, je lui préparai une réception, pour l'influencer et le pousser à adopter notre point de vue. Mais les paysans, dans leur sagesse, refusèrent d'y participer. Nous ne réunîmes pas plus de cinquante personnes. L'un de nos dirigeants, qui était sorti de prison, lui demanda pour quelle raison, alors que les ouvriers et les étudiants avaient la possibilité de s'organiser, les paysans ne le pouvaient pas. Il n'obtint pas de réponse. La situation redevenait ambiguë. Je tâchai de reconstruire les associations ; celle de Chiesheng, sur la côte, fut la première.

En mars 1924, Chen Chiu-ming revint à Haiphong et fut persuadé par les propriétaires terriens locaux qu'il fallait démanteler les ligues paysannes en raison de leur proximité politique avec le gouvernement procommuniste de Sun Yat-sen à Canton. Chen me convoqua à une rencontre à laquelle assistaient le juge et quelques grands propriétaires.

— Le professeur P'eng est un homme bon mais ses actions sont extrémistes, en particulier les demandes de réduction des fermages ou les appels à la violence, déclara le juge Wang.

— Mon caractère n'a rien à voir ici. L'objet de cette discussion est cette accusation d'extrémisme. Si nous avons été quelque chose, c'est excessivement modérés. Ce sont les propriétaires qui ont été extrémistes en cette année de désastre. L'association n'a-t-elle pas volontairement réduit ses exigences à 30 % ? Le général ne vous croit pas, il ne croit pas vos accusations absurdes selon lesquelles nous préparerions une insurrection paysanne. Il croit que le véritable extrémisme consiste à détruire l'association et à jeter ses dirigeants en prison.

Chen acquiesça avec bienveillance. À partir de ce moment, je poursuivis en accusant Wang et son cousin de se mettre dans les poches l'argent que nous envoyions aux prisonniers. Chen parut indigné. Les propriétaires fonciers réagirent. Ils m'accusèrent d'avoir réuni des fonds pour acheter des armes. Wang s'efforça de calmer le jeu en rappelant nos liens familiaux. Je lui répondis que même s'il était mon père ou ma mère, je ne lui pardonnerais pas les crimes qu'il avait commis contre le peuple.

La réunion s'acheva et je demeurai seul dans la pièce en compagnie de l'un des gardes du corps de Chen. L'homme me dit alors qu'il sollicitait humblement la permission d'adhérer à l'une de nos unions paysannes.

Profitant de mon avantage, j'organisai des festivités de trois jours à Haiphong, qui servirent de couverture à un congrès paysan officieux. Chen m'adressa un message demandant qu'il n'y eût pas de représentation d'opéra populaire. Ils semblaient craindre nos allégories, nos batailles symboliques de paysans et de dragons plus encore que la propagande directe.

La pression augmenta et le 17 mars des affiches fleurirent sur les murs de la ville :

> P'eng et son association favorisent la propriété commune des biens et des femmes. Ils inventent des mensonges pour semer

le trouble dans les masses. Le juge a déjà ordonné une fois la dissolution de cette organisation. S'ils désobéissent de nouveau, ils seront durement châtiés. Que les villageois en soient avertis.

Nous nous réunîmes et décidâmes de faire passer l'organisation dans la clandestinité : notre heure n'était pas encore venue. Mon frère et l'éditeur du journal conservèrent leur charge et je quittai Haiphong pour me rendre à Canton.

5.

Canton n'était pas Haiphong et le parti communiste était également bien différent. Nous étions les enfants bâtards et cependant privilégiés d'une alliance entre le nationalisme progressiste de Sun Yat-sen, incarné par le Kuomintang (KMT), et l'Union soviétique. En tant que tels, nous intégrâmes avec nos camarades communistes l'aile extrême gauche du KMT. Ceux-ci donnèrent leur aval non seulement à notre organisation, en pleine expansion parmi les ouvriers des villes du sud de la Chine et de Pékin, mais aussi aux conseillers soviétiques et au matériel de guerre qui arrivaient pour l'armée nationaliste.

En abattant les seigneurs de la guerre et la féodalité qui les soutenait, la révolution nationale ouvrirait les portes à la révolution sociale. Dans ce contexte, le parti avait défini la lutte agraire comme subordonnée à la lutte militaire. Le centre politique s'appuyait sur la libération militaire des régions dans le Nord et l'Est pour induire la lutte agraire et non l'inverse : la libération militaire était en effet la condition du développement de l'agrarisme à l'intérieur des garanties d'une démocratie bourgeoise.

Cela n'impliquait pas qu'un vaste mouvement agraire ne puisse pas se développer dans les zones sous contrôle du KMT de la province du Kwangtung. Et comme toute proposition politique, elle était d'ailleurs susceptible d'interprétation par les masses elles-mêmes et, en marge, par les activistes du parti.

Le parti m'affecta à l'organisation agraire des alentours de Canton. Je donnai des conférences et des meetings, faisant passer en deux semaines le nombre d'adhérents aux ligues paysannes de quatre à sept mille. Je m'opposai aux chefs militaires de la région et obtins le soutien du gouvernement local du KMT.

Le parti communiste et l'aile gauche du KMT avaient décidé de créer un institut pour les cadres paysans, qui formerait des organisateurs et des militants. Cette idée recueillit l'agrément du comité exécutif du KMT. Mes actions à Haiphong et mon dernier travail me permirent d'être nommé directeur de l'Institut du mouvement paysan, fondé le 30 juin 1924. Nous commençâmes par une classe d'un mois avec trente-trois élèves. Les participants au premier cours étaient majoritairement des activistes conscients, des étudiants qui avaient rejoint le mouvement du Quatre-Mai et désiraient aller vers le peuple et l'organiser. Parmi eux, très peu étaient paysans, et presque tous appartenaient au parti communiste ou en étaient sympathisants.

Les élèves devaient éviter d'offenser la pensée magique ou religieuse des paysans et surtout de parler ouvertement de révolution ou de bains de sang. Il y avait beaucoup d'activités pratiques et d'entraînements sur le terrain. Je savais que structurer des paysans ne s'enseignait pas dans une salle de classe. Chaque dimanche, je les guidais dans la campagne pour accomplir des travaux d'organisation. L'exercice incluait des marches, des déplacements à cheval et l'organisation de grands meetings.

Vers la fin du mois de juillet, non seulement l'école formait des cadres, mais elle renforçait également les ligues agraires de la province. Le 28 juillet, nous organisâmes un grand meeting paysan à l'université de Kwangtung. Sun Yat-sen y prit la parole devant deux mille hommes. Il défendit une politique molle en matière agricole et appela à la modération, à se concentrer sur la révolution nationale. Il en vint même à affirmer que nous devrions gagner à notre cause jusqu'aux propriétaires terriens. On disait qu'il avait des sympathies pour les paysans, mais que ce discours modéré avait pour objet de contrebalancer l'influence des communistes. En résumé, il nous demandait de chercher une solution pacifique aux problèmes de la terre. Les possédants ne l'entendaient pas ainsi.

Je travaillai avec mes étudiants sur une nouvelle ligne privilégiant l'habileté à se déplacer dans les villages et la sensibilité aux demandes des paysans. J'arrangeai pour nous un entraînement militaire dispensé par la police de Canton. Puis nous passâmes à la formation de milices d'autodéfense dans les communes. Il s'agissait de coordonner des forces d'appui pour les futures batailles contre les seigneurs de la guerre, mais aussi de renforcer le pouvoir des paysans. Je fus nommé commandant des milices agraires.

Fin août, la première génération de militants de l'Institut termina ses études et la deuxième les entama. Je commençai à collaborer, en tant que secrétaire, avec le bureau paysan du KMT qui travaillait dans ce qui avait été une ancienne usine de ciment, dans les faubourgs de Canton. En septembre, on nous assigna des moyens économiques pour la propagande. Nos activités ainsi que celles de l'Institut se heurtèrent fréquemment, dans la région proche de Canton, à l'absence de politique agraire réelle du KMT, à ses négociations et à ses conciliations.

Pendant les derniers mois de l'année, je vécus une véritable guerre contre les propriétaires fonciers locaux tandis que les associations croissaient de manière vertigineuse. Pourtant, chaque fois que nous les mettions au bord du précipice, l'armée du KMT intervenait et négociait une solution de conciliation. Les revendications des paysans étaient étouffées et les propriétaires absentéistes se remplissaient la panse à Hong Kong, aux dépens de la faim du peuple.

Au début de 1925, le KMT lança l'offensive tant annoncée, la campagne de l'Est. Il s'agissait de nettoyer la région des seigneurs de la guerre et l'objectif de cette première action était une vieille connaissance à moi, Chen Chiu-ming. Nous demandâmes au commandant de l'armée, Tchang Kaï-chek, de ne pas se ravitailler en grain sur la route, de ne pas recruter d'hommes de peine ni de porteurs forcés et de ne pas utiliser les maisons particulières comme casernes. En échange, nous mîmes à la disposition de l'armée du KMT les ligues agraires et nos organisateurs.

Je précédai la troupe avec quatre ou cinq jours d'avance, coordonnant l'insurrection rurale. Lorsque l'avant-garde du

KMT atteignit Haiphong, nous avions frappé un grand coup ; une foule de trente mille agriculteurs reçut les soldats en musique, avec une fête : les escadrons paysans armés de lances et de couteaux avaient déjà libéré la région.

Au cours des affrontements à Taipu, je faillis être tué en posant une mine près de la forteresse. Ce fut mon peu glorieux baptême du feu. La façon dont nous profitâmes de l'armée nationaliste pour promouvoir, parmi les paysans, la réduction de 25 % des fermages et l'articulation des milices fut bien plus intéressante. En avril, on pouvait compter dans les alentours de Canton cent soixante associations paysannes rassemblant presque deux cent mille membres.

La mort de Sun Yat-sen pendant cette expédition exacerba encore plus les contradictions entre l'aile droite du KMT et son aile gauche, sur laquelle nous nous appuyions pour soutenir notre alliance. Une faction de la droite se rebella à Canton, mais fut vaincue.

Le congrès agraire du KMT eut lieu en mai, à l'initiative principalement de forces coordonnées par les communistes. Mais en raison de l'alliance avec le KMT, nous avions beau être les instigateurs de la grande lutte agraire, en tant que communistes nous suivîmes la ligne officielle de subordination du mouvement paysan à la lutte politique et aux villes. Malgré les démonstrations données par les paysans de leur volonté et de leur engagement, la direction de notre parti ne comprenait pas où se situait le cœur de la révolution chinoise. Cela était dû, en partie, à ce que le parti avait énormément grandi dans les villes et que seuls 5 % de ses militants étaient des paysans. Cela dominait sa vision des choses, même si trois mois auparavant, le forum du Ve congrès de l'Internationale communiste avait déclaré par la bouche de Boukharine que la paysannerie était devenue une force constitutive et essentielle de la révolution chinoise. De sorte que, lors du congrès, on ne soutint pas la réduction de 25 % des fermages qui avait été obtenue de fait à Haiphong et dans le district proche de Lufeng. Cependant, le mouvement progressait et les mesures organisatrices le renforçaient.

En octobre, la deuxième expédition à l'Est eut lieu. L'armée du KMT libéra Haiphong et parvint jusqu'à Swatow.

Sur son passage, la vague de mobilisation rurale se déchaîna. Je réclamai la réduction des fermages dans mille meetings. Mon ancien employeur, Chen Chiu-ming, s'enfuit à Hong Kong. Néanmoins, nous ne tirâmes pas parti de la déroute des grands propriétaires. Le KMT obligeait à modérer les alternatives agraires. À Haiphong, nous décidâmes d'aller plus loin en demandant d'abord une réduction de 49 % puis, plus tard, de 64 %, enfin en frappant violemment les propriétaires fonciers qui, l'année précédente, avaient détruit des villages, brûlé vifs des paysans qui s'étaient organisés, et assassiné quarante-huit de nos dirigeants.

Nous étions la plus radicale des trois tendances du mouvement. Pendant qu'à Kwangtung nous progressions dans la guerre contre les propriétaires fonciers, la gauche du KMT voulait un mouvement lent et passif qui soutiendrait l'effort militaire. Et la ligne dominante au parti communiste chinois souhaitait la conciliation avec le KMT et freinait l'extension de nos propositions à d'autres régions, afin d'assurer l'alliance des nationalistes et des communistes.

En mai 1926 se tint le deuxième congrès des paysans de Kwangtung. Je parlai avec ma tête et avec mon cœur. Parfois, lorsque je racontais les horreurs que les propriétaires fonciers, les juges et les milices des seigneurs de la guerre commettaient contre les associations paysannes et les villages, ma voix m'échappait et déraillait en croassement. J'expliquai qu'il y avait des limites dans l'histoire comme dans le comportement des hommes et que les limites de l'horreur avaient été franchies. Que nous ne pouvions retenir la juste revendication des paysans pour la réduction des fermages. Que nous ne proposions même pas la répartition des terres, malgré les voix qui se faisaient entendre de plus en plus fort, mais seulement la modération des excès des grands propriétaires. Que j'avais honte des félicitations que je recevais pour le progrès considérable du mouvement dans ma région natale, Haiphong, à cette époque surnommée le "petit Moscou", alors que nous n'étions même pas capables d'étendre son exemple... J'en arrivai à la conclusion que la révolte agraire avançait malgré la situation.

En juin 1926, l'armée du KMT lança son expédition vers le Nord. Bien qu'au début je fusse demeuré à Kwangtung en tant que chef du bureau, je finis par prendre la tête d'une troupe de six cents miliciens paysans qui atteignit Hankow aux côtés de l'armée à la fin de l'année.

Dans l'intervalle, je jouai le rôle de médiateur dans les conflits de Hua. En août, les gardes blancs des propriétaires fonciers ravagèrent cette région, à trente miles au nord de Canton : vingt-cinq villages furent incendiés et leurs habitants assassinés. Le Comité central du parti m'envoya là-bas. Je parvins à mobiliser les milices paysannes et à obtenir l'appui de l'armée pour anéantir les gardes blancs des grands propriétaires, une armée irrégulière d'assassins et de vandales. Militairement nous pûmes les isoler, mais le réseau de conciliations existant nous empêcha de liquider une force toute dévouée à nos ennemis. Le 14 septembre, nous fûmes reçus à Canton comme des héros victorieux. Pourtant, le lendemain une nouvelle attaque s'abattit sur Hua et tourna au massacre. Plusieurs bourgs paysans brûlèrent jusqu'aux fondations. La répression se poursuivit et le jour suivant, des dirigeants furent passés par les armes. Tout le comté fut alors le théâtre d'enlèvements, de mises à sac et d'incendies.

Au nom de quel pacte pouvait-on permettre cela ? La force du mouvement paysan était notre force. Ses revendications étaient justes et on ne pouvait tolérer que, sur des territoires contrôlés par le KMT, les propriétaires fonciers massacrent les villageois. Dans notre parti cependant prédominait l'une des lignes les plus conservatrices que nous ayons eue, celle qui, en accord avec le KMT, appelait à laisser entrer les "bons propriétaires terriens" dans les organisations. Cela donnait lieu à un âpre débat. Les conseillers de l'Internationale communiste en Chine, Borodine à leur tête, appelèrent à une conférence à la direction du parti, à Shanghai au mois de novembre. On approuva un plan plus radical que les précédents car il incluait la demande de confiscation des terres des propriétaires "scélérats", les *shenshi* alliés aux militaires réactionnaires, mais également celle des terres des monastères et des temples. On parlait enfin de la création des milices paysannes. Cet accord resta lettre morte et ne circula pas au sein du parti. Là où l'organisation agraire existait, elle progressait d'elle-même, mais sans qu'on encourage son développement.

Au cours du plenum du Comité central du PCC, on en vint même à affirmer que l'exigence de répartition des terres était de l'infantilisme.

Au début de 1927, je collaborais avec l'avant-garde de l'agrarisme révolutionnaire qui fréquentait l'école de cadres de Canton, dirigée par un natif du Hu Nan, le camarade Mao Tse-tung. Nous étions en train de former la sixième génération. La cinquième, diplômée en octobre précédent, avait apporté au mouvement trois cent dix-huit cadres parmi lesquels plusieurs étaient nés dans les villages. Mao avait écrit plusieurs rapports qui soutenaient la ligne favorable à la révolte agraire, mais sans trouver d'écho à la direction du parti.

Parallèlement, les tensions entre l'aile droite du KMT et le parti éclatèrent. Elles avaient progressivement augmenté depuis la mort de Sun Yat-sen. Le KMT souhaitait l'unification républicaine du pays et sa modernisation, mais son idée de la nouvelle Chine comprenait comme acteurs principaux les grands commerçants, adversaires de l'organisation ouvrière, ainsi que les propriétaires fonciers, qui haïssaient le mouvement agraire.

L'instrument de la contre-révolution fut le général Tchang Kaï-chek ; son coup de force visa les communistes et les organisations populaires. Le sang coula dans les rues de Shanghai et de Canton. Nos militants furent fusillés sans autre forme de procès, les meilleurs cadres du mouvement ouvrier jetés dans les chaudières brûlantes des locomotives, les syndicalistes et des centaines de militaires progressistes passés au fil du sabre des bourreaux. La réaction débuta le 12 avril. Évidemment, nous l'attendions, nous connaissions les tensions existant, mais nous pensions qu'une attitude de conciliation nous permettrait d'éviter la rupture. Tout ce que nous obtînmes, ce fut de les renforcer. Nous ne croyions que ce que nous voulions bien croire. Des milliers de militants payèrent de leur vie la naïveté du parti. Les meilleurs fils de la Chine furent jetés dans les rues, décapités ou criblés de balles. Le parti fut anéanti dans les villes du sud.

Le Comité central proposa un programme de réorganisation en tâchant de maintenir l'alliance avec les restes de la gauche du KMT ; le 27 avril, le Ve congrès du PC se déroula à Wuhan. Les agrariens, Mao et moi, nous proposâmes une stratégie de soulèvements paysans, la création d'une armée rouge et la radicalisation des revendications agraires. L'alliance avec la gauche du KMT était maintenue là où elle était déjà effective. Il régnait un état général de confusion et de chaos. La droite du KMT poursuivit sa traque avec l'aide de l'armée que les soviétiques avaient contribué à entraîner.

Devions-nous nous replier ? Un parti de cadres peut passer à la clandestinité, mais comment les organisations de masse peuvent-elles se replier ? Le piège était tendu, nous reculâmes en avançant. Des soulèvements coordonnés et plus ou moins spontanés éclatèrent. Le 1er mai, les paysans de Haiphong se révoltèrent en réaction au coup de force. Ils étaient conduits par mon frère, Hai Yuan. La commune de Haiphong tint neuf jours, puis les hommes durent se retirer dans les montagnes, laissant derrière eux une base paysanne qui subirait la répression.

Mais notre projet restait contradictoire et incohérent. Le congrès approuva, contre notre avis, un programme agraire modéré pour tenter de conserver les restes de sa relation avec la gauche du KMT alors qu'elle était peu importante et que la majorité du KMT ne désirait rien d'autre que planter ses crocs dans notre jugulaire.

La politique des insurrections fut un échec et nous y gaspillâmes nos meilleures forces. Nous nous révoltâmes le 1er août à Nanchang. À partir du 8 septembre, les soulèvements de "la moisson d'automne" commencèrent, sans coordination entre eux, pleins d'héroïsme, mais inutiles. Après d'éphémères premières victoires, l'armée réagit brutalement. Au cours de ces mutineries, nous reprîmes les armes : des bâtons, des piques, des lances et des pierres à Haiphong, victoire partielle et nouvelle répression.

Je fus envoyé à Hong Kong, où je m'établis clandestinement pour créer un réseau de soutien avec des émigrés de Canton et de Shanghai et pour reconstruire le parti.

6.

La ligne des soulèvements à tout prix dominait un parti désagrégé, contraint à la clandestinité, ses forces isolées les unes des autres, férocement pourchassé.

C'est ainsi qu'en novembre 1927, je fus chargé par la direction de préparer une nouvelle rébellion dans la région de Haiphong et de Lufeng. Au moins, la directive du parti permettait-elle de pousser jusqu'à leur limite les réclamations des paysans.

Après un bref travail d'organisation, les associations se soulevèrent pour la troisième fois. Grâce à un rapide coup de force, nous détruisîmes la petite base militaire du KMT. Mais le plus surprenant fut l'initiative des masses rurales, décidées à se libérer. D'eux-mêmes, les paysans prirent en effet les armes dans toute la région de Haiphong et de Lufeng. Quatorze soviets naquirent dans des départements de la région. Je pris la tête de ces soviets, dont nous établîmes le siège dans un temple bouddhiste près de Haiphong.

Le 18 novembre, une immense région libérée derrière nous, au son éternel des instruments de musique paysans et des grands gongs volés aux temples, nous débutâmes les séances de constitution du soviet de Hai-Lufeng.

Au cours de la première réunion, je racontai le monde aux cent délégués paysans. Un monde qu'ils ne verraient jamais et que je ne connaîtrais pas. Je leur parlai des démons blancs anglais, pas ceux établis à Hong Kong, mais ceux de la lointaine Angleterre, de leurs moissonneuses qui laissaient les paysans sans travail, des démons jaunes japonais et des énormes bateaux de guerre en acier ; je leur parlai du cinématographe dans une ville appelée Paris, de Marx et de son disciple et cher ami Lénine, et du réseau en toile d'araignée de l'armée rouge qui naissait à Moscou et atteignait nos montagnes...

Nous remportâmes nos premières victoires militaires. Les prisonniers furent présentés à la foule pour qu'elle décide quel châtiment réserver à ceux qui attentent à la propriété communale sacrée des terres. Elle répondit qu'on devait leur couper la tête. Et comme le paysan doute en permanence de sa force, de son habileté et de son destin, nous les décapitâmes tous. Le sang n'a jamais été bon, mais la révolution est aussi un jeune dragon furieux et terrible qui, au nom du futur, dévore le présent.

Nous discutions avec des hommes et des femmes hésitants, qui s'essayaient maladroitement à leur destin et s'interrogeaient avec nous : la terre confisquée devrait-elle être répartie ou travaillée collectivement ? Ceux qui avaient appuyé les ligues agraires depuis leur origine n'étaient-ils pas prioritaires pour la répartition ? Ceux qui avaient des terres qu'ils ne pouvaient pas cultiver ne devaient-ils pas céder leur part et la laisser à d'autres qui la travailleraient ? Les familles qui diminuaient ou grandissaient n'obligeaient-elles pas à une constante redistribution des champs ? Quelle part des bénéfices tirés des récoltes devrait être consacrée à payer les juges, les fonctionnaires, les administrateurs, les membres du soviet ? Et au lieu d'être mesurée selon sa surface, la terre ne devrait-elle pas l'être selon sa fertilité ? N'était-il pas exact qu'un paysan habile rendait la terre plus productive ?

Nous devions organiser la vie quotidienne et nous prîmes des décisions concernant les veuves de nos ennemis : le soviet serait chargé de leur trouver un mari. Nous améliorâmes les conditions de vie de l'armée rouge, à qui il fallait non seulement fournir des armes, mais aussi des chaussures. Nous décrétâmes le droit au divorce, malgré l'opposition de nombreux hommes mais avec l'appui des nouvelles organisations de femmes. Effectivement, lorsque les propriétaires fonciers incendiaient les villages avec les paysans dedans, les femmes mouraient autant que les hommes, alors pourquoi ne pouvaient-elles pas se battre ? Une brigade féminine de trois cents combattantes fut donc formée. Nous battîmes notre propre monnaie et organisâmes la contrebande à travers les lignes ennemies de notre meilleure production industrielle, le sel. Nous instituâmes la journée de travail de dix heures aux champs et de huit pour les femmes et les enfants. Enfin, on procéda à la répartition des terres et à la remise de parcelles collectives.

En matière d'organisation, je m'efforçai de simplifier au maximum l'administration, en centralisant autant que possible les décisions dans cette phase de guerre. Tout cela reposant sur la démocratie des assemblées.

À cette époque je souriais rarement. J'avais appris par les camarades du parti que mon épouse avait été tuée par le KMT et que mes enfants avaient disparu. Je ne connaissais pas le destin de la fille que j'avais eue avec Hsiao. J'étais lié par le sang aux paysans que je représentais.

Nous montâmes un hôpital et une petite armurerie qui ne pouvait réparer que de vieux fusils. Nous organisâmes la terreur rouge. Les paysans étaient moins cruels que les possédants, mais nous devions tout de même faucher nos adversaires à la racine afin qu'ils ne puissent plus relever la tête.

Les jeunes socialistes lancèrent une campagne contre la religion, mais ils furent modérés par les paysans qui refusèrent qu'on détruise les temples vénérés dans les villages. Pourtant ils ne s'opposèrent pas à ce qu'on brise les idoles dans les monastères ou dans les temples de propriétaires fonciers. Cette sagesse des communautés paysannes fut appuyée par le soviet.

Fin janvier, la première offensive militaire du KMT fut déclenchée contre la zone des soviets. Nos milices mal armées purent les mettre en déroute. Mais l'isolement grandissait et il n'y avait aucun moyen de se maintenir en relation avec d'autres régions où le parti était fort, ni de rassembler les restes des armées rouges de l'insurrection de l'automne passé, aujourd'hui démembrées et détruites.

Notre sort était scellé par des fortunes incontrôlables : en février, l'armée avança et ses canons anéantirent nos milices. Le soviet s'effondra dans notre sang.

Je pus fuir à Shanghai. Là, au cours des terribles nuits de solitude clandestine, changeant de noms et de sentiments, je pus écrire un petit livre dans lequel je relatais les mois de liberté agraire. J'appris qu'au cours du VIe congrès, j'avais été nommé en mon absence membre du comité central du parti.

Je revins clandestinement dans la zone du soviet de Hai-Lufeng en 1929 pour tâcher de réorganiser les bases. Mais cela se révéla pratiquement impossible, étant donné le climat de terreur qui régnait.

7.

Depuis le 1er août, les meetings s'étaient succédés pour commémorer le soulèvement de Nanchang à Shanghai et les blancs étaient très inquiets. Le 26, sur une délation, un raid policier fut conduit dans la concession française de Shanghai et les membres du comité militaire furent appréhendés. Je tombai avec Yang Yin, le meneur du soulèvement de Canton.

Nous fûmes conduits au bureau de la sécurité publique, puis, le 28, au quartier général de la police de Lunghua. J'essayai de cacher ma véritable identité sous le nom de Wang Tzu-an, mais je fus dénoncé par un mouchard. La presse se réjouit de ma capture. Le démon rouge de Haiphong se trouvait enfin entre leurs mains.

J'espérais que le parti était en train de préparer un coup de main pour nous libérer, mais cet espoir s'évanouissait à mesure que les heures passaient. J'ignorais qu'une unité spéciale de combat avait été envoyée par Chou En-lai pour nous délivrer. Le groupe parvint à s'introduire dans Shanghai et récupéra un dépôt d'armes dissimulé aux environs de la porte nord de la ville. Les armes étaient couvertes de paraffine destinée à les préserver : les hommes allaient perdre des heures décisives à les nettoyer.

Découvert, simuler l'ignorance n'avait aucun sens et je n'allais pas leur donner le plaisir de montrer du repentir. On vit pour ce pourquoi on meurt. Je me servis du procès pour déclarer que le futur appartenait au parti communiste, que nos morts seraient vengés et que nos revendications sociales régneraient sur la Chine. Je terminai en disant qu'à Hai-Lufeng j'avais conduit devant le sabre du bourreau de nombreux juges comme ceux qui à présent nous jugeaient, que ce n'était pas la peine de continuer à m'interroger, que ce n'était qu'une perte de temps. J'exigeai qu'on me fît sortir pour me fusiller une bonne fois pour toutes.

Le 30 août, je fus torturé pendant cinq heures. Les hommes qui m'interrogeaient étaient très maladroits : ils ne savaient pas exactement ce qu'ils cherchaient.

Dans la solitude de la cellule, aidé par l'un des détenus,

je pus griffonner une note pour Chou En-lai : « Nous ne pouvons pas échapper à la terreur blanche cette fois. Trois d'entre nous avons admis ouvertement notre identité. Nous avons accompli le meilleur travail de propagande que nous pouvions auprès des soldats. »

Le jour même, je fus emmené dans la cour de la caserne de police de Lunghua, soutenu par deux soldats car je ne pouvais plus marcher. Ils me mirent dos à un mur blanc. Il faisait chaud. Je parlai avec les soldats qui s'apprêtaient à me fusiller. Leur rappelant qu'ils étaient eux aussi des paysans, je leur demandai de bien réfléchir à ce qu'ils étaient en train de faire avant de presser la gâchette. L'officier donna l'ordre de faire feu, les hommes ne tirèrent pas. Le chef prit alors le fusil des mains d'un soldat et me mit en joue. Je tentai de crier : « Vive la révolution ! », mais la balle fut plus rapide et la phrase mourut dans ma gorge.

Lorsqu'ils parvinrent enfin à finir de nettoyer leurs armes, les hommes qui se préparaient à prendre la caserne d'assaut apprirent que j'avais déjà été fusillé. Celui qui m'avait dénoncé, Pai Hsin, fut abattu par un communiste dans les rues de Shanghai quelques jours plus tard.

On jeta mon cadavre dans une fosse commune anonyme, auprès de mes camarades. Je ne pouvais aspirer à meilleure compagnie.

Voilà mon histoire.

L'HOMME AUX LUNETTES NOIRES QUI REGARDE VERS LE CIEL S'APPELLE DOMINGOS ET S'APPELLE RAUL

Parce qu'une révolution
est une expérience immense,
une aventure du cœur.
Ryszard Kapuscinski

1.

Il y a une image très particulière qui illustre presque tous les articles que j'ai vus à Cuba sur Raúl Díaz Argüelles. C'est une photographie qui possède un double charme : premièrement, elle est fidèle à la dureté du personnage et des temps qu'il vivait ; deuxièmement, elle semble recueillir une certaine candeur du visage qui, paradoxalement, montre des yeux et des sourcils rigoureusement couverts par des lunettes noires. L'homme se tient à mi-chemin entre le désir de défier l'air qu'il respire et celui de remercier le destin de se trouver à cet endroit, à ce moment précis. Mais son expression témoigne qu'il pourrait tout aussi bien être en train de percevoir les parfums de la forêt, les odeurs de la guerre, très loin de cet aéroport dans lequel on sait qu'il se trouve.

Il existe une seconde version de cette photographie, dont la première n'est qu'un agrandissement. On y découvre, à côté du colonel Díaz Argüelles, deux autres officiers de l'armée cubaine. Tous trois sont armés de fusils automatiques, portent des tenues de camouflage et regardent quelque chose situé en haut, à gauche du photographe. Ils ont l'air de bonne humeur, comme si, à ce moment précis, un rendez-vous était en train de se concrétiser.

À mon tour, je tente de leur fixer un rendez-vous et particulièrement à l'homme aux lunettes noires que je n'ai jamais connu. Un rendez-vous qui a quelque chose à voir avec la curiosité, mes obsessions pour l'histoire, et une exploration sur la qualité des héros.

J'ai pourchassé Raúl Díaz Argüelles dans des coupures de journaux, des photocopies fanées, dans ses cachettes au cœur de livres presque introuvables pendant trente et un mois. Une histoire comme la sienne devrait inévitablement laisser une trace de papier, un sentier de lettres rendues publiques. Mais dans ce cas-là, les voiles des secrets d'État, des activités clandestines, des voyages avec faux passeport et un destin bouleversé, transforment la trace de Díaz Argüelles en un véritable défi, même pour le meilleur traqueur apache.

Évidemment, ici ou là apparaissent des matériaux qui livrent les bribes d'une aventure vitale et politique qui le conduisit d'une famille aisée des environs de La Havane dans les années 1950, avant la révolution cubaine, jusqu'à un chemin au milieu de la forêt, à quelques kilomètres du village d'Evo, en Angola, où il est en train de se vider de son sang, les jambes sectionnées par les éclats métalliques projetés par l'explosion d'une mine.

Suivre ce chemin n'a pas été facile. Pas pour lui, indubitablement. La facilité, ç'aurait été de terminer ses études d'ingénieur, d'entrer et de sortir tous les jours de l'anonymat, de vivre dans le Connecticut, marié à une *gringa*. Pour moi, ç'a été une petite course d'obstacles sans importance, où j'ai mélangé : un adieu à la revue que je dirigeais, un roman policier, le mariage d'un frère, la réponse populaire à la énième fraude électorale du PRI, une micro-guerre contre la bureaucratie universitaire, un voyage, des centaines de doutes.

Maintenant, j'ai sur ma table les éléments plus ou moins succincts avec lesquels reconstituer une biographie : des dates, des lieux, des anecdotes isolées, quelques photos, des références croisées et contradictoires, des noms d'amis, de camarades, d'ennemis. Et puis aussi des petites histoires (*historias chiquiticas*, comme diraient les cubains) logées dans les grandes histoires des trente dernières années ; des histoires de sa fille, des souvenirs d'autres personnes, des bruits recueillis par des collègues, tout un arsenal que je ne parviens pas à faire mien.

Alors je me mets à écrire sous le charme de la photo de l'homme aux lunettes noires, convaincu que je ne réussirai pas à arracher ce personnage de l'air, de cet air subtil de rumeur et de légende populaire où il se tient, pour le coucher sur le papier.

La révolution cubaine a lancé dans l'atmosphère du XXe siècle le terrible roman sans fiction du Che Guevara. Cependant, à côté du Che, des dizaines d'autres personnages ont parcouru des routes similaires, presque parallèles, cherchant à remodeler la planète au rythme d'une mitrailleuse. Raúl Díaz Argüelles, qui à plusieurs reprises au cours de son histoire s'appellera Domingos da Silva, est l'un d'entre eux. Et cette histoire, tentative de récit à travers un labyrinthe, prétend être son histoire.

2.

En 1956, on mourait très facilement à La Havane. Les corps restaient étendus dans la rue, déchiquetés, comme pour montrer aux autres, aux opposants clandestins survivants, ce qui pouvait leur arriver. Les traits déformés, déshumanisés, diaboliquement jeunes des morts demeuraient là éternellement, figés sur cette photographie ; ne regardant nulle part, dans leurs chemisettes à carreaux trouées, leurs moustaches à peine ébauchées maculées de sang, leurs visages défigurés, la chair ouverte. La dictature de Batista ne se contentait pas d'assassiner, elle voulait en laisser la trace, l'avertissement à travers le cadavre jeté sur le tas d'ordure, à travers le corps retrouvé sur le Malecón ou dans le parc. Mais le sang manifestait une surprenante capacité de rassemblement. Les vides laissés par les jeunes disparus étaient comblés par d'autres gamins encore plus jeunes. Tandis que le Mouvement du

26 Juillet concoctait l'invasion depuis son exil, à l'université de La Havane, le Directoire révolutionnaire organisait une guerre urbaine parallèle contre la dictature. Lorsqu'on parcourt les pages de la meilleure chronique de 1956, *Sucedió hace 20 años* de Rolando Pérez Betancourt, les descriptions de ces adolescents morts se mêlent aux images des manifestations qui partent de la faculté pour aller affronter la police ; les évocations de la fumée des véhicules des poursuivants (les patrouilles des forces de l'ordre) en feu s'entrecroisent avec les informations sur des fraudes électorales. Les récits d'âpres discussions sur l'attaque que le film *Santiago* de la Warner Brothers s'avérait être pour Cuba se mélangeaient à des histoires blanches de chanteurs noirs de boléro. Musique d'ambiance pour la guerre à venir.

Un an avant le débarquement du *Granma* et le début de la révolution déclarée depuis les montagnes, un adolescent aux sourcils épais et au visage carré, au teint très blanc et à la constitution robuste rejoint le groupe d'étudiants qui centralise l'opposition de la rue contre Batista. On sait que sa famille a de l'argent et qu'avant d'entrer à l'université de La Havane, il a étudié dans le Tennessee, à la Riverside Military Academy. Il semble que l'influence d'une formation militaire et impérialiste ait peu déteint sur ses idées, étant contrebalancée par celles de ses parents, Raúl et María, qui avaient pris une part active à la révolution anti-machadiste de 1933. Mais bien plus encore que l'empreinte familiale, ce qui pèse sans doute le plus sur le jeune Raúl, c'est son pays. En l'occurrence, cela fait pencher la balance du bon côté, celui de la rébellion morale de la jeunesse contre la fraude, le cynisme, l'abus de pouvoir, la corruption.

À dix-huit ans, Raúl s'associe à quelques meneurs étudiants dirigés par José Antonio Echeverría et Fructuoso Rodríguez, figures emblématiques de la révolte de la jeunesse. Courageux, audacieux, ces jeunes gens aux gestes surprenants n'hésitent pas à avancer vers les cordons de police en mouvement, avec pour toute arme une couronne de fleurs à la main. Ils sont ces orateurs trépidants de la colline universitaire, ces gamins qui exhibent orgueilleusement leurs blessures par balle (José Antonio Echeverría en a récolté trois en un an, et malgré cela il continue à marcher en tête des manifestations) et répondent avec une rhétorique morale digne des premiers chrétiens. Raúl est contaminé par l'air magique qui entoure les cadres de la *Federación estudiantil universitaria* et se joint à eux. En août 1955, il prend part à la préparation d'une attaque manquée contre le palais présidentiel, à l'issue de laquelle la police découvre tout un arsenal à Santa Marta et Lindero. Une aventure qui, heureusement, n'a pas de conséquence pour lui, même si cela lui coûte ses premiers jours d'angoissant enfermement clandestin dans l'attente de l'ordre d'action qui n'arrive pas.

Fin novembre, début décembre 1955, les dirigeants de la FEU donnent naissance au Directoire révolutionnaire, dont Raúl est membre. Parallèlement, il s'inscrit en ingénierie civile et fait partie d'un groupe connu dans le milieu universitaire sous le nom de "*Los comecandelas*". Le 2 décembre, il participe à un échange de coups de feu entre étudiants et policiers, tire et pose des bombes dans la caserne de la Lisa. On dit même qu'il participe à un attentat manqué contre Batista à Marianao, entre avenida 31 et calle 30. Mais on ne dispose que de très peu d'informations à ce sujet.

Raúl Díaz Argüelles arrive à l'année magique – 1956 –, dans l'inertie du combat urbain des étudiants, la rage des premiers camarades morts, l'euphorie de la rue, la tristesse des enterrements. Il est le fils d'une époque ardente, citoyen d'une capitale où l'on meurt jeune facilement.

La police identifiera aisément ce jeune homme de dix-neuf ans (né le 14 septembre 1936), qu'elle appréhende plusieurs fois. En décembre 1956, on délivre un mandat d'arrêt contre lui, en l'accusant (à tort, malheureusement, car Raúl aurait été tellement fier si l'accusation avait été vraie) d'avoir participé à l'attentat qui a coûté la vie à un colonel tortionnaire de la police nommé Blanco Rico.

Il existe une fiche de police datée du mois de juin sur laquelle, sous le numéro 20 234, il est fait mention d'un jeune homme à grandes oreilles, dont on dit qu'il mesure 1,76 mètre, qu'il a les sourcils épais, le regard paisible, absolument pas provocant, juste tranquille. Voilà la malédiction des portraits de la fin des années cinquante : il semblerait que la révolution ait été le projet d'adolescents à grandes oreilles. La mode des coupes de cheveux qui ne respectent pas les pattes et qui remontent en faisant un arc sur la tempe uniformise les rebelles, avec leurs visages candides, toujours juvéniles. Bientôt, barbes et chevelures montagnardes modifieront leur apparence.

Une très brève trajectoire d'étudiant révolutionnaire est interrompue. Poursuivi par la police, Raúl Díaz Argüelles se voit contraint de partir en exil, au moment même où le *Granma*, suivant la route inverse, débarque sur les côtes orientales de l'île quatre-vingt-deux garçons menés par un jeune avocat appelé Fidel Castro. Parmi eux se trouvent un apprenti tailleur, Camilo Cienfuegos, et un médecin argentin, Ernesto Guevara. L'étape de guérilla de la révolution débute.

Au cours de ces mois, pour tous ces jeunes révolutionnaires professionnels, l'exil aux États-Unis représente un bref passage durant lequel on se nourrit mal de hamburgers de mauvaise qualité, on dort par terre dans des maisons surpeuplées d'amis et de connaissances occasionnelles, on médite dans les parcs en compagnie d'ivrognes anonymes. On travaille aussi à l'organisation, en mettant en place des collectes, en achetant des armes, en s'entraînant militairement, en recrutant de nouveaux militants dans les colonies cubaines de New York, Tampa ou Miami. On dort peu et on rêve beaucoup.

Les chroniques des années postérieures situent Díaz Argüelles à Cuba au milieu de 1957. Les combats de l'Uvero, dans la Sierra Maestra, se sont déjà déroulés, la guérilla de Fidel se consolide, le Directoire révolutionnaire a échoué dans l'attaque contre le palais où l'on prétendait exécuter Batista, et a perdu, pendant les batailles ou la répression qui a suivi, beaucoup de ses meilleurs cadres (parmi lesquels Echeverría et Fructuoso). Le poids augmente sur les épaules de ce garçon qui n'a pas encore vingt et un ans. On dit qu'il est l'auteur de l'attentat perpétré à la quatrième chaîne de télévision en juillet : un jeune homme avait pénétré, pistolet au poing, dans les bureaux pour tirer sur Luis Martínez, le porte-parole de Batista.

D'autres récits racontent l'incroyable exploit de l'atterrissage sur la vía Monumental d'un avion chargé d'armes en provenance de Miami. Une histoire qui court dans La Havane, véhiculée par la meilleure chaîne d'informations en temps de censure : la rumeur populaire. Elle colporte que le jeune Díaz Argüelles a rapporté de l'étranger un chargement de fusils et que, dans l'obligation de se poser de toute urgence – sacré type ! – il l'a fait sur la route, et qu'ensuite, se voyant coincé par la police, il a dû mettre le feu à l'avion pour qu'il ne tombe pas entre les mains de la dictature, mais pas avant que les armes aient été distribuées aux militants du Directoire révolutionnaire.

Après le scandale de l'atterrissage, la police affolée procède à de nombreuses arrestations. Díaz Argüelles y échappe. Personne ne pourra me raconter comment il s'enfuit. Toutefois, je sais qu'il se cache d'abord dans le village de Jamaica, et qu'il passe ensuite un mois dans la capitale en s'efforçant en vain d'établir le contact avec ce qui reste de l'organisation. À la fin, désespéré, il se considère comme vaincu et s'embarque clandestinement sur le *Veramar*, un cargo qui le ramène aux États-Unis.

En janvier 1958, le Directoire achève un processus de réorganisation depuis son exil. À son tour, le Mouvement du 26 Juillet commence la mise en place de son deuxième front guérillero dans la province d'Oriente. La dictature a perdu l'initiative militaire. Raúl se trouve à Miami et collabore à la préparation d'une nouvelle expédition, par la mer cette fois, qui emmènera un groupe de combattants importants du DR (une bonne partie de sa direction nationale) et des armes. Leur but est double : ouvrir un nouveau front de guérilla dans la Sierra del Escambray, au centre de l'île, et renforcer l'organisation clandestine à La Havane. La dernière nuit de janvier 58, seize militants du DR s'embarquent donc sur le yacht *Scapade* avec une quantité considérable de fusils. Ils sont accompagnés d'un marin qui fait office de capitaine et d'une jeune fille qui doit apparaître sur le pont pour simuler un voyage d'agrément.

Avec une avarie de gouvernail après seulement quelques heures de traversée, une partie des passagers malades et contraints de dormir à la belle étoile, le voyage débute sous de mauvais augures. Les combattants sont angoissés à cause des perquisitions que la police nord-américaine a menées ces derniers jours, et au cours desquelles certains camarades sont tombés. Ils pensent que les gringos peuvent avoir averti la dictature. C'est dans ces déplorables conditions que les membres de l'expédition du *Scapade* atteignent l'île Andros, une possession anglaise des Caraïbes, où ils essaient d'obtenir du carburant. Après avoir subi une inspection des fonctionnaires britanniques qui n'a pas découvert les armes, ils reprennent la mer le plus vite possible et passent des jours à la dérive, jusqu'à trouver le point de rendez-vous supposé à Cayo Racoon où, apparemment, personne ne les attend. Épuisés, sans nourriture et sans eau, ils attendent deux jours que le contact du DR finisse par faire son apparition, comme par magie : Gustavo Machín est un homme dont le destin sera désormais lié à celui de Raúl Díaz Argüelles.

Machín conduit le corps expéditionnaire sur la goélette *San Rafael* jusqu'au Cayo de Ballenato Grande. Là ils se transbordent à nouveau, mais cette fois sur un yacht au nom prémonitoire de « *Ya lo ven* ». Il les mène sur la côte cubaine pour débarquer à Nuevitas, où les militants se séparent. Un groupe traverse l'île et gravit l'Escambray et l'autre, celui de Raúl Díaz Argüelles, Alberto Mora et Julio García Oliveras, se dirige avec le reste des armes vers La Havane. Nous sommes le 8 février 1958.

3.

À quelle vitesse un jeune homme de vingt et un ans vieillit-il quand ses amis meurent près de lui ? Comment l'imagination se développe-t-elle dans la compagnie constante de la peur ? Où se situe la frontière entre le courage et la folie ? Comment empêche-t-on que cette menace continuelle de la mort ne devienne pas une invitation à l'accompagner définitivement ? Comment peut-on être amoureux d'une ville qui est en même temps refuge et soutien, sœur et compagne, mais aussi le piège qui se referme autour du cou ?

En ce début de 1958, alors que Raúl agit à La Havane, la

grève générale d'avril échoue et la grande contre-attaque batistienne contre la Sierra Maestra est lancée ; elle s'achèvera en débâcle pour l'armée de la dictature. Raúl participe activement aux combats de rue de la grève d'avril. Durant le mouvement de grève, surpris dans la calle Santa Catalina par des forces de police et du SIM (*Servicio de Inteligencia Militar*), il est le héros d'une spectaculaire fuite en auto.

À cette époque, le prix de la lutte urbaine est très élevé pour les cadres du Mouvement du 26 Juillet et du DR : il leur coûte des dizaines de morts et de prisonniers. Ceux qui survivent sentent qu'ils ont la mort aux trousses. Le 23 juin Eduardo García Lavanderos, l'un des dirigeants du DR et chef des actions dans la capitale, est découvert à La Havane. Il est tué dans une teinturerie tandis qu'il combat contre des agents du SIM. Raúl Díaz Argüelles est nommé à sa place.

Le chef des actions décide comment et où frapper l'ennemi, donne l'exemple dans les combats de rue, ordonne de tirer sur la police ou de poser des bombes, d'incendier des automobiles ou de saboter le réseau électrique. C'est un homme qui croit que ce qu'il fait justifie pleinement les veuves et les orphelins que la lutte laisse derrière elle, qu'il est bien fondé d'envoyer au combat et donc parfois à la mort, à la prison et à la torture, des jeunes gens comme lui au nom de la cause sacrée qu'il professe. Derrière ces trois mots, chef des actions, se profile non seulement l'obligation de faire appel aux recours les plus profonds du courage cachés dans les replis de son âme, mais également à la nécessité d'assimiler la terrible responsabilité d'envoyer d'autres hommes mourir. En ces jours troublés, on dort peu à La Havane et les rêves se transforment parfois en cauchemars.

C'est précisément pendant cette période que se construit une solide amitié entre Díaz Argüelles et Machín Hoed, qui cohabitent étroitement dans les difficiles conditions de la clandestinité. Le 13 juin, alors que le bureau du DR est réuni dans les rues 19 et 24 du quartier d'El Vedado, ses membres apprennent que le sénateur batistien Santiago Rey, ancien ministre de l'Intérieur de la dictature, se rendra quelques heures plus tard dans un cabinet médical situé entre les rues L et 25. Sans plus y réfléchir, Gustavo et Raúl quittent la réunion et partent à sa recherche. Quand ils l'ont trouvé, ils ouvrent le feu ; Rey est atteint par leurs balles, mais n'est que blessé.

Un petit succès, mais les cadres du DR à La Havane ont été happés par le tourbillon d'un combat désespéré. L'organisation a été diminuée par la répression, une grande part de sa base sociale se retrouve désarticulée, ils refusent de se replier. Après l'échec de l'assaut du palais, une certaine folie règne parmi eux, sous la forme d'une bonne dose d'idées suicidaires et de l'impossibilité de s'arrêter, car le souvenir de leurs amis morts pèse trop lourd.

Entre actions et missions-suicides, ils vivent d'interminables heures d'enfermement dans des maisons prêtées, durant lesquelles ils dépendent de la fidélité et de la résistance à la torture des contacts périphériques, des alliés de hasard, des amis. Là, on vit tous les risques. On n'a pas la guerre ouverte du guérillero de la montagne, on ne compte pas avec les grands espaces urbains du dirigeant de masses, ni sur la protection des mouvements sociaux. Il faut une fibre humaine très spéciale pour résister à cette tension. Raúl, du haut de ses vingt-deux ans, semble en être pourvu. Lorsque les recours idéologiques arrivent à leur terme, il fait appel à « un sens de l'humour très noir ». Il soigne le moral de tout le groupe grâce à la plaisanterie.

Suivent des jours de persécutions, d'endroits où l'on ne peut plus aller dormir parce que les habitants ont été capturés et torturés, de solidarité populaire qui sauve au dernier instant le combattant en fuite, de nuits sans repos, de réunions interrompues brusquement, de rendez-vous auxquels l'une des deux parties ne peut finalement pas se rendre. Mais aussi d'attentats ratés par manque d'infrastructures ou de préparation, comme celui que Gustavo et Raúl tentent contre le sénateur Amadeo López Castro.

C'est dans ces circonstances que les deux militants sont appelés par la direction du DR-13 à rejoindre l'Escambray. D'un côté ils sont grillés et les conditions de l'action clandestine à La Havane sont très dangereuses pour eux, de l'autre l'organisation est en train de se reconstruire dans la Sierra en essayant de surmonter le séparatisme de l'un de ses secteurs, qui s'est soumis à des groupes de politiciens de l'exil.

Le 10 juillet, Raúl Díaz Argüelles se présente à un rendez-vous dans les rues 21 et B d'El Vedado. Il doit rencontrer Pedro Martínez Brito et Tato Rodríguez. La police surveille la zone. Pour échapper à ce siège, Raúl Díaz Argüelles doit se jeter d'un troisième étage et se fracture la cheville. Un policier lui tire dessus d'en haut, il se relève et s'enfuit sous les balles, au grand étonnement des passants. Entre la 19 et C, il prend un taxi et disparaît. Le hasard est la condition de la survie.

Impossible de se rendre dans la montagne dans ces conditions. Gustavo le soigne et l'aide à se réfugier à l'ambassade du Brésil, le 20 juillet, où il demande asile temporairement. Sa blessure empire. On décide de l'opérer et c'est le docteur Willy Barrientos qui s'en charge, malgré l'absence de moyens techniques. De plus, fait aggravant, l'anesthésie n'agit pas comme elle le devrait.

Cette expérience apportera deux nouveautés à Díaz Argüelles : une claudication permanente qui l'accompagnera pour le restant de ses jours et une fiancée, Mariana Ramírez Corría, fille d'un neurochirurgien et amie d'enfance de Machín Hoed, qui rejoint elle aussi à ce moment-là le DR.

Les jeunes gens quittent l'ambassade pour replonger dans la clandestinité havanaise. Beaucoup de sueurs froides, beaucoup de peurs terribles, beaucoup de sang-froid sont nécessaires pour combattre dans une ville ennemie où la voiture qui passe peut cacher le tortionnaire, l'homme qui sourit le délateur, où le coin de rue peut être le départ d'un voyage vers le néant. Dans la capitale, le groupe activiste réduit du Directoire révolutionnaire continue à harceler les forces de police de la dictature. La lutte armée se déploie depuis la Sierra Maestra. Les fronts guérilleros sont nombreux à présent et l'armée de Batista est sur les dents. Le dictateur s'efforce de légitimer sa situation à travers les élections de novembre, mais Radio Rebelde appelle au boycott. Raúl et Gustavo, rebaptisés "commando nº 1 du DR de La Havane", préparent une attaque contre le poste de police nº 15, la faisant coïncider avec le jour du vote. Mais ils doivent la repousser, car les policiers sont enfermés dans leurs casernes.

Le 7 novembre à 18 heures, depuis une automobile, ils attaquent un poste de police, armés de mitraillettes Thompson. Au passage de la voiture, les rafales jaillissant de la portière mitraillent les agents en faction. Sept sont tués et quatre autres blessés. Raúl et Gustavo jettent un tract de revendication sur les cadavres, signée du tout frais commando nº 1, né dans le sang. Ils se lancent ensuite à travers les rues de La Havane dans une fuite digne d'une scène de cinéma.

En cachette, ce jeune homme à qui pousse à peine une moustache chante à Mariana une chanson interdite par la dictature. Une innocente *ranchera* de Cuco Sánchez, *La cama de piedra*. Une chanson qui dit, entre autres :

« *El día en que a mí me maten, que sea de cinco balazos, y estar cerquita de tí, para morir en tus brazos.* » et répète : « *Por caja quiero un sarape, por cruz mis dobles cananas, y escriban sobre mi tumba mi último adiós con mis balas.* »

« Le jour où on me tuera, que ce soit de cinq balles, et près de toi, pour mourir dans tes bras. Je veux pour cercueil un manteau, pour croix ma cartouchière et écrivez mon épitaphe avec mes balles ».

On mourait beaucoup en ce temps-là à La Havane, et les jeunes révolutionnaires rejoignent les vieilles chansons mexicaines dans le culte de la mort souriante.

La direction du DR les invite à nouveau à gagner la montagne. L'arrivée dans l'Escambray des forces de la colonne 8 de l'armée rebelle, commandée par le Che Guevara, paraît ouvrir une conjoncture d'opérations militaires accélérées. À la tête des forces du DR dans la Sierra, Faure Chomón veut y avoir ses meilleurs cadres. Raúl et Gustavo préparent une voie d'accès à la base de la guérilla de l'Escambray. Ils partent de La Havane pour l'asile d'aliénés d'El Cotorro, où ils seront accueillis le lendemain puis conduits dans la montagne. L'opération est prévue de telle sorte que l'un d'entre eux doit se faire passer pour malade mental.

Selon la version du journaliste Reyes Trejo, Díaz Argüelles raconte ainsi son difficile passage par la folie :

On a déjà parlé de cette histoire d'asile ; Tavo était mon gardien. Mais là-bas, parmi les fous, j'ai eu des problèmes. L'infirmière entre dans la chambre dans laquelle je suis et me demande mon nom. Je ne savais pas quel nom je portais, c'était Tavo qui le savait. Alors elle commence à me parler et s'approche d'un étui à violon que nous avions apporté pour cacher une mitraillette et elle dit : « Comme c'est bien, vous savez jouer du violon » et elle s'apprête à attraper la boîte. Je fais alors un saut incroyable pour m'interposer. L'infirmière a pensé que j'étais fou pour de bon. Mais j'ai eu des problèmes avec les vrais fous et j'ai dit à Tavo : Écoute, moi j'arrête de faire le fou, c'est ton tour.

Ils quittent l'asile et sont obligés de retourner à La Havane où l'opération est montée de nouveau. Finalement, c'est déguisés en chauffeurs qu'ils parviennent à l'Escambray.

4.

Dans les montagnes, l'ambiance n'est pas la même qu'à La Havane, les fronts sont assez bien définis. Le hamac où chacun dort se balance tranquillement dans la brise, même si un avion peut attaquer, blesser une vache, transpercer les palmiers, trouer la marmite dans laquelle on était en train de préparer le repas ou déchiqueter une jambe avec une balle explosive. Malgré tout, ce territoire leur appartient, les combattants sont parmi des fusils amis, et connaissent une sensation croissante de puissance que les ruelles de La Havane n'offrent plus. On peut être réveillé en sursaut, avoir les mains moites, la chair de poule, mais ce sera sans doute plus par le fait du souvenir des peurs de la lutte clandestine tapies dans la colonne vertébrale, des craintes permanentes d'être capturé, torturé et tué.

Díaz Argüelles découvre l'Escambray aux mains des rebelles. La dernière attaque batistienne contre la zone libérée, au début de décembre, a tourné au désastre pour l'armée. Che Guevara et ses alliés préparent maintenant la prochaine offensive. Elle doit coïncider avec l'attaque sur la capitale orientale que Fidel Castro organise depuis la Sierra Maestra. L'alliance entre les forces du Mouvement du 26 Juillet et la guérilla du DR a trouvé sa conclusion dans le *Pacto del Pedrero*, un projet d'action conjointe fidèlement respecté par les deux parties. Les rebelles ont le moral au plus haut et sont prêts à dévorer la province de Las Villas tout entière.

Le 10 décembre 1958, les forces du DR reçoivent du commandement central de Che Guevara l'ordre de prendre le village de Báez au pied de l'Escambray, dans une action de harcèlement des garnisons qui entourent la ville de Santa Clara et occupent la route principale. Ce sera le premier combat de Díaz Argüelles, il n'est pas sanglant, la troupe s'enferme dans la caserne tandis que les rebelles occupent la ville.

Cinq jours plus tard, le Che lance l'offensive finale sur Santa Clara avec l'attaque de la ville de Fomento. Soixante et une heures après la reddition de cette garnison, et devant la passivité des chefs batistiens qui n'osent pas combattre les guérilleros à découvert, il ordonne une double action sur les villages de Cabaiguán et Guayos, à un peu plus de soixante kilomètres à l'est de Santa Clara. Cinq de ses pelotons participent à cette bataille ; Raúl Díaz Argüelles se trouve dans l'un d'entre eux, celui des forces du DR. À Cabaiguán, le Che est blessé en sautant d'une terrasse. L'armée subit des pertes et quatre-vingt-dix soldats sont faits prisonniers. La rapidité de l'offensive des rebelles est terrible, on n'opère plus comme auparavant dans la montagne, lorsque la guérilla attaquait l'ennemi et se repliait. L'armée rebelle développe une guerre de mouvements rapides en attaquant les positions ennemies l'une après l'autre, sans leur laisser le temps de se réorganiser. Malgré la différence numérique, largement favorable aux forces de Batista dans un rapport de huit contre un, ce sont les rebelles qui gardent l'offensive, décident où et quand frapper, dominent le terrain. Le début de la fin est proche.

Deux heures après la prise de Cabaiguán, les forces du Che entament les hostilités dans la ville de Placetas, dernier obstacle sur la route centrale qui les sépare de Santa Clara. Au cours de l'attaque, menée par des combattants qui n'ont pas pris de repos depuis trois jours, le groupe de Díaz Argüelles, dirigé par Faure Chomón, intervient. Quelque cent cinquante soldats stationnent dans le village, les rebelles sont à peine plus d'une centaine mais bénéficient d'un important soutien populaire. L'affrontement commence à 4 heures du matin et la garnison se rend quelques heures plus tard. Cinq jours après commence la bataille pour Santa Clara. Díaz Argüelles n'y participe pas. Il a rejoint une colonne du Directoire révolutionnaire qui, simultanément, est chargée de prendre la petite ville de Trinidad.

Faure Chomón n'a que soixante-dix-huit hommes pour combattre les trois cent vingt-neuf soldats qui gardent Trinidad. Ils luttent à découvert et obligent les soldats à se replier dans leurs casernes, bien que ça leur coûte quatre de leurs combattants. Quelques heures plus tard, la ville est aux mains des révolutionnaires.

Étrennant le 2 janvier 1959 le grade de capitaine de l'armée rebelle, Raúl Díaz Argüelles prend la tête d'une colonne du DR qui marche sur La Havane. La dictature de Batista s'est effondrée.

5.

Que pense ce capitaine de vingt-deux ans au moment où la joie populaire le déborde, le bouscule, le rend fou, le poursuit ? Jusqu'à quel point comprend-il la portée de la révolution que lui et d'autres ont faite et qui est véritablement en train de commencer ? Avec qui est-il engagé ? Qu'est-ce qui dépasse les liens du sang qu'il a créés avec sa génération d'étudiants, dans la lutte contre Batista ? Où et comment s'est formée sa conscience sociale ? Quelles sont les images qui resteront éternellement sur sa rétine ? Quelles phrases demeureront gravées dans sa tête pour ne plus jamais quitter ses pensées ? Sait-il que la révolution débute à peine et que des mois d'une terrible guerre politique approchent, des mois de déchirements intérieurs, d'agressions nord-américaines, de pénurie économique ? Que pense ce jeune homme tandis que la fête de la libération le saoule, que les femmes l'embrassent, que les vieux lui assènent des claques dans le dos et que les enfants entourent sa jeep qui roule vers La Havane ?

Peu d'écrits ont circulé sur la vie publique de Raúl Díaz Argüelles dans les premières années de la révolution cubaine. On sait qu'il a été très tôt, dès 1959, chef du tout nouveau *Departamento técnico de investigaciones de la policía nacional revolucionaria*. Que sait-il, lui, des tâches de la police ? Est-il prêt pour affronter l'une des villes souterraines les plus dures du monde ? Un milieu criminel qui reste pratiquement intouchable par le processus révolutionnaire ? Des milliers de prostituées, le jeu organisé, la mafia, la drogue, le gangstérisme, les bandes de voleurs... Au bureau où il travaille et dort se présentent des personnages étranges vêtus de complets blancs, porteurs d'enveloppes avec de l'argent, d'offres de cocaïne, de promesses de primes ou de femmes gratis. Le milieu havanais est habitué à négocier avec la police, pourquoi est-ce que cela changerait ? Qui sont ces gamins imberbes qui refusent les pots-de-vin, qui ne touchent pas encore de salaires parce que leur département n'est pas organisé et qui jettent au visage du petit truand son enveloppe pleine d'argent ? D'où sortent-ils ? Le *Departamento técnico* acquiert la réputation d'être implacable, il démonte les organisations, arrête dans des coups de filet incessants, des joueurs et des propriétaires de bordels, démantèle des réseaux de narcotrafiquants. Et tout cela c'est l'œuvre d'un groupe de jeune gens contraints à des journées interminables de travail sans sommeil, à des affrontements d'une totale inégalité, sans moyens ni techniques ni humains.

En décembre 59, Raúl Díaz Argüelles assiste au congrès d'Interpol en Allemagne de l'Ouest. Ce jeune homme de vingt-trois ans à la barbe naissante a dû apparaître comme un étrange personnage, mêlé à des gens qui ressemblaient beaucoup à ceux qu'il avait hargneusement pourchassés dans La Havane un an auparavant.

À son retour, il vient collaborer à l'état-major de l'armée d'Occidente. Un témoignage du général Chui Beltrán le décrit de la manière suivante : « C'était une véritable flèche, il allait toujours de l'avant et personne ne le surprenait. »

Ensuite, il passe dans l'armée centrale et en 1961, selon certains témoignages, il participe à la lutte contre les soulèvements de la contre-révolution dans la province de Matanzas. En avril 1961, il obéit à des ordres qui l'empêchent de se lancer vers Playa Girón pour combattre l'invasion organisée par la CIA avec des émigrés cubains, « parce qu'il est plus utile à d'autres tâches ». Il travaille au démantèlement des réseaux contre-révolutionnaires à La Havane. En 1963, il est nommé chef de bataillon d'artillerie et, en 1966, devient membre de l'état-major du *Cuerpo de ejército independiente* de Matanzas. Il organise ainsi l'intervention militaire pour la récolte de canne à sucre : des soldats qui coupent la canne, coordonnent l'énorme infrastructure du transport, construisent des écoles, montent des ateliers mécaniques.

Une biographie sans traits saillants : de nombreuses heures de labeur, beaucoup de travail terne, et pourtant abondance d'héroïsme dans les histoires quotidiennes, de style égalitaire face aux manques, d'efforts par-delà l'obligation, d'exemple.

Ceux qui le connaissent ces années-là parlent de lui comme d'un homme amusant, très cubain, au sourire franc. C'est un officier d'un nouveau type, ses relations avec les soldats sont marquées par son style, cette nouvelle qualité de commandement qui surgit de l'expérience montagnarde et qui, hors de Cuba, s'identifie au projet égalitaire du Che. On me raconte des anecdotes ici et là : il prend ses repas avec la troupe, dort sur une paillasse près de ses hommes, enlève les galons de son uniforme pour se promener sans éveiller de subordination, pour dispenser les soldats de toute relation hiérarchique avec lui. Pendant les récoltes de 1966, il se coupe la jambe avec sa machette et part d'urgence à l'hôpital où on lui fait cinq points de suture ; mais avant même qu'on finisse de le soigner, il remet déjà sa capote pour repartir au travail. Ce n'est pas la première fois qu'il va à l'hôpital, il s'y rend fréquemment à cause de douleurs à la cheville cassée huit ans plus tôt à La Havane. Le souvenir de ce saut mortel dans sa fuite devant la police, dont il était sorti miraculeusement vivant.

En 1967, Raúl Díaz Argüelles connaîtra comme des millions de ses compatriotes le destin du Che et de la guérilla bolivienne. Il apprendra la mort de celui qui avait été son chef durant les mois de l'offensive finale de Las Villas. Son meilleur ami, le commandant Gustavo Machín Hoed, connu en Bolivie sous le nom de “Alejandro”, disparaît avec le Che.

Une vieille photographie demeure, où Raúl et Gustavo se trouvent réunis à jamais par la fidélité de l'image. Tous deux regardent l'appareil, il n'y a que quelques jours que l'armée rebelle est entrée dans La Havane, les barbes naissent à peine, la moustache de Raúl est plus épaisse que celle de Gustavo, dont la barbe a meilleur aspect. Ils sont terriblement sérieux avec peut-être une légère tristesse dans leurs regards. La vie est devenue diablement grave pour ces deux tout jeunes héros populaires échappés de l'adolescence et de la mort.

Aujourd'hui, en 1967, Gustavo est parti. Et de la meilleure manière possible, doit penser Raúl : en essayant d'apporter la révolution dans d'autres paysages, d'autres géographies, en suivant l'appel du Che et son singulier chemin destructeur de frontières. Mais il s'en est également allé de la manière la plus cruelle, la plus terrible, en laissant un énorme trou derrière lui, en abandonnant aux survivants le poids de la faute inexistante, la sensation qu'un vide et une dette ont été créés, que tous ont rapetissé devant les morts : Gustavo, San Luis, Carlos Coello, Vilo Acuña, Papi, Manuel Hernández, Olo Pantoja, Suárez Gayol, Pinares, le Che...

Où aller à présent pour ne pas être harcelé par les amis morts, les héros morts, les camarades morts ? Qui leur a donné la permission de mourir ? Est-ce qu'on vaut moins qu'eux ? Pourquoi le Che ne m'a-t-il pas emmené, moi, en Bolivie ?

En 1971, le commandant Díaz Argüelles part au Chili, accompagnant Fidel invité par Salvador Allende. En 1972, il participe à un nouveau voyage, cette fois dans le cadre de la tournée africaine de Castro. À cette époque-là, Raúl travaille dans la UM14-15 dixième direction du MINFAR[1], l'appareil qui se charge de la collaboration militaire avec les autres pays

1. Ministerio de las fuerzas armadas revolucionarias (NdT).

et les forces de guérilla irrégulières. On peut facilement imaginer sa fonction pendant cette tournée.

Cependant, Díaz Argüelles ignore encore que son destin sera lié à ce continent. Après son retour, à quelques mois seulement de ce voyage à travers l'Afrique et précisément quatre ans après la mort du Che, Raúl Díaz Argüelles, colonel de l'armée révolutionnaire cubaine, entame son propre périple vers la révolution internationale, ce territoire où les rêves comme les vieux amis se retrouvent, et où la mort rôde. Sa destination : la Guinée-Bissau et la guerre populaire contre l'armée coloniale portugaise.

Son intervention dans la révolution guinéenne a été très peu rendue publique. Il existe quelque part une photo qui le montre assis à droite d'Amilcar Cabral au cours d'une conférence de presse. Les cheveux courts, sans moustache, on lit une certaine fatigue sur son visage et un demi-sourire sur sa bouche. Il doit y avoir quelque part une décoration, l'ordre national, remis par le gouvernement de Guinée-Bissau après l'indépendance. Le plus significatif reste peut-être que dans l'un des reportages biographiques qui lui ont été consacrés, on parle des brillantes et terribles opérations militaires de Guillaje et Gadamas qu'il a dirigées à la tête de la guérilla du PAIGC. On mentionne également la grande offensive qui a eu lieu, à la mort d'Amilcar Cabral, contre des forces portugaises pourtant très supérieures en moyens et en nombre, pendant laquelle plusieurs garnisons militaires sont prises à la frontière avec le Sénégal. Pas grand-chose de plus. Jusqu'en 1974, la vie de Díaz Argüelles est liée à la révolution guinéenne mais également au mythe silencieux, à l'histoire que l'on ne raconte pas autrement que par des murmures.

6.

Il y a des voyages, puis des retours. Les légendes se tissent. De nombreuses années plus tard, sa fille essaye d'en démêler la trame. Je lui demande dans le hall d'un hôtel de La Havane : « Lequel des deux était ton père ? » en lui montrant deux photos : la première est celle du début de cette histoire, et l'autre l'image douce d'un homme détendu, au regard souriant, voire placide. Sans hésiter, elle désigne la photo la plus tendre. Elle me raconte : « Une fois, quand il est revenu de Guinée, il est arrivé comme celui de l'autre photo, et je lui ai dit "Papa, enlève cette moustache ou je ne t'embrasse pas". J'avais quatorze ans. »

Il faudrait broder finement autour de ces deux photographies, de ces deux personnages qui sans aucun doute ne font qu'un. Et pourquoi deux ? Il y en a probablement plus. Il n'y a pas d'homme qui n'en cache quantité d'autres au fond de lui-même.

Díaz Argüelles était en Afrique, en Guinée. Mais la légende se promène autant que sa personne. On dit qu'il s'est rendu au Moyen-Orient pendant la Guerre des Six Jours, sur les hauteurs du Golan, commandant une petite unité cubaine qui n'a jamais existé officiellement, aux côtés de l'armée syrienne, et que lui et ses invisibles tankistes, débarqués quelques jours plus tôt à Latakia, ont arrêté les soi-disant invincibles blindés israéliens.

Est-ce de là que vient le petit bonnet arabe qu'il a rapporté à sa famille lors d'un de ses retours d'Afrique ?

Histoires et légendes ne proviennent-elles pas d'une même source ? L'histoire populaire fait et défait un mythe avec des petits morceaux d'information. Les rumeurs fabriquent des légendes qu'un jour, un journaliste recueille et transforme en histoires.

7.

Le 25 avril 1974, la révolution jaillit des entrailles de la dictature portugaise de Salazar. Les photographies parcourent le monde, couvrant les unes des journaux de marins barbus arborant un œillet au canon de leur fusil. Les forces de guérilla indépendantistes qui sont intervenues en Guinée, en Angola et au Mozambique assistent, triomphantes, à l'effondrement subséquent de la structure coloniale. En janvier 1975, les accords d'Alvor créent un gouvernement provisoire en Angola avec la participation des trois organisations de guérilla qui agissaient dans le pays ainsi que de représentants portugais. Quinze jours plus tard, le gouvernement prend en charge le territoire et fixe au 11 novembre la date de la déclaration d'indépendance. Cependant, la situation s'avère hautement instable. Deux de ces organisations brandissent un projet de décolonisation intimement lié aux puissances impériales : le FNLA, dirigé par Holden Roberto, agent de la CIA depuis des années, maintient de très explicables relations de confiance avec les Nord-Américains et le gouvernement dictatorial du Zaïre ; l'UNITA, dirigée par Jonas Savimbi, entretient des liens douteux avec les colons blancs portugais, voire avec les Sud-Africains. En outre, les deux parties ont développé une base d'appui sur une politique tribaliste qui favorise l'affrontement interethnique. Le MPLA, conduit par Agostinho Neto, apparaît comme l'unique force de gauche, radicale dans le projet d'autonomie. Les mois de transition jusqu'à la déclaration d'indépendance s'annoncent tourmentés. En mars, des troupes régulières du Zaïre, soutenant le gouvernement fantôme de Holden Roberto créé dans la ville de Carmona, envahissent l'Angola. En août, l'armée de l'Afrique du Sud raciste envahit le pays par le sud, sous prétexte de protéger les barrages de Raucana. Après une semaine de combats sanglants et sa victoire sur les mercenaires et les troupes du FNLA, qui avaient essayé de détruire les milices et les syndicats proches de la gauche, le MPLA contrôle la capitale.

La première semaine d'août 1975, un militaire cubain débarque à Luanda pour effectuer auprès d'Agostinho Neto une mission personnelle de Fidel Castro. Il apporte une offre très concrète de solidarité et les mécanismes d'un lien entre les forces révolutionnaires angolaises et la révolution cubaine. Le colonel cubain adopte le pseudonyme portugais de Domingos da Silva. Ce n'est pas un inconnu pour les révolutionnaires angolais. Il en a entraîné beaucoup en Guinée-Bissau, et connaît plusieurs de ses chefs par ses fréquentes visites en Afrique Occidentale. Il parle tant bien que mal quelques mots de portugais, les soldats coloniaux n'ont pas de secret pour lui. Il boîte légèrement. La chaleur ne le dérange pas. Il progresse dans la jungle avec l'habileté d'un habitué. C'est un homme de guerre, pas de bureau. L'offre de solidarité des Cubains est très pragmatique : des hommes et des armes, un encadrement et des fusils, un entraînement et l'expérience du combat. Lopo Do Nascimento, commissaire du MPLA, rapportera ce premier contact avec le Cubain au nom portugais, et parlera de l'émotion que cette proposition leur procure. C'est l'oxygène pour le moribond.

Comment Raúl Díaz Argüelles, connu en Angola sous le nom de Domingos da Silva, envisage-t-il ce nouveau destin ? Comment se promène-t-il dans les rues de Luanda, une cité fantôme merveilleusement racontée par Ryszard Kapuscinski comme débordant de valises, de grands coffres, de malles, de boîtes d'emballage dans lesquelles les colons portugais rangent leurs effets pour les embarquer les jours suivants ? Comment perçoit-il cette ville provisoire, assiégée, encore pleine de soldats coloniaux, dont les habitants ont une espérance de vie de trente-cinq ans et sont analphabètes à 90 % ? L'Afrique ne peut pas le déconcerter. Ces dernières années, il a été très près de ses réalités brutales, mais la sensation d'instabilité de la révolution angolaise, sa fragilité, ses faiblesses militaires face à la puissance de l'alliance créée par ses ennemis, doivent l'angoisser. Le MPLA compte sur de larges moyens politiques, mais la lutte s'est déplacée sur le terrain militaire, et pas précisément sur un terrain de guérilla. Il ne s'agit pas de harceler une armée d'occupation tout en constituant des zones libérées. La révolution angolaise se trouve face à des armées professionnelles, des forces soutenues techniquement par les Nord-Américains et les Sud-Africains, des mercenaires portugais et britanniques, les soldats zaïrois de Mobutu et les Chinois. Que ressent Díaz Argüelles devant cette tâche impossible ?

Le 8 août, il revient à Cuba pour rendre compte de son voyage. La situation à ce moment-là est très difficile pour le MPLA : au nord, les forces de Holden Roberto, aidées par des mercenaires portugais et des soldats réguliers du Zaïre, préparent l'offensive. Au sud, l'armée sud-africaine a effectué de nouvelles percées sur le territoire angolais ; les militaires racistes sont en train d'opérer une alliance avec les forces de Savimbi. Le MPLA contrôle la capitale, il est parvenu à créer une structure politique qui élargit sa base, mais n'a pas réussi à transformer ses forces de guérilla en une armée régulière capable de faire face à la menace. Agostinho Neto fait demander, en réponse à l'offre cubaine et à travers Díaz Argüelles, l'envoi d'un groupe de spécialistes pour collaborer à l'entraînement de l'armée populaire.

Díaz Argüelles revient porteur de l'assentiment de Fidel vers la fin du mois d'août. Un témoignage anonyme précise que pendant cette période il est partout à la fois : Cabinda, Quifandongo, Kimbala, Luanda. On l'a vu le même jour à plus de deux endroits différents. La rumeur fabrique le personnage du Cubain fantôme, le "qui-est-partout-en-même-temps", celui qui voit tout, celui qui tire sans fusil. Il voyage dans un petit avion piper azteca ou en jeep, il se glisse dans la jungle.

La réponse ne se fait pas attendre : entre le 4 et le 7 octobre, deux navires cubains, le *Vietnam Heroico* et le *Coral Island*, accostent à Puerto Amboim. Quatre jours plus tard, le cargo *La Plata* arrive à Punta Negra, avec à son bord quatre cent quatre-vingts spécialistes militaires cubains et une brigade médicale. Ils ont pour mission d'organiser, dans les six prochains mois, seize bataillons d'infanterie de la République populaire d'Angola. Le colonel Domingos da Silva prend la tête de l'opération mise en place dans la plus stricte clandestinité pour éviter une campagne de presse internationale qui aurait donné une couverture politique à l'intervention en Angola de l'Afrique du Sud et du Zaïre, déjà en marche. On monte quatre écoles pour les nouvelles recrues, une à Dalantado, à trois cents kilomètres à l'est de Luanda ; une deuxième près du port de Benguela, au centre du pays ; la troisième dans l'enclave du nord de Cabinda – où l'intervention de mercenaires français et de colons portugais racistes rend la situation dangereuse – et une quatrième à Saurimo, à l'est du pays.

Les instructeurs cubains n'ont pas le temps de mettre en place les conditions de base minimales. Le 23 octobre, l'agression se transforme en guerre ouverte : une brigade motorisée sud-africaine pénètre dans le pays par la Namibie et occupe Sa da Bandeira et Mocamedes. En une semaine, les Sud-Africains, accompagnés par des forces de l'UNITA, progressent sur le territoire angolais de six cents kilomètres du sud au nord, massacrant la population civile. Le même jour, les forces de Holden Roberto, ravitaillées par l'armée du Zaïre qui protège également leur arrière-garde, attaquent. Il s'agit d'une opération prévue pour prendre en tenaille la révolution angolaise.

Il n'y a pas de stratégie à moyen terme possible : on ne peut que conserver la capitale libérée jusqu'à la déclaration d'indépendance, éventuellement préserver le territoire, gagner du temps, faire l'impossible. Il faut contenir la double invasion le temps qu'une armée populaire se construise et que l'aide cubaine arrive. Parmi les conseillers cubains, Díaz Argüelles se met en quatre ; peu de consignes mais des idées très précises : « Il faut combattre l'ennemi de toutes les façons possibles, en l'affrontant face à face, en combattant son arrière-garde, en l'épuisant, en l'écrasant de jour comme de nuit, en maîtrisant tous les procédés, par tous les moyens. » Concrètement ? Le coller pour le retenir. Le ralentir. Balayer l'idée qu'on a mise dans la tête de ses soldats que la guerre est une promenade triomphale qui s'achève à Luanda.

À Quifandongo, grâce à une artillerie improvisée, un petit groupe de guérilleros des forces armées du MPLA et les représentants cubains dirigés par Díaz Argüelles arrêtent les troupes du FNLA avec des mercenaires portugais et plus d'un millier de soldats de l'armée régulière du Zaïre. Les combats ont lieu à seulement trente kilomètres de la capitale. Holden Roberto a promis à ses chefs et à ses hommes qu'il déclarera l'indépendance depuis l'hôtel Tropico, au centre de Luanda, le 11 novembre. Dans les poches de certains morts on peut même trouver des cartons d'invitation pour assister à l'événement. Mais pour l'instant, il n'y aura pas de réception, ils ont été ralentis.

Fin octobre, la tension est terrible dans la capitale. Même les stratèges les plus optimistes ne parient pas sur la survie de la révolution angolaise. Le journaliste polonais Ryszard Kapuscinski, l'un des plus fins observateurs du phénomène, épuisé, déconcerté, remarque :

> Sur le front nord, le calme règne. On attend que ceux du sud se rapprochent davantage. Alors on frappera les deux côtés à la

> fois. Il se peut que ce soit cette semaine, peut-être demain [...] La ville est assiégée, personne ne peut y accéder ni par mer, ni par les airs [...] Qui va entrer le premier, ceux du Sud ou le FNLA ? Le FNLA a une armée féroce, ce sont des cannibales. Je n'y croyais pas. Mais il y a une semaine, je me suis rendu avec un groupe de journalistes locaux à Lucala, à quatre cents kilomètres à l'est de Luanda [...] En se retirant, le FNLA anéantissait sur son chemin toute trace de vie. Des têtes de femmes jetées dans l'herbe, au bord de la route. Des cadavres, le cœur et le foie arrachés [...]

Aux premiers jours de novembre, conduits par leurs instructeurs cubains sous l'autorité de Díaz Argüelles, les élèves de l'école de Benguela affrontent les Sud-Africains.

Le major Faceiras, l'un des guérilleros historiques du MPLA, qui a combattu les Portugais pendant des années, raconte comment Díaz Argüelles atteint le front sud au moment où l'ennemi avance depuis Benguela-Lobito vers Zumbe ; il décide personnellement de faire sauter les ponts entre Puerto Amboim et Zumbe, cherchant à créer une ligne de défense naturelle pour obliger l'ennemi à utiliser un angle d'attaque différent. Les blindés sud-africains abandonnant la côte, ils perdent leur soutien logistique. « Si on obtient ça, dit-il, on a gagné la guerre. »

Et il y parvient. Ces incursions de guérilla, l'explosion des ponts, la résistance suicide, permettent de gagner le temps qu'il faut à la révolution pour respirer, mais coûtent la vie à l'officier cubain Balsinde Arteaga ainsi qu'à plusieurs guérilleros du MPLA.

Deux jours plus tard, le Comité central du PC de Cuba décide le soutien inconditionnel à la révolution angolaise, et on met au point les opérations d'urgence qui s'imposent. Le 7 novembre, une nouvelle confrontation a lieu à Quifandongo. L'artillerie prend l'initiative, on distingue parfaitement le bruit des canons depuis la capitale. Une fois de plus, les forces du FNLA et les réguliers du Zaïre sont contenus. On a gagné de nouvelles heures pour reprendre haleine.

Le lendemain, le 8 novembre, à trois jours de la déclaration d'indépendance et du retrait des soldats portugais, le commandant du MPLA, Xieto, négocie avec le haut représentant portugais et obtient la permission que deux avions d'origine inconnue atterrissent sur l'aéroport de Luanda, encore sous contrôle des troupes coloniales. Dans les premières heures de la nuit, sous la bruine, le premier contingent de troupes spéciales du ministère de l'Intérieur cubain débarque d'un Britania de la Cubana Aviación. Ce sont les troupes d'élite de la révolution : quatre-vingt deux hommes (symboliquement le même nombre que les envahisseurs du *Granma* un peu moins de vingt ans plus tôt) commandés par Martínez Gil. Ce dernier tombe dans les bras de Díaz Argüelles, qui le reçoit au bas de la passerelle de l'avion. Les renforts apportent des mitraillettes dans leurs bagages. On sort trois canons de 75 mm et trois mortiers de la soute. Peu de temps après, un second avion atterrit. Les militaires cubains vont directement de l'aéroport vers le front.

Le légendaire Domingos da Silva se trouve au moment qu'il préfère, face à l'impossible, et il se paie le luxe de se rappeler les vivants et les morts. Le Che aurait aimé être là. La dette est soldée. L'un de ses amis me raconte : « Sous cette chaleur terrible, il avait cessé de suer, il ne gaspillait pas une goutte d'eau. »

Le 10, les forces de Holden Roberto marchent sur Luanda avec plus de deux douzaines de blindés Panhard et AML 90 à leur tête. Les Cubains les attendent avec les cinq lance-roquettes BM-21 débarqués clandestinement la veille à Luanda. Leurs opérateurs sont arrivés le même jour de La Havane. Avec eux, le mortier de 120 et les mitrailleuses AK, aux mains des guérilleros angolais et des combattants des troupes spéciales cubaines. Díaz Argüelles est là. En recevant une compagnie du bataillon des troupes spéciales, il a le cran de leur dire : « D'abord on écrase les types du FNLA, et après on file au sud pour flanquer la pâtée aux Sud-Africains. »

Le combat dure plusieurs heures. Le rugissement des lance-roquettes fait vibrer la forêt. Les forces de Holden Roberto fuient, c'est la débandade. Dans leur débâcle, ils massacrent cinquante habitants d'un village. Ils laissent derrière eux des blindés éventrés, trois cent quarante-cinq morts, des uniformes et des armes.

Juste après la bataille, sans prendre le temps de célébrer la victoire, Díaz Argüelles part en direction du sud avec la première compagnie des troupes spéciales pour freiner les Sud-Africains. Ils vont essayer de contenir les blindés et de contraindre l'attaque ennemie à abandonner la route de la côte pour tourner vers l'est : leur avance sera plus lente et les obligera à une plus grande dépense de moyens. La révolution angolaise se bat aussi contre le temps.

Tandis que le colonel Domingos da Silva progresse vers Benguela, à la tête d'une petite colonne de combattants cubains (descendus d'avion quatre heures plus tôt) et de guérilleros des FAPLA, Agostinho Neto proclame l'indépendance de l'Angola au cours d'un discours public. Une brève allocution, prononcée dès les premières heures du 11, dans la nuit, sous de rares lumières, car on craint que cette concentration de civils attire un bombardement. Après les applaudissements, on entend l'écho des coups de feu des quelques soldats en garnison dans la capitale.

Le 13 novembre dans l'après-midi, résistant à une forte pression, l'écrivain angolais Pepe Tela et le commissaire politique du MPLA, Casano, sont à Zumbe pour tenter d'arrêter les Sud-Africains. « Nous ne pouvions pas abandonner la population, parce que nous avions dit que nous ne reculerions pas. » Armés de fusils automatiques, les deux cadres décident de rester sur place pour se laisser tuer. Tela est très faible car il souffre d'une hépatite. C'est alors qu'un officier cubain apparaît, au volant d'une jeep. Il leur ordonne de se retirer, mais les Angolais n'obéissent pas. Les grenades des mortiers sifflent autour d'eux et les trois personnages se lancent dans une discussion sur le romantisme, le réalisme et la théorie de l'efficacité : comment parfois il faut savoir partir pour revenir, comment les révolutions ont plus de héros morts qu'il ne leur en faut et comment elles manquent constamment de combattants vivants. Des années plus tard, Tela se rappellerait encore ces cinq minutes avec Raúl Díaz Argüelles, qui finit par les convaincre. Comme il est loin de ses jours de folie cubaine ! Aujourd'hui, il pense à sauver une révolution, pas à mourir sur « *La cama de piedra* ». Tela survivra après avoir été soigné à l'hôpital de Luanda et Casano meurt le lendemain au combat.

Le 13 novembre, Raúl Díaz Argüelles se trouve à Puerto Amboim. Épuisé, tendu, mais victorieux. Des affrontements ont eu lieu à Novo Redondo et à Lobito. La rapidité de l'offensive sud-africaine a diminué. À côté des Cubains, les guérillas de Faseiras, le commandant des FAPLA, agissent. Le front ennemi est sans arrêt enfoncé. On sème des mines antichar sur les chemins, on harcèle les avant-gardes dans des embuscades.

Le 20 novembre, les Sud-Africains et les forces de l'UNITA doivent quitter la côte et s'efforcer d'avancer vers le nord par l'intérieur des terres. L'objectif stratégique de la résistance a été atteint. Díaz Argüelles commande personnellement l'une des colonnes du front. À 7 heures du matin, le 23 novembre, à la date précise qu'il avait prévue, la bataille d'Evo débute. C'est là que sont ses forces. Il ne s'agit plus d'escarmouches ou de combats isolés : les Sud-Africains lancent leurs blindés de front contre les faibles défenses des FAPLA et les Cubains, qui ne peuvent compter que sur deux compagnies mixtes et l'une des unités de conseillers militaires pour arrêter le coup principal. Les défenseurs accomplissent des miracles pour stopper l'offensive des blindés sud-africains. Les lance-roquettes jouent un rôle essentiel. À la fin du jour, les Sud-Africains se replient en abandonnant sur le champ de bataille dix blindés MN90 détruits et des dizaines de morts. Dans leur retraite, ils ramassent les cadavres des soldats blancs, mais pas ceux des hommes de l'UNITA. Le racisme ne reconnaît pas les alliances temporaires. En matière de morts, le racisme perdure. Tous les cadavres ne sont pas égaux.

Domingos da Silva a été partout. Dirigeant le combat, tirant, courant dans les tranchées, distribuant des munitions aux combattants. Le lendemain, il dirige le feu contre un avion de reconnaissance, qui s'écrase derrière la ligne de retenue. Les Sud-Africains perdent deux haut gradés.

Les chroniques se rejoignent pour souligner que la révolution a été sauvée pendant les combats d'Evo.

Le 27 novembre, les renforts réguliers de l'armée cubaine commencent à arriver en Angola par bateau : un régiment d'artillerie, un bataillon de troupes motorisées. Deux semaines plus tard, les FAPLA et les Cubains passent à l'attaque sur tous les fronts. Dans le Sud, les Sud-Africains ont subi plusieurs défaites dans leurs tentatives pour enfoncer la ligne de défense. Domingos da Silva dirige la colonne 26 Juillet, l'un des trois regroupements de l'offensive révolutionnaire, qui part le 9 décembre à la contre-attaque. Les Sud-Africains résistent, ralentissent l'avance du flanc gauche grâce à leur artillerie. Raúl décide de les prendre à revers. Dans la nuit du 10 décembre, deux pelotons se rendent vers le village de Galengo. Estevanell, l'officier des troupes spéciales, qui allait lui aussi mourir en Angola, reçoit l'ordre d'avancer.

Le journaliste Julio Martí décrit l'aube de ce 11 décembre 1975 :

> [Díaz Argüelles] fut le premier debout à son poste de commandement, à Hengo. Le silence régnait, interrompu seulement par le lointain rugissement de quelque bête sauvage affamée, le long barrissement d'avertissement des éléphants et les hurlements d'alarme des singes. Mais c'était un début de journée froid avec un brouillard qui invitait au rêve et s'étendait sur la plaine bien au-delà des collines lointaines [...] ; il prit à un officier de l'état-major de dire, recroquevillé sous sa couverture : « Avec ce brouillard, c'est pas un jour pour se battre ». La voix de Díaz Argüelles s'éleva alors pour rappeler qu'ils étaient en guerre.

Pas de blagues. Les blagues, c'est juste pour entrouvrir la porte de la guerre et prendre l'air, mais pas pour sortir se promener dans le jardin.

La petite colonne de blindés avance, depuis le campement de Hengo, vers le village de Galengo pour essayer d'attaquer les Sud-Africains par le flanc. En arrivant, ils découvrent que l'ennemi s'est replié. La colonne poursuit sa progression et finit par se retrouver en terrain miné. Díaz Argüelles se tient dans le quatrième blindé. Par hasard, les trois précédents sont passés sur une mine antichar sans la faire exploser. Au moment où ils se remettent en route, l'engin explose et atteint les officiers qui occupent le véhicule. Les éclats métalliques mutilent les deux jambes et sectionnent l'artère fémorale de Díaz Argüelles. La colonne se met en position de défense, et commence une opération désespérée pour tenter de sauver les blessés.

8.

Le chapitre des dernières paroles des moribonds est l'habituel terrain facile des manifestations frauduleuses d'héromanie bon marché, parce qu'on ignore que le héros n'est, à ce moment-là, qu'un homme en train de donner brutalement un baiser à la mort. Je me méfie généralement des phrases qui nous arrivent des chemins tortueux d'enregistrements imprécis, d'articles écrits des années après les faits, de souvenirs retouchés par le temps. Mais dans le cas qui nous occupe, l'instinct me dit qu'il est vrai que Raúl Díaz Argüelles, connu dans ces contrées sous le nom de Domingos da Silva, colonel cubain de trente-neuf ans, tandis qu'il avançait au milieu de la forêt en se vidant de son sang, soutenu par les bras de ses compagnons à l'avant d'un véhicule militaire, demanda à ses camarades : « Racontez ce que nous avons fait. » Il savait que ces derniers jours, il avait fait partie d'une histoire impossible, et ne voulait pas qu'elle soit oubliée.

Malgré les efforts de ses compagnons, Díaz Argüelles décède sur une petite route rurale au sud de Puerto Amboim pendant son transport vers un hôpital de campagne.

On raconte que la rumeur de sa mort parcourut le front et que, dans plusieurs zones de combat, les officiers se virent obligés de retenir les troupes qui voulaient aller venger le légendaire colonel. Dans son sac à dos il y avait une biographie de Maceo, un livre plein de sang qui parvint chez lui, à La Havane, des semaines plus tard, après la moitié d'un tour du monde. Ce serait le seul héritage matériel, tangible, qui reviendrait d'Angola.

Tout est trop près. L'histoire, quand elle s'approche trop de l'historien, apporte une charge d'émotions qui dansent, vertigineuses, sur les touches du clavier. Les héros sont comme nous et pourtant insaisissables. Leur rendre justice, c'est une manière de les déshumaniser, de leur rendre injustice, de rappeler le moment capital qui apparaîtra dans les articles, les souvenirs et les livres, mais oublier comment ils buvaient leur café, couvrant leur tasse et laissant échapper la fumée entre leurs doigts, ou les difficultés qu'ils avaient à réussir leur nœud de cravate (une chose est sûre, je n'ai jamais vu de photo de Díaz Argüelles portant une cravate), leur façon de caresser leur femme ou le roman qui les fascinait dans leurs lectures nocturnes, leurs passions cachées pour les manèges de la foire, leur amour des promenades le soir sur le Malecón havanais.

Nous, les historiens, n'avons pas la possibilité de narrer des histoires comme celles-là. Nous savons bien qu'elles nous dépassent, que nous leur ôtons la vie en les racontant, que le seul lieu précis, exact, le réduit qui leur appartient, c'est cette vague chose que nous ne pouvons pas définir, mais dont nous savons tous qu'elle existe et que nous appelons la mémoire collective des peuples. Voilà son lieu, et c'est à lui seul que ces histoires appartiennent.

NOTES FINALES

1. À PROPOS DES SOURCES ET REMERCIEMENTS AUX INFORMATEURS ET AMIS

SEBASTIAN SAN VICENTE

Les matériaux pour la première version de la note biographique sur Sebastián San Vicente que j'ai rassemblés dans un épais volume intitulé *Bolcheviquis* faisaient partie d'une recherche sur les origines de la gauche mexicaine après la révolution. Je renvoie les personnes que cela intéresse à la liste des sources d'informations et à la bibliographie de cet ouvrage.

S'avèrent tout particulièrement importants les documents du State Department nord-américain, les mémoires de José C. Valadés et la grande collection de presse anarchiste mexicaine que j'ai pu consulter à l'Institut de recherches sociales d'Amsterdam.

De paso a paru sous forme de roman en 1986 (*De Passage*, Paris, Métailié, 1995).

LARISSA REISNER

Les écrits de Larissa Reisner ont été publiés en espagnol dans deux anthologies, celle de Cenit, à Madrid, en 1929 (*Hombres y máquinas)* et celle de Era, à Mexico, en 1977 (*Hamburgo en las barricadas)* ; on trouve également des fragments traduits de *Sur le front* dans différentes anthologies éditées en espagnol dans les premiers temps de l'URSS.

Je ne connais pas de biographie qui soit consacrée à ce personnage alors qu'il en existe une excellente de Radek, signée Warren Lerner et intitulée *Karl Radek, the last internationalist.* Il y a par ailleurs un texte de Radek lui-même sur Larissa : "Portraits and pamphlets", ainsi que l'article qu'il écrivit après sa mort pour l'encyclopédie Granat ; article reproduit dans *Les Bolcheviks par eux-mêmes* de Jean-Jacques Marie et Georges Haupt. C'est aussi dans ce livre que j'ai pu consulter les autobiographies de Radek et de Raskolnikov.

Sont d'un grand secours les ouvrages de : Viktor Borisovitch Chklovski, *Voyage sentimental* ; d'Elizabeth K. Poretski, *Les Nôtres : vie et mort d'un agent soviétique* ; de Werner T. Angress, *Stillborn revolution* ; de Julio Álvarez del Vayo, *La senda roja* et les *Memorias de un bolchevique leninista*, éditées par Samizdat ; les livres de Trotski, en particulier *Ma vie*, *Histoire de la révolution russe* et *Escritos militares* (Paris : Ruedo Ibérico, 1976 ; deux tomes) et enfin le texte de Victor Serge, *Vie et mort de Trotsky.*

Les muralistes

L'histoire de la naissance du muralisme mexicain est en grande partie rapportée dans les mémoires des protagonistes, mais d'une manière si chaotique qu'on en perd le fil des événements. Pour reconstituer la chronologie, l'auteur de cet essai a utilisé la presse de l'époque (*El Universal*, *El Heraldo*, *El Demócrata*, *Excélsior*) ainsi que les textes du parti communiste (les mémoires du IIIe congrès, la constitution électorale du parti et la collection de *El Machete* aux archives de l'ENAH). Ont également été d'une aide précieuse les études de Margarita Nelken, Raquel Tibol et Luis Cardoza y Aragón, les chronologies et les livres de reproductions, en particulier celui consacré à l'excellente exposition de la peinture de Rivera dans les cours du SEP, édité en 1980 par le SEP, le catalogue de la rétrospective de Rivera, édité par le musée Reina Sofía et le catalogue de l'exposition d'anthologie de Fermín Revueltas.

Pour ce qui est des textes de témoignages cités, m'ont semblé tout particulièrement riches ceux concernant Siqueiros (son autobiographie : *Me llamaban el coronelazo* ainsi que *La piel y la entraña* de Julio Scherer), Rivera (*Confesiones de Diego Rivera*, de Luis Suárez ; *Arte y política*, *Mi arte y mi vida* avec Gladys March ; *Memorias y razón de Diego Rivera* de Loló de La Torriente), Orozco (*Autobiografía*), Bertram Wolfe, (*La Vie fabuleuse de Diego Rivera* et *A life in two centuries*) et Jean Charlot (*The mexican mural renaissance*).

Les articles de Xavier Guerrero, Bertram Wolfe et Frederic Leighton, publiés dans la presse radicale mexicaine et nord-américaine, nous ont tout autant été utiles.

Il faudrait encore ajouter que la plupart des "murals" dont on parle ici (exception faite de ceux qui ont été repeints ou détruits), se trouvent au numéro 43 de San Ildefonso (dans l'ancienne École préparatoire) et dans le bâtiment principal du secrétariat de l'Éducation publique, calle de Argentina, au centre de Mexico. Et terminer aussi en disant que je continue à trouver merveilleux de se promener parmi eux.

Friedrich Adler

Friedrich Adler lui-même, dans sa défense ("J'accuse"), explique très clairement les raisons de son geste. Ce texte a été publié en 1917 à New York, où j'en ai consulté une édition de la Socialist Public Society. C'est de là qu'est né mon intérêt pour cette histoire. Mes amis allemands m'ont fait parvenir deux études très importantes, d'une part celle de Julius Braunthal : *Victor und Friedrich Adler, zwei Generationen arbeiterbewegung*, édité à Vienne en 1965, et d'autre part l'ouvrage dirigé par Heinrich Benedikt, *Geschichte der Republik Österreich*, parue à Munich en 1954, que don Guillermo Pohorrille m'a traduite au cours de séances très amusantes, pendant lesquelles il me racontait aussi ses souvenirs personnels sur la Vienne de la première guerre.

Le contexte est très bien décrit dans l'*Historia del pensamiento socialista* de George Douglas Howard Cole. Pour ce qui est des échos de l'attentat, on peut se reporter au *Lénine* de David Shub, aux mémoires de Leo Lania,

Todos somos hermanos, et à l'article "Federico Adler" de Joan Salvat dans *Humo de fábrica.*

ABRAHAM IOFFE

Écrite pour l'encyclopédie Granat, la biographie de Ioffe a été reprise dans le livre de Marie et Haupt : *Les Bolcheviks par eux-mêmes.* L'histoire de son suicide et de son enterrement se trouvent minutieusement décrite dans les mémoires de Trotski, *Ma vie* ; par Victor Serge, *Mémoires d'un révolutionnaire* et par Isaac Deutscher, *Trotsky, le Prophète désarmé (1921-1929).* La dernière lettre de Ioffe a été reproduite dans l'anthologie *La oposición de izquierda en la URSS.* Les *Selected Writings on the Opposition in the URSS*, de Rakovski, les *Memorias de un bolchevique leninista* publiées par Samizdat, et *Men and Politics* de L. Fisher se sont révélés très utiles.

HÖLZ

J'ai commencé mes recherches en 1981, à partir d'une note en bas de page remarquée par hasard dans *Hammer or Anvil*, le livre d'Evelyn Anderson sur la révolution allemande, édité à Londres en 1945. J'ai pu continuer un an plus tard en localisant l'autobiographie d'Hölz : *Un rebelle dans la révolution : Allemagne 1918-1921 – From white cross to red flag* (J. Cape, Londres, 1930) à la bibliothèque publique de New York. À partir de là, j'ai pu mener ce travail uniquement grâce à la collaboration désintéressée d'une demi-douzaine d'amis et de collègues. Gerardo Baumruker m'a trouvé un excellent texte de Rudolf Philipp : "Max Hölz, der letzte deutsche revolutionär" (Zurich, 1936) conservé à la bibliothèque municipale de Munich. C'est un an plus tard que j'ai pu localiser et photocopier à New York et à Berlin une série de brochures essentielles pour cette étude. Celles d'Erich Mühsam, "Gerechtigkeit für Max Hœlz", Berlin, 1926, d'Egon Erwin Kisch, "Sieben Jahre Justizskandal", Berlin, 1928, ainsi que, du même journaliste tchèque : "Max Hölz, Briefe aus dem Zuchthaus", Berlin, 1927, et une brochure anonyme : "Hölz's Anklagerede gegen die bürgerliche Gesellschaft", Leipzig, 1921. Ces éléments de base ont été complétés quand, en Allemagne, dans une librairie anarchiste, je suis tombé sur la brochure biographique "Max Hölz" de Ludwig Bergmann. Je n'aurais pas pu avancer sans l'aide énorme que m'ont apportée Guillermo Pohorrille et Carlos Maya en me traduisant les textes écrits en allemand – langue que je ne connais pas. Trois références sont venues mettre en perspective les actions de Hölz : *Stillborn revolution* de Werner T. Angress (que m'a photocopié Leo Durañona à la bibliothèque de la Hofstra University), *La Gauche communiste en Allemagne : 1918-1921* de Jean Barrot et Denis Authier (qui m'a été offert par Chema Cimadevilla à Gijón), et les articles de Hermann Remmele, "The proletarian struggle for power in Germany", édités dans les nouvelles séries de *Communist International*, numéros 2 et 3. En 1983, alors que j'étais plongé dans ma chasse concernant l'histoire de Hölz, j'ai trouvé à la bibliothèque du Congrès de Washington le chapitre que lui consacre J. Book dans son livre *Furstar och rebeller* (Stockholm, 1930) ; ce texte m'aurait été de peu d'utilité sans l'aide de Raquel Settels, qui me l'a traduit du suédois. Trois ouvrages m'ont permis de glaner des petits détails : l'*Histoire de l'Allemagne contemporaine* sous la direction de Gilbert Badia, le tome I de la *Révolution en Allemagne : 1917-1923* de Pierre Broué, et *La Révolution mondiale : l'histoire du Kominterm (1919-1943) racontée par l'un de ses principaux témoins* de Margarette Buber-Neumann. Enfin, la déclaration de l'Internationale communiste à propos de Hölz figure dans les actes du IIIe Congrès, reproduits dans *Les Quatre premiers congrès de l'Internationale communiste.*

L'histoire de la statue disparue m'a été racontée par Malte.

Comme on peut le voir, si ce travail a eu une quelconque vertu, c'est d'avoir été inspiré par les enseignements du style de Hölz : beaucoup de persévérance et de très bons amis.

JUAN R. ESCUDERO

De nos jours, c'est le journaliste mexicain Mario Gil qui a été le premier à exhumer l'histoire de l'escudérisme ; il a publié un long article intitulé *Los Escudero de Acapulco*, qu'il a repris par la suite sous le titre *El movimiento escuderista en Acapulco*. Rogelio Vizcaíno et moi avons pu voir beaucoup des documents originaux et consulter les notes de ses archives personnelles grâce à la généreuse collaboration de sa belle compagne Benita Galeana. Gil est revenu sur ce sujet dans son livre *México y la revolución de octubre*.

L'autre étude contemporaine de valeur est celle de Renato Ravelo : *Juan R. Escudero, biografía política*. Renato nous a fait profiter de certaines de ses notes personnelles.

La biographie d'Alejandro Martínez Carvajal : *Juan Escudero y Amadeo Vidales*, et le livre de Gómez Maganda : *Acapulco en mi vida y en el tiempo* renferment également des choses intéressantes.

On trouve des documents incontournables dans la collection de *Regeneración*, ainsi que dans les archives municipales d'Acapulco (un fonds dont on disait fréquemment dans les milieux de l'histoire régionale du Guerrero qu'il avait disparu et auquel Marisela Ruiz Massieu nous a donné accès), en particulier dans les comptes rendus du conseil municipal de l'époque ; dans les rapports des consuls nord-américains au département d'État, conservés aux Archives nationales de Washington et à l'*Archivo general de la nación*, section "Présidents", Obregón/Calles, en particulier dans les dossiers : 811-E-7, 202-A-82, 701-A-5, 241-G-D-26, 428-A-6, 707-A-16, 701-G-4, 818-A-88 et 826-E-20.

Il y a d'autres renseignements mineurs dans les livres de Castellblanch : *Memorias de un delahuertista*, et dans le recueil de Ricardo Flores Magón : *Epistolario revolucionario e íntimo* [correspondance 1919-1922].

La presse mexicaine de l'époque mentionne à peine l'escudérisme ; au mieux trouve-t-on quelques articles dans ce qui était le journal le plus conservateur de la capitale, *El Universal*.

LIBRADO RIVERA

C'est essentiellement grâce aux archives des journaux anarchistes auxquels il a collaboré que la biographie "méconnue" de Librado Rivera peut être reconstituée. J'ai pu réunir des collections complètes des journaux en question en recoupant les fonds de l'IIES d'Amsterdam, les numéros de José C. Valadés et les quelques exemplaires isolés se trouvant dans les archives que je partage avec Rogelio Vizcaíno et Paloma Saiz. En lisant passionnément les collections de *Sagitario*, *Avante* et *¡ Paso !* on parvient à retracer à grands traits les faits et gestes de Rivera ces années-là. Ces éléments de base ont été complétés par d'autres journaux anarcho-syndicalistes, comme *Horizonte Libertario*, *Verbo Rojo*, *Nuestra Palabra* et *Alba Anárquica*. Là où la presse anarchiste laissait des vides, je me suis tourné vers les journaux traditionnels de l'Hemeroteca Nacional de México.

La deuxième source par ordre d'importance n'est autre que les propres archives de Librado Rivera ; lesquelles consistent en quelque deux cents lettres et notes. Ces papiers sont passés des mains de Nicolás T. Bernal à celles de José C. Valadés, chez qui je les ai découverts. Je remercie son fils, Diego, pour l'accès illimité qu'il m'a accordé à ces fonds.

Dans l'Archivo General de la Nación on trouve de rares mais intéressants éléments dans la section "Présidents", tant en ce qui concerne Obregón/Calles que Portes Gil.

Dans ce travail on ne s'est servi que de deux livres : l'autobiographie de Nicolás T. Bernal (écrite en collaboration avec José Esteves), dont j'ai utilisé le manuscrit original et non la version, plus courte, publiée par le CEHSMO ; et l'excellente anthologie de textes journalistiques de Librado réalisée par Chantal López et Omar Cortés, éditée par Ediciones Antorcha, en 1980 *¡ Viva tierra y libertad !*.

BUENAVENTURA DURRUTI AU MEXIQUE

Le meilleur récit du passage de Durruti et d'Ascaso au Mexique se trouve dans l'excellent livre d'Abel Paz, *Durruti, le peuple en armes*. José C. Valadés consacre pour sa part un chapitre de sa biographie *Memorias de un joven rebelde* à ces événements, et quelques informations isolées peuvent être glanées dans l'organe de la CGT, *Nuestra palabra*.

La version du chroniqueur judiciaire consiste en une reconstitution établie à partir des reportages ayant été publiés entre mars et avril 1925 dans *El Demócrata*, *Excélsior* et *El Universal*, trois quotidiens de Mexico.

LA BATAILLE DE GUADALAJARA

Pour la reconstitution de la bataille j'ai utilisé les mémoires de Gustav Regler : *The owl of Minerva* ; celles de Pietro Nenni, *La Guerre d'Espagne ;* celles d'Herbert Matthews, *Two wars and more to come ;* celles d'A. Rodintsev, *Bajo el cielo de España* ; celles de Luigi Longo, *Las brigadas internacionales en España ;* le *No pasarán*, de Roman Lazarevitch Karmen ; le *Diario de la guerra de España*, de Mikhail Efimovitch Koltsov ; l'autobiographie d'Ignacio Hidalgo de Cisneros, *Cambio de rumbo* ; la biographie de Cipriano Mera écrite par Joan Larch ; l'essai du général Vicente Rojo, *Así fue la defensa de Madrid, aportación a la historia de la guerra de España, 1936-1939* ; et deux excellentes études sur les Brigades internationales : celle de Jacques Delperrié de Bayac, et celle d'A. Castells.

Des années après mes conversations avec Carranza, j'ai lu le texte *Polémica con el enemigo* du Cubain Pablo de la Torriente qui confirme l'idée selon laquelle les guerres sont aussi des combats de mots, de cris lancés par-dessus les tranchées.

P'ENG P'AI

Le texte sur P'eng P'ai tire son origine de la découverte de ses notes autobiographiques dans "The Living Age" d'avril 1933, alors que je remontais la piste d'autres histoires de la gauche radicale des années 1930. Il est curieux que dans les sources d'une Chine en pleine période post-révolutionnaire, on ne lui ait pas donné plus d'importance ; comme si on ne voulait pas que sa figure fasse de l'ombre à Mao. J'y ai donc trouvé peu d'éléments intéressants. Ce qu'il y a de mieux, c'est peut-être l'article de Pel-Pang Young : "Peng Pai, From Landlord To Revolucionary", dans le *Modern China* de juillet 1975. Le travail de Ting Sia s'est avéré terriblement utile : "The Peasant Movement In China", *Imprecor*, numéro 36, 23 juin 1927. Je mentionne également d'autres livres et articles centraux : Jean Chesneaux, *Le Mouvement paysan chinois : 1840-1949* ; Tse-Tsung Chow, *The May 4th Movement, Intellectual Revolution in Modern China, 1915-1924 ;* A. Clark et D. Klein, *Biographic Dictionary Of Chinese Communism, 1921-1965 ;* Shinkichi Eto, "Hai-lu-feng. The First Chinese Soviet Government", dans le *China Quaterly* d'octobre-décembre 1961 et dans celui de janvier-mars 1962. Depuis 1984, date à laquelle j'ai commencé ce travail, j'ai localisé des livres et des thèses passionnants écrits par des universitaires nord-américains : la biographie signée par Fernando Galbiatti, *Peng Pai And the Hai-Lu feng Soviet* ; Roy Hofheinz, *The Broken Wave : The Chinese Communist Peasant Movement, 1922-1928 ;* Donald Holoch : *Seeds of a Peasant Revolution : Report on the Haifeng Peasant Movement.* On peut également faire mention des ouvrages de Harold Robert Isaacs, *La Tragédie de la Révolution chinoise : 1925-1927 ;* Martin Clarence Wilbur et Julie How Lien-Ying, *Missionaries of Revolution : Soviet Advisers and Nationalist China : 1920-1927.* On trouvera par ailleurs des références générales dans les travaux de Victor Serge, *La Révolution chinoise. 1927-1929* ; Agnes Smedley, *La Longue marche : mémoires du général Zhu De (Chu Teh) ;* et Edgar Snow, *Étoile rouge sur la Chine.*

Pour l'élaboration d'une "biographie apocryphe" j'ai utilisé aussi souvent que possible les textes de P'eng P'ai, surtout pour la période jusqu'à 1923. Pour le reste, c'est en toute liberté que je l'ai reconstitué.

L'image du personnage dont on parle ici fut durement attaquée dans le processus de ce que l'on a appelé en Chine "Révolution culturelle". Il s'agit en fait basiquement d'une tentative de révision de l'histoire consistant à faire de Mao la seule et unique figure agrarienne. C'est ainsi que certains des textes de P'eng P'ai disparurent de la circulation, que des prologues furent remaniés et que à Haiphong les rues portant le nom de P'eng furent rebaptisées.

RAUL DIAZ ARGÜELLES

Après avoir travaillé à une version initiale de cette histoire à partir de sources journalistiques, et après sa première parution dans la revue *Bohemia* de La Havane, j'ai pu entrer en contact avec la fille de Raúl, Natasha Díaz Argüelles qui, d'une manière absolument désintéressée, a partagé avec moi les notes et les souvenirs qu'elle avait réunis pour la réalisation d'une biographie de son père. L'expression de toute ma reconnaissance envers elle ne saurait suffire. J'ai également reçu trois lettres me fournissant de nouvelles données ; l'une du docteur Humberto Ballesteros, une autre du militaire et historien Santiago Gutiérrez Oceguera et la dernière de Mariana Ramírez Corría, la veuve de Díaz Argüelles, qui m'a énormément encouragé. Ces informations ainsi que d'autres articles de presse ou des rumeurs recueillies au cours de conversations avec des amis et collègues se sont ajoutées à la présente version.

Une notice très synthétique des sources utilisées, excluant des histoires générales sur la Cuba contemporaine, ferait figurer les éléments suivants : trois articles qui reprennent de manière résumée la biographie de Raúl Díaz Argüelles ; celui de Julio A. Martí, “Réquiem para un soldado” ; celui de Pedro Prada, “Cuenten lo que hemos hecho” et celui d'Ángel Rodríguez Álvarez, “De Díaz Argüelles a Domingos da Silva”. Pour ce qui concerne l'époque avant l'action menée en Angola, on pourra se reporter aux livres et articles de Julio García Oliveras, *José Antonio* ; Enrique Sanz Fals, “La expedición de Nuevitas” ; Alfredo Reyes Trejo, “Gustavo Machín Hoed” ; et Enrique Rodríguez Loeches : *Rumbo a Escambray.*

Pour l'étape angolaise : Pedro Pablo Aguilera, “Argüelles, el comandante Da Silva, una leyenda que pierde en fantasía y gana en realidad” ; Gabriel García Márquez, “Cuba en Angola. Operación Carlota” ; Hugo Rius, *Angola, crónicas de la esperanza y la victoria* ; Eloy Concepción, “Por qué somos internacionalistas” ; Ryszard Kapuscinski, *D'une guerre l'autre ;* José María Ortiz García, *Angola : un abril como Girón ;* Arnoldo Tauler, *La sangre derramada ;* et Juan Carlos Rodríguez, *Ellos merecen la victoria.*

2. Sur l'origine des textes

Des premières versions de certains de ces travaux ont déjà été publiées dans des revues. L'histoire de Ioffe dans le supplément de *Siempre !* (quand toute une équipe lui faisait voir le jour, c'est-à-dire avant sa disparition, en 1988) ; celle de Díaz Argüelles dans *Bohemia* de La Havane, et sous forme de brochure dans *El Universal* de Mexico. Par la suite, elle fut éditée à La Havane par Editora Política en un mini-livre. Une version initiale de l'histoire de San Vicente parut dans le supplément “Sábado” de *UnomásUno*, et a été reprise dans un volume intitulé *Memoria roja*, co-écrit avec Rogelio Vizcaíno.

La nouvelle version de l'histoire de Juan R. Escudero est la troisième ; les deux premières ont été réalisées avec Rogelio Vizcaíno et ont été publiées sous la forme de petits livres intitulés *El socialismo en un solo puerto* et *Las dos muertes de Juan R. Escudero*. Il y a très peu de nouvelles sources concernant ces éditions et la logique de ce texte est d'être une cannibalisation des versions antérieures.

Un premier récit de “Las penurias de Librado Rivera” a paru dans la revue

Brecha, celui de Max Hölz dans le supplément culturel de *Siempre !*, celui de Durruti dans le supplément culturel de *Uno más Uno* et celui du syndicat des peintres dans la revue *Información obrera*. Ces quatre histoires ont été reprises dans un petit volume portant le même titre ; il a eu une vie paisible et s'est épuisé au bout de deux ans. Il n'a pas été réédité.

Les autres chapitres sont publiés ici pour la première fois. Toutes les rédactions originales ont été retouchées.

TABLE

Histoires d'amour d'Amérique latine
Présentées par Claude Couffon

Federico ANDAHAZI
La Villa des mystères

José María ARGUEDAS
Yawar fiesta

J. BLANC, J. HOCQENGHEM, Y. LE BOT et R. SOLIS
La Fragile Armada
(La marche des zapatistes)

Alfredo BRYCE-ECHENIQUE
Le Petit Verre de ces dames
Ne m'attendez pas en Avril
Noctambulisme aggravé
L'Amygdalite de Tarzan

Jésús DÍAZ
Les Paroles perdues
La Peau et le Masque
Parle-moi un peu de Cuba

Ramón DÍAZ-ETEROVIC
Les Sept Fils de Simenon

Mario DELGADO APARAÍN
La Ballade de Johnny Sosa
Une histoire de l'humanité

Santiago GAMBOA
Perdre est une question de méthode

Javier GONZALEZ RUBIO
T'aimer fut mon châtiment

Alejandro JODOROWSKY
L'Arbre du Dieu pendu
L'Enfant du Jeudi noir

Miguel LITTIN
Le Voyageur Byzantin

Elsa OSORIO
Luz ou le temps sauvage

Leonardo PADURA
Electre à la Havane
L'Automne à Cuba
Passé parfait

Alfredo PITA
Le Chasseur absent

Horacio QUIROGA
Contes d'amour de folie et de mort
Anaconda
Les Exilés
Au-delà
Le Désert

Hernán RIVERA LETELIER
La Reine Isabel chantait des chansons d'amour
Le Soulier Rouge de Rosita Quintana
Mirage d'amour avec fanfare

Pablo DE SANTIS
La Traduction

Antonio SARABIA
Le Ciel à belles dents
Les Invités du Volcan

Luis SEPÚLVEDA
Histoire d'une mouette et du chat qui lui apprit à voler
Journal d'un tueur sentimental

Le Monde du bout du monde
Le Neveu d'Amérique
Les Roses d'Atacama
Rendez-vous d'amour dans un pays en guerre
Un nom de torero
Le Vieux qui lisait des romans d'amour
Yacare Hot line

Paco Ignacio TAIBO II
Le Rendez-vous des héros
De Passage
L'Année où nous n'étions nulle part

JORGE, Lídia
Le Rivage des murmures (N° 20)
La Forêt dans le fleuve (N° 31)

LOBO ANTUNES, Antonio
Le Cul de Judas (N° 3)
Fado Alexandrino (N° 17)

MACHADO DE ASSIS, J. M.
Le Philosophe ou le chien (N° 4)
La Montre en or (N° 10)
Mémoires posthumes de Brás Cubas (N° 33)

MAÑAS, José Ángel
Je suis un écrivain frustré (N° 16)

MERCÉ ROCA, María
Un temps pour perdre (N° 41)

NATOLI, Luigi
Histoire des Beati Paoli-Tome I : Le Bâtard de Palerme (N° 35)
Histoire des Beati Paoli-Tome 2 : La Mort à Messine (N° 36)
Histoire des Beati Paoli-Tome 3 : Coriolano (N° 37)

PADURA, Leonardo
Electre à la Havane (N° 27)
Mort d'un Chinois à La Havane (N° 49)

PIÑERA, Virgilio
Nouveaux contes froids (N° 25)

QUADRUPPANI, Serge
Corps défendant (N° 46)

DE QUEIRÓS, Eça
La Tragédie de la rue des fleurs (N° 32)

QUIROGA, Horacio
Les Exilés (N° 5)
Le Désert (N° 29)
Contes d'amour de folie et de mort (N° 34)

SAMPEDRO, José Luis
Le Sourire étrusque (N° 2)
Le Fleuve qui nous emporte (N° 22)

SCORZA, Manuel
Roulements de tambours pour Rancas (N° 15)

DE SENA, Jorge
Signe de feu (N° 28)

SEPÚLVEDA, Luis
Journal d'un tueur sentimental (N° 8)
Yacaré, Hot Line (N° 19)

SOUZA, Marcio
L'Empereur d'Amazonie (N° 13)

TAIBO II, Paco Ignacio
De passage (N° 6)

TREVISAN, Dalton
Le Vampire de Curitiba (N° 11)

TSCHINAG, Galsan
Ciel bleu (N° 21)

VIANNA, Vinicius
La Dernière ligne (N° 26)

Cet ouvrage a été composé par
I.G.S. - Charente Photogravure à L'Isle-d'Espagnac (16)

Impression réalisée sur CAMERON par

BUSSIÈRE CAMEDAN IMPRIMERIES

GROUPE CPI

à Saint-Amand-Montrond (Cher)
en août 2001

N° d'édition : 1645001. — N° d'impression : 013646/1.
Dépôt légal : août 2001.

Imprimé en France